我們為什麼要上街頭？

SHUT IT DOWN

麗莎・費安（Lisa Fithian）——著
王曉伯——譯

國內推薦

極權下的苦難共同體

前香港眾志祕書長 黃之鋒

自二〇一一年反國教運動以來，乃至後來雨傘運動、反送中運動，自己都是委身香港民主運動當中，即使兩度被取消參選資格，但我透過不同直接行動與香港人爭取應有的權利。因此，讀到同樣是活躍社運組織者麗莎．費安（Lisa Fithian）撰寫的《我們為什麼要上街頭？》，當中不少公民抗命及直接行動的例子，對我而言感受甚深，畢竟她參與過的「占領華爾街」、紐奧良「共同援助網」等社運嘗試其實間接影響了香港雨傘運動及社區運動的組織者。

正如作者所言，社運的作用就是對於現狀的挑戰〔她用的字眼是「混沌的邊緣」（edge of chaos）〕，認為社運組織者不應只是聚焦組織技巧等資訊上的討論，而忽略社會運動就是透過不斷的直接行動，打斷我們習以為常的社會秩序，從而營造張力去思考及實現變革。的確，香港過去一年的抗爭運動以「Be water」為原則，就希望透過連續多變的抗爭行動，形成巨大的政治張力，令政權正視問題。

過程中，抗爭者不斷製造新的可能。作者強調，直接行動不但「來對抗與分解今天的壓迫性威權體制，同時亦是建立一個擁抱愛與關懷、充滿自由氣息的結構」。事實上，回溯香港社會運動軌跡，由天星皇后事件、反高鐵等土地運動開始，抗爭者就展示對另類發展可能的想像，反送中運動期間亦出現黃色經濟圈、國際戰線及奶茶聯盟等不同抗爭策略的實踐。

這種運動實踐便將抗爭成為日常，將變革熱度由街頭延展到生活當中，就如作者所言，直接行動本身是生活方式。過去一年，香港抗爭者針對中資及親北京商家而發起的「黃色經濟圈」，就是利用自身消費力量去抵制與極權共謀的大商家，將資源再分配到支持民主的良心企業。這些企業亦會將資源反饋公民社會，單是武漢肺炎醫護物資短缺的時候，黃色企業就從海外訂購口罩並分配到弱勢群體手中。在北京希望透過經濟實力去脅迫及統戰商界及個體時，這另類經濟想像無疑強化公民社會抗禦力。

當然，作者有關社會運動的生產面集中於「共同的信念與價值」。這固然是正確，但我們不能忽略在理性以外，政權打壓所產生的情感連帶同樣重要。在不少極權國度，政權往往依賴打壓、濫暴、思想審查等，扼殺異見聲音，公民社會面對共同命運，往往因為苦難壓迫，催生新公民身分，香港、白俄羅斯，到泰國的抗爭經驗中，我們亦見證不同苦難共同體的出現。

不要輕視情感連帶的穿透作用，無論是雨傘運動或反送中運動，一般市民往往是因為目睹政權不公義打壓所衍生的「義憤」，從而決定投身社會運動。它亦為社運提供厚度，即使在雨傘運動後五年的社運低谷，乃至反送中運動後被監禁、被迫流亡而散落地球每個角落的香港人，這種新的抗爭共同體亦在逆境及萬分無力感當中，成為刺激眾人繼續砥礪前行的動力。

因此，中譯本提到「我們為什麼要上街頭？」，重點不單在於「為什麼」，亦是「我們」。對受極權壓迫者而言，這是當初的許諾，一生的志業。

二〇二〇年十一月二十二日

記在第四次入獄前夕

社會運動應該是什麼模樣？

立法委員／閃靈主唱 林昶佐 Freddy Lim

八〇到九〇年代，臺灣街頭運動狂飆的時候，我還是個學生，直到二〇〇〇年後因為音樂工作的機緣踏入公共事務領域，開始參與轉型正義、西藏自由、國際人權、國家正常化……等相關議題，乃至於後來的野草莓、太陽花學運，逐漸由一個運動推廣者成為運動參與者。

社會運動究竟應該是什麼模樣？我猜，每個社運參與者都沒辦法給出標準答案。但社會運動者通常不輕易認輸，所以能夠在一次次累積的行動後，淬煉出更接近理想的道路。

麗莎．費安在這本書裡，列出了大大小小她無役不與的抗爭，展現了美國運動者的強大行動力與影響力，同時也羅列出了在運動過程中可採取的手段與策略，說是一本「社會運動指南」也不為過，值得臺灣從事社運的朋友細細品味，甚或從中汲取經驗。

但更吸引我的，是她同時提到了美國左派在「共和黨獲勝，我們就會組織與發動抗議。如果是民主黨當選，我們的行動就會暫擱，鬆弛而謹慎」。做為一個從體制外走進體制內的政治人，雖然仍與運動者的朋友們保持良好的合作關係，但我也發現近年來，臺灣運動者確實面臨了許多難處，但究竟該如何拿捏？這本書應該可以讓大家沉澱思考。

社會運動應該是什麼模樣？

我很喜歡書中的一句話：「每個人都是政治體，我們所做的每一項決定都是在行使權力。」這是我們應該隨時提醒自己的。

等待國家返還的權力

歌手／原住民族權力倡議者 巴奈

今天是為了「修正原住民族傳統領域」夜宿凱道行動第一千三百六十九天，我是從本書第十章開始閱讀，就我的經驗與觀察在臺灣目前沒有任何一個組織是真正在做原住民族根本上可以改變命運的議題，才短短的一百年的國家統治，臺灣原住民族至今仍無法改變被迫滅亡的命運。長久以來當然是有一些組織在努力，工作的內容卻大多是在協助政府政策施行的讓我們成為他者，而且要很聽政府的話才能有機會得到資源，甘於為了生存不能講真話的組織比比皆是，弔詭的是原住民族自己決定自己事務的權力、可以成為真正的人的權力，何時才能被國家返還。

這本書提供很多方法，可是殖民／去殖民的工程卻窒礙難行遙遙無期，臺灣的民主還需要漫長的進步，目前原住民族轉型正義也只能空轉。

坐而言不如起而行——改變從你開始

彩虹平權大平台執行長／性別運動者 呂欣潔

這本書不只是一本美國運動者（Activist）的歷史故事，更是給所有想要透過公民行動來改變社會的行動者們一個絕佳的工具引導手冊，不管是在什麼樣的場域，想要進行改變，坐而言都不如起而行，麗莎的經驗更是讓我們知道，「直接行動」對於改變的重要性。然而，我認為這本書更凸顯出，促使改變那些行動並不是單純憑著衝動或情緒（縱然促使我們起身行動改變的往往都是那些痛苦或悲憤的情緒），更應審慎的思考與評估，來擬定如何成功的策略。

本書最讓我感到印象深刻之處，其實反而不是那些高潮迭起的抗議故事，而是那一個個組織人們的細緻過程，以及各種製作抗議工具的微小步驟與縝密的抗議戰術選擇介紹。當我在十七年前加入運動（movement）時，我從未如此有系統地了解這些從事「運動者／行動者」的知識與教學，如果我能在十年前甚至二十年前就學習到這些技能，或許在這條漫漫的運動路上，我可以減少許多徬徨不安的時刻。

雖然臺灣已然走到看似非常民主自由的今日，但從其他國家的經驗中，我們都知道自由、民主、人權並不是永久不變的，保守勢力永遠都蓄勢待發守在一側，等待著反撲的機會，我們做為正義與人權的信仰者，永遠都需要準備好去面對可能會反身壓迫我們的強權／掌權者。所以請好好閱讀本書，找到你／妳的行動，在這個社會需要你／妳的那一刻，起身改變吧！

危險之所在，亦是救贖之所生：社會運動先鋒的教戰手冊

YouTuber／說書人 超級歪

麗莎．費安（Lisa Fithian），美國最知名的抗議顧問，投身於社會運動四十年，從雷根政府時期的反戰運動，到全球正義運動、維護工友正義運動，再到占領華爾街運動、黑人的命也是命運動。每一場重要戰役，麗莎．費安都站在最前線參與策劃、為抗議群眾做行前訓練、實踐公民不服從的理念，用非暴力的直接行動對抗社會壓迫與不正義。麗莎・費安將她多年參與社運的寶貴經驗集結在這本《我們為什麼要上街頭？》裡，我認為這本書有三個重要貢獻：

在經驗層次上，作者將自己實踐「非暴力的社會破壞」的策略性抗爭方法教給讀者。從基礎的組織方式、模擬訓練、自我保護，到更進一步的製作道具、情感支持、防止組織被滲透，再到進行社會抗爭的過程中，應該如何應付警察暴力、入獄後的監獄團結戰略，每個章節都提供了能讓讀者獲益良多的社運行動綱領。同時，作者也認為創意的集體行動是社運成功的一大關鍵，例如在罷工時，有經驗的社運人士應該設想的是如何將資方的利益與勞工的利益結合在一起，才能讓資方願意妥協，進而達成保障勞工的目的。在每一章節的最後，作者也附上了整理好的工具箱，讓讀者可以清楚知道如何實際操作。

在理論層次上，作者運用了解釋動態系統的混沌理論來闡明自己的社運經驗。混沌理論認為在一個系統中，會產生最大化創新、最深刻改變之處，往往是在混沌的臨界點，因為既有社會體系無法對此擾動做出回應，而產生了新的可能性。例如，誰會想到一位突尼西亞小販之死竟可以引爆阿拉伯之春，讓好幾國的獨裁政權垮台？社會運動者的任務就是讓社會盡可能地出現「混沌的邊緣」，進而促成社會變革。不過，

作者同時也注意到，社運者製造混沌的邊緣時也可能產生意料之外的社會後果，如阿拉伯之春種下了一部分敘利亞內戰的遠因，或者占領華爾街雖然沒有達成訴求、看似失敗，卻能在全球各地激發不同的想像，催生了二〇一四年香港的雨傘革命。這正是美國社會學家Robert Merton所說的「非意圖性後果」(unintended consequence)，意圖透過X達成Y目的，卻意外衍生了Z的後果，而且有時候可能連X都沒達成！

最後，作者在書中提供了自己對社運經驗的深刻反思。身為一個美國白人婦女，這些身分的「交織性」(intersectionality)讓作者在不同國家行動有時帶來助力，有時帶來阻力。作者不會被在加薩自由大遊行中的埃及警察刁難，因為她是擁有美國護照的白人婦女，但同樣的身分，卻讓她在中南美洲的社運組織裡遭受性別歧視。在黑人的命也是命運動中，白人身分讓作者擁有白人特權，不會被警察刻意找麻煩，但同時，也不自覺地助長白人社運者的白人優越感，讓白人在社運組織中握有無形的領導權，而可能忽視其他聲音。另一方面，作者雖然支持非暴力直接行動，但同時也反思社運行動飽受爭議的難題：社運人士能夠使用暴力嗎？當一九九九年西雅圖世貿組織抗議活動的人們破壞星巴克、麥當勞時，社運領袖應該如何回應？這個問題同時涉及組織運作（非暴力原則可能邊緣化激進派人士）、地域性（歐洲人搞抗爭比較常用破壞行動）、實際情況（當警察使用暴力時你連自衛的權利都沒有嗎？），作者也在書裡提出了自己的想法，值得讀者深思細究。

閱讀此書，讓我感到社會運動家某方面很像藝術家或精神分析師，他們在做的事情都是努力創造並維持住一個空間（一個新的社會藍圖／藝術想像／無意識話語），「努力使不存在的東西存在於我們之間」，這是法國詩人Paul Valéry賦予藝術的任務，我認為也同樣適用於社會運動。但是，社會運動家比起藝術家或精神分析師，卻又更有行動的迫切性，因為如果人們沒有掌握到變革的關鍵時機，機會可能一去不復返（很多事情我們只能示範一次……）。這種迫切性使得社運家們不得不在最短時間內做出行動，也正是因為親身經歷過抗爭中的危急與困難，才讓他們能夠在行動過程中淬鍊出建造新社會的想像與希望，如德國詩人賀德林所言：「危險之所在，亦是救贖之所生」（Wo aber Gefahr ist, wächst das Rettende auch）。閱讀此書的過程中，我強烈感覺到這種希望的可能性，也深受作者投入街頭抗爭的熱情感動。我衷心的推薦此書，也期盼這本書的出版為台灣未來的社會運動提供更多動能與助益。

這是所有希望這個世界變得更好的人，都該閱讀的一本書。

臺灣何其有幸在經歷過苦難的威權歷史與嚴峻的外部極權中國的威脅下，仍能透過蓬勃的公民運動維持今天的民主體制。麗莎・費安的《我們為什麼要上街頭？》帶領社會運動者思考公民行動的各種可能性。她所強調的直接行動的重要性，也正反映了這些年臺灣公民社會面對中國極權威脅，以及尋求自身民主體質改善途中，以各種創造性行動改變改變現狀的寫照。

和我一起推薦這本書的香港學運領袖黃之鋒，正在牢獄之中。他在推薦序中提醒我們，抗爭重點共同理念與價值固然重要，但受壓迫者所形成的「苦難的共同體」，以及「我們」亦值得關注。這或許也是臺灣與香港經驗可以提供給本書讀者的參照。

——民進黨副祕書長 林飛帆

從雷根總統到川普總統，作者參與美國各種左翼社會運動，在從反戰、勞工、婦女、反全球化、民權、環境等議題上十分活躍。真正的左派從來不會是只會空喊理念與原則、占據道德高地的「左膠」。這本書也分享了非暴力抗爭的各種實務操作，從製作抗議布條、組織抗爭群體，到如何因應警察暴力與牢獄監押，作者都提供了十分有用的操作準則。

——臺灣大學社會學系教授 何明修

國外推薦

在左派開始認真投入選舉組織之際，我們要維持社運的動力、不服從與街頭行動也更顯重要。麗莎．費安曾經幫助組織我們這一代一些最具創意，並且促成改變的行動……她這本充滿智慧與熱誠的書將幫助我們建立真正的力量。——娜歐蜜．克萊恩（Naomi Klein），《不能光說NO：如何力抗災難資本主義，贏取我們想要的世界》（*No is Not Enough*）與《天翻地覆：資本主義vs.氣候危機》（*This Changes Everything*）作者

直接行動必須具有策略性、精準、經過縝密計算與目的性，這些正是麗莎．費安的特質。她是一位社運老兵，我們都是靠著她這樣的女性向前邁進……麗莎在最重要的時刻將新一代的領袖置於其羽翼之下，我很榮幸是其中一員。——琳達．薩爾蘇（Linda Sarsour），巴勒斯坦裔穆斯林美國社運人士，華盛頓女性大遊行組織的共同主席

麗莎．費安是美國社會正義運動的珍寶，她的能量與熱誠，激勵了我們所有人。從勞工抗爭到占領華爾街，從西雅圖之役到卡崔娜災難，麗莎無役不與……教導、領導、追隨與建立直接行動的百寶箱。在《我們為什麼要上街頭？》一書中，麗莎現身說法，以生動的說故事技巧，將過去四十年來的社會運動帶到讀者眼前，讓他們知道他們也可以高舉條幅走上街頭。——羅克珊．鄧巴—歐蒂茲（Roxanne Dunbar-Ortiz），《美國原住民歷史》（*An Indigenous People's History of the United States*）與《解除武裝史》（*Loaded*）作者

麗莎‧費安的這部著作凸顯在這個時代技能與心靈的重要性。她豐富的組織經驗讓她能夠描述警方用來對付社運人士的伎倆，還有草根運動是如何排除萬難再度興起。如果你喜歡故事與贏得抗爭，就買這本書。——喬治‧萊基（George Lakey），《我們如何獲勝》（*How We Win*）作者、獨立媒體平台「發動非暴力」（Waging Nonviolence）專欄作家

準備站出來擊倒不公不義嗎？這些來自強大的社運組織者麗莎‧費安的故事與教誨就是最好的指引。這本了不起的著作是每位反抗者都應擁有的，它將帶領你來到過去四十年來最為激烈與重大的抗議行動的最前線，告訴你從實戰性的戰術到深思熟慮的策略思考的所有知識。——L‧A‧考夫曼（L.A. Kaufman），《直接行動》（*Direct Action*）與《如何解讀抗議》（*How to Read a Protest*）作者

麗莎‧費安是一個傳奇，我希望這本書也是如此。——大衛‧格雷伯（David Graeber），《債的歷史：從文明的初始到全球負債時代》（*Debt*）與《40%的工作沒意義，為什麼還搶著做？論狗屁工作的出現與勞動價值的再思》（*Bullshit Job*）作者

在我漫長的社運生涯中，麗莎‧費安一直與我相伴，教導我有關策略、組織等知識與百折不撓的勇氣。她也是為我帶來最多麻煩的人！因此，坦白說，她是我最親密的朋友。也在本書中，她說了我不少好話。但是就算她沒說，我仍會說她做了一件了不起的事情，將這些社運故事與實際操作的提示相結合。這本書讀來像是一個冒險故事，但是最後你也將因此獲得組織與推動社會改革的知識。在今天這個充滿挑戰的時代，本書就是天賜的禮物。——星鷹（Starhawk），社運健將、導演、地球行動者訓練（Earth Activist Training）組

織創辦人，《第五十個神蹟》（*The Fifth Sacred Thing*）與《授權手冊》（*The Empowerment Manual*）作者

《我們為什麼要上街頭？》是一部以抵抗人生為主題的遊記，充滿了堅定不移的行動：深刻的策略與隨機應變的決定、友誼、結盟、最佳的操作與最糟的錯誤、筋疲力竭與振奮人心的人生經歷，以及改變世界的反抗力量。我們都需要從事這樣的旅程，而本書有許多提示，並且分享其豐富的個人故事，將抗爭的意念轉化成有力與實用的記憶。——奧羅拉·萊文斯·莫拉萊斯（Aurora Levins Morales），《醫藥的故事》（*Medicine Stories*）作者

《我們為什麼要上街頭？》寫的是過去幾十年來的抗爭經驗與教訓，是我所讀過反映社會改革的最佳指導守則之一。它的內容深刻且具有教育性，直接、毫不浮誇。每一位曾親身經歷或是最新加入想改變世界的人，都需要閱讀與分享這本書。——瑪琳娜·席特林（Marina Sitrin），《水平主義》（*Horizontalism*）與《他們不能代表我們》（*They Can't Represent Us!*）作者

《我們為什麼要上街頭？》透過麗莎·費安令人驚嘆不已的經歷一路追尋美國抗爭之路，種下抗爭的種子。費安不是從遠端分析抗議行動，而是從底層對直接行動的記述將讀者帶上街頭。——馬克·布雷（Mark Bray），歷史學家、達特茅斯學院教授，《安提法》（*Antifa*）作者

麗莎·費安的《我們為什麼要上街頭？》是一項寶貴的工具，每一位社運人士與組織者都應一讀。她解釋了我們為何要走上街頭的原因與如何操作的知識。她在維護工友正義的行動中組織數以千計的勞工進行抗

爭——從阻斷橋樑以封鎖華府到休士頓工友大罷工面對警察暴力與大肆逮捕的壓力。麗莎的著作激勵我們面對強權，同時教導我們如何擊敗他們。——史蒂芬・勒拿（Stephen Lerner），喬治城大學卡爾曼諾維茲改善勞工與貧困勞工階級計畫（Kalmanovitz Initiative for Labor and the Working Poor）成員，維護工友正義運動創立人

站在過去四十年來直接行動最前線的第一手資料。這不僅是有關抗爭的故事，同時也是為了建立更美好世界的奮鬥。我們年輕一代的抗爭運動將會從費安的經驗與見解獲益良多。——肖恩・張伯倫（Shaun Chamberlin），《未來求生》（*Surviving the Future*）與《精益邏輯》（*Lean Logic*）編輯，反抗滅絕行動（Extinction Rebellion）被捕者之一

謹以本書獻給我的父親道格拉斯・布魯克斯・費安（Douglas Brooks Fithian）。他為我開啟了新世界的大門，為我展現另外一個世界的可能性。他告訴我，「從前，詩歌與科學是一體的，人們稱之為魔術。」

我將這句話銘刻在心。

我也將本書獻給我所有的導師，不論是我親身受教還是未曾謀面的，他們以愛與包容來指引我。

本書也獻給為公義奮鬥的所有人，他們以創新的直接行動來治癒他們與這個世界。

目次

引言

你將走入麗莎．費安（Lisa Fithian）的生活、喜悅與熱情之中，這樣的體驗可能會讓你的生活變得更美好。

麗莎是美國抵抗運動過去四十年來一些重大行動的領軍人物。你們有些人可能聽過她的名聲，因為精力過人的她憑著一股熱情，不論是在哪裡，只要有重大的抗爭運動出現，她一定是每役必與。她年輕時在「拯救河川」（Save The River）運動中與艾比．霍夫曼（Abbie Hoffman）共事，之後又參加「誓言反抗」（Pledge of Resistance）運動。儘管你未親身參與，不過你將藉由本書踏上他們在中美洲與南美洲的「和平正義大遊行」（March for Peace and Justice），與他們封閉中央情報局（CIA）既大膽又歡樂的行動的足跡。麗莎一如既往，以詳實生動的筆觸寫下這些經歷，你將由此學到如何進行抗議的要領。

更重要的是，你可以學到如何創造最終可能會拯救我們的抗爭行動。

「誓言反抗」運動開啟了麗莎為社會運動發起人與組織人的事業生涯。她一生都致力於各種形式的抗爭。她走出「誓言反抗」運動，在「維護工友正義運動」（Justice for Junitors Labor）位於華盛頓特區的分支機構扮演核心角色。該運動的另一大功臣，頗具傳奇色彩的社運組織者史蒂芬．勒拿（Steve Lerner）讚揚麗莎是一位重要的策略與戰術大師。他說麗莎「無所不用其極，以各種敦促、哄騙與激勵的方式來讓我們捨棄傳統且無效的方式。她發展出更為有效與廣泛的策略，迫使那些擁有華廈的億萬富豪開始正視過去被視為隱形的工友」。

想當然爾，麗莎也參與了一九九九年發動大規模抗議行動的「西雅圖之役」（Battle of Seattle），這是「海龜保育組織」（Turtles）與「卡車司機兄弟會」（Teamsters）等環保組織與工會的社運人士首次攜手挑戰當時鋒頭正健的新自由主義世界秩序。在「西雅圖之役」之後，麗莎接著加入華盛頓特區抗議世界銀行會議的大遊行，然後是隨著二〇〇〇年美國大選年的迫近，對洛杉磯美國民主黨大會的抗議行動。麗莎也參加了二〇〇〇年布拉格抗議世界銀行會議的行動，與二〇〇〇年魁北克和二〇〇一年熱那亞對抗新自由主義全球化的行動。

二〇〇五年，面對卡崔娜颶風的肆虐，麗莎與其他社運人士成立了「共同援助」（Common Ground Relief）網絡，為被美國聯邦政府忽視的紐奧良社區提供援助與重建。二〇〇九年，麗莎加入了「加薩自由大遊行」（Gaza Freedom March），二〇一〇年，她又幫助發起「美國船隻前往加薩」（US Boat to Gaza）行動，以此做為「國際自由船隊」（International Freedom Flotilla）運動的一環。二〇一三年，她發動「德州人民站起來」（Rise Up Texas）的抗爭運動，爭取婦女的生育權。此一運動儘管以失敗告終，但是也發揮了激勵與啟發的作用。她之後還發起與組織了許多爭取公義的抗爭行動。

我們該如何看待此一方興未艾的行動主義旋風？麗莎道出她的觀點，我基本上認為她是對的。她提出一套社會變革的混沌理論。麗莎主張抗議的目的是擾亂複雜的社會制度，干擾當權者下令改變現行機制的操作。抗議可以創造出改變的空間、談判的機會，或者也許是帶動改革。

回溯美國民主化的進程，從革命年代的農民起義、十九世紀的白人與廢奴主義，到勞工鍥而不捨的罷工與靜坐，再到今天我們這一代遭到邊緣化的族群不斷發起的抗爭，我們可以看出她的觀點是正確的。面對當權者的要求，人們要有夢想與勇氣來拒絕，才能獲勝。

麗莎的特異功能在於她所策劃的行動往往能夠帶領我們逼近促成社會重大變革的邊緣。當然，有各式各樣的社運組織者，有要建立工會的勞工運動組織者，有建立鄰里互助會的社區組織者。但是麗莎的組織能力卻是獨一無二，也是許多社運人士所嚮往的。

麗莎與她的同伴捨棄典型的階級式組織，而主張水平式網絡，強調組織的水平化與網絡化。志同道合者自然形成群體與關係，不過將他們團結在一起的黏膠並不是官樣化的會員關係或是組織角色，取而代之的是所謂的親和團體。這些團體透過稱為輪輻會議（spokes council）的代表集會方式來協調各方行動。

麗莎另一項特點是她對「直接行動」（direct action）的強調。乍看之下，此一方式即是拿著大錘子痛擊造成我們痛苦的當權者。有的時候直接行動真如其名，例如憤怒的抗議者以錘子重擊彈頭。

不過主張直接行動的人同時也擁有戰略思維，麗莎就是一位這樣的人物。麗莎認為，不合作、封閉、靜坐與封鎖都具有直接行動的特質。她也主張組織補選、企業行動、建立聯盟與媒體宣傳等行動是多多益善，因為行動愈多與持續不斷，才能增加成功的機會。

本書的抗爭行動不僅是引人入勝的故事，甚至不只是反映政治哲學的現身說法。這本書也是由許多抗爭行動集合而成的教戰手冊。你可以自本書學到如何製作條幅的十個步驟、在各處張貼海報的祕訣、編製行動網格與時程表、占領空間的步驟，以及如何使自己遭到逮捕的行動細節。

本書不僅是敘述抗爭行動與解釋其中道理，它同時也是幫助你成為抗爭一份子的手冊。仔細閱讀，牢記在心，也許你以後會派上用場。

——弗朗西斯．福克斯．派文（Frances Fox Piven），紐約市，紐約州

前言

本書是我人生最大的挑戰之一。打小以來，語言障礙就使我的學校作業與作文經常是滿堂紅，都是糾正文法、拼寫與標點符號錯誤的紅字，使我相信寫作絕非我的強項。我從事社運組織的工作，使我成為一個很好的溝通者，但是在早期時總是缺乏信心。多年來我一直嘗試將我的一些經驗記錄下來，但是我也自問我能說些什麼？誰會在乎我的想法？因此，我的檔案夾裡滿是我寫了一半的文章，而且還不斷增加。

不過隨著年歲增長，有愈來愈多的人對我說：「你得寫一本書。」別扯了！但這樣的建議與要求與日俱增。我開始閱讀別人所寫有關我曾親身經歷事件的書籍。這些人都是專家，但是他們的都不是第一手資料。

我並不奢望成為一位專家，但是我知道我擁有獨特的視角，我若是藏私就說不過去了。但是我仍然抗拒寫書的想法。我自忖我不需要寫書，因為我是透過訓練來進行教導，而且我教了許多人。一天，我與朋友勞麗．阿貝特（Laurie Arbeiter）聊天，她說道：「麗莎，參加你訓練課程的人也只有這麼多。其實有許多人可以透過你的書來學習。學習的方法有很多種，書本是分享你所學事務的工具之一。」勞麗是我的智友，我決定聽從她的忠告。

二〇一一年夏天，我為「新底線」（New Bottom Line）運動的同仁寫了一本五十六頁的小冊子，名稱是《踢企業屁股》（*Kicking Corporate Booty*）。我考慮將這些課程寫成一本書，因此我在二〇一二年休假一年，將《踢企業屁股》擴大成書，同時為我多年來不斷受到摧殘的身心靈療傷止痛。然而我在寫作時，發現這本小冊子需要故事來支持課程。但是同時我難以割捨我的社運生活，於是我在二〇一三年加入德州奧斯丁爭取婦女生育權與抵抗種族主義的抗爭行動。奧斯丁是我自二〇〇二年來的住家所在。我後來又投入救助奧斯丁大洪水災民的工作。不說也知道，我寫書的專注力備受挑戰。接著又是「占領華爾街（Flood Wall Street）」、弗格森（Ferguson）事件、立岩（Standing Rock）保留區抗爭行動，還有我的父親在二〇一五年九月去世。

我原本計劃以一年時間來寫書，然而卻發現需要多年時間才有可能完成。我最終完成的文稿並不怎麼樣，在高明的編輯凱瑟琳．唐恩（Katherine Don）幫助下，我展開大量重寫與架構重組的工作。凱瑟琳對我說：「麗莎，你把你自己抽離了這本書，人們其實是想知道你的故事。」好吧，但是多年來的創傷後壓力症候群將許多感受自我的記憶中消除，而且又有太多的人生經驗難以取捨。我的初稿有十八萬字！天啊！但是其中有許多都遭到刪減，一些我自認頗為重要的花絮也變成了注釋。我重新改寫與文稿刪減的工作讓我想起了艾比．霍夫曼對我說的話：「並不是所有宏大的想法都需要實現。」並不是所有的故事都需要講出來。但是有些確實需要，我希望本書的故事有其用處與說出來的必要性。

身為白人女性使我擁有支持許多抗爭行動的特權，我將其中一些經歷都寫入本書之中。我盡量以善意之心來看待這些抗爭，並以客觀的角度訴諸文字。我尊重我的工作，誠心誠意現身說法。不過對於親身經歷這些抗爭的朋友，其中有些經過可能遺漏，也有一些可能與你們的記憶不符。如果我寫錯了，請多多包容。我對我的好友瑞米、維嘉與勞麗充滿智慧的建議與接受本書的不完美深表感激。

我對本書的問世既惶恐又興奮。希望本書能夠激發你們的想像力；激勵大家組織行動對抗壓迫與不公不義，以及幫助你們關懷自己與世人。更重要的是，讓你們理解以心中有愛的力量來進行抗爭，真的有改變世界的希望。套句瑪格麗特．米德（Margaret Mead）的名言，這是唯一所有的。

致謝

我對黃鳥編輯室（Yellow Bird Editors）的凱瑟琳・唐恩的幫助銘感五內，她是我這本書的合著者、編輯與指導老師。沒有她的幫助，本書無法完成。我也要感謝麥可・邁提維爾（Michael Metivier）與我在契爾西格林（Chelsea Green）的新家人，他們在接到我要出書的消息一小時後，就與我聯絡，「我們想要看這本書。」我感到十分榮幸，也十分感激你們的關心與照顧。謝謝你們。

沒有我的朋友薩曼莎・米勒（Samantha Miller）與她的家人約拿森・威廉斯（Jonathan Williams）與萊利（Riley）的支持、鼓勵與犧牲時間，我不可能完成這本著作與相關的工作。

我要感謝勞麗・阿貝特與珍妮弗・賀卜斯（Jennifer Hobbs），他們的關懷、慈愛與支持，改變了我的人生。

我要感謝所有支持我、給予回饋與鼓勵我的朋友：狄賴特・史東（Delight Stone）、克里夫・柯瑞（Cliff Curry）與柯瑞・史東基金會（Curry Stone Foundation）、星鷹（Starhawk）、唐娜・里德（Donna Reed）、喬哈娜・勞倫森（Johanna Lawrenson）、珍妮弗・畢奇（Jennifer Beach）、泰德・奈斯（Ted Nace）、瑪麗莎・賀姆斯（Marisa Holmes）、L・A・卡夫曼（L.A. Kauffman）、柯林・寇拉克（Colin Clark）、泰德・傑曼（Ted German）、吉爾・奈林（Jill Kneerim）、露西・克萊蘭德（Lucy Cleland）、巴娜辛・馬丹奈吉德（Banafshen Madaninejad，她將我介紹給黃鳥編輯室）、雅典娜・李・布萊德利（Athena Lee Bradley）、萊斯莉・卡根（Leslie Cagan）、史蒂芬・勒拿（Stephen Lerner）、比爾・雷根（Bill Ragan）、瑪麗・安・賀漢斯坦（Mary Ann Hohenstein）、希拉蕊・麥奎（Hilary McQuie）、艾蜜莉・波斯納（Emily Posner）、卡洛琳娜・

瑞耶斯（Carolina Reyes）、伊莉莎白·威斯特（Elizabeth West）、安·懷特（Ann Wright）、麥可·麥克費爾森（Michael McPhearson）、莫莉·柯特（Molly Gott）、何思琳（Julia Ho）、來自布拉克台地的瑞米（Remy from Black Mesa）、柏克利·卡耐（Berkley Carnine）、凱·馬戈（Kam Magor）、馬克·布雷（Mark Bray）、瑪琳娜·席特林（Marina Sitrin）、大衛·格雷伯（David Graeber）、羅伯特·金（Robert King）、肯亞塔·威廉斯（Kenyatta Williams）、史考特·克勞（scott crow）、安·哈克尼斯（Ann Harkness）、英格德·波林頓（Ingrid Burrington）、奧斯丁消滅白人至上主義團體（Undoing White Supremacy Austin）、瑞秋·曼寧（Rachel Manning）、安德列·布萊克（Andrea Black）、朱尼珀·勞倫·羅斯（Juniper Lauren Ross），以及為我的《踢企業屁股》小冊子籌資做出貢獻的每一位。我同時要對奧羅拉·萊文斯·莫拉萊斯（Aurora Levins Morales）的關懷、睿智與真知灼見表達感激之情。

如果沒有在人民生存學院（People's Institute for Survial and Beyond）教導如何組織反種族主義抗爭行動，與接受導師有關如何重拾人性的教誨，我不可能成為今日的我。我由衷感謝朗·錢森（Ron Chisom）與金柏麗·理察斯博士（Dr. Kimberley Richards）。

我要感謝奈格·基曼（Negar Kidman）與她兩位美麗的女兒阿麗亞（Aaliyah）與瑞芬（Raven）。她們提醒我要擁抱生活中的歡樂。

我要感謝所有為我提供作品的攝影師與藝術家：基夏·巴瑞（Kisha Bari）、黛安·蘭特·格林（Diane Lent Green）、安·哈克尼斯、德西里·肯恩（Desiree Kane）、艾瑞克·麥可奎格（Erik McGregor）、安格斯·麥奎爾（Angus McGuire）、瑞克·瑞哈特（Rick Reinhart）、安琪拉·賽因（Angela Sevin）、艾蜜莉·西蒙斯（Emily Simmons），以及塞斯·托伯曼、（Seth Tobocman）。

我也要感謝我的家人：我的母親楚黛·卡魯索（Trudie Caruso）、繼父喬、我的妹妹黛安娜、弟弟大衛，以及我的繼妹黛安，他們都一直在鼓勵我。還有我的父親道格拉斯·布魯克斯·費安，他熱愛閱讀與寫作。嗨，老爹，看，我做到了。我要感謝我所有的祖先，他們選擇的生活方式創造了我。

我想提到所有的人，社運組織者、治療師、朋友，以及與我共事的夥伴，但是我一路走來向許多人學習，若全部都提到，會是一份很長的名單！我希望你們知道，我愛你們，也珍惜你們。

序言

我是一個搖滾樂迷，沒錯，我說的是又搖又滾，興風作浪，不過我老早以前就是這樣了。我幼年時就經常在沙發上、汽車內、搖馬與高腳椅上搖來滾去。我有一大堆小時候扶著嬰兒學步車在屋內橫衝直撞的故事。我在一九六一年出生，那一代的婦女才剛接觸嬰兒奶粉與斯旺森電視晚餐（Swanson TV dinner），而所聽到的育兒觀念是不要呵護她們的孩子，最好是不要理會孩子，不論他們哭得多淒慘或是引起騷亂。

即使是在幼年，我也服膺眾多社運人士經常引用的一句名言：人們放棄權利最普遍的方式就是以為自己沒有此一權利。我堅持不平則鳴。二年級時一位老師在我的成績單上寫下「麗莎總是帶頭搗亂」的評語。製造麻煩是我最擅長的事情之一。高中時，我看到自助餐廳裡的桌子上都是垃圾，我對這種不自愛的行為大感憤怒，於是我辦了學生報《自由思考者》（*The Free Thinker*），傳遞學校、社區責任與自尊自重等方面的訊息。我母親自工作的地方帶回來一具油印機，我因此可以在車庫內印報紙。在此份報紙的幫助與激勵下，我競選學生會長並且獲得勝利。高中畢業時，我被選為「最有可能為母校做出貢獻的人」，不過同時也當選「最有可能為母校製造事端的人」。

我很慶幸在年輕時就找到人生目標，而多年來我不斷看到組織社運與非暴力直接行動獲得成功。我有幸在過去四十多年裡參與了許多社會運動與抗爭，經歷了不知多少次的勝利與失敗。我培養了許多年輕的社運組織者；訓練了數以萬計的人面對權勢、恐懼與壓迫；戰略性非暴力直接行動的藝術，以及如何對抗壓迫，支持自由。我親眼目睹一些抗爭網絡至今依然存在，我也了解為什麼有些網絡強而有力，有些卻分崩離析。

我在參與反種族主義運動的年代，封閉了CIA，在「西雅圖之役」打亂世界貿易組織（World Trade Organization, WTO）首次重大會議，幫助成立「共同援助網」，這是一個草根性組織，旨在幫助遭卡崔娜颶風橫掃的紐奧良社區。我曾與辛蒂．希恩（Cindy Sheehan）一同露宿壕溝，她的兒子在伊拉克戰爭中陣亡，她起而抗議伊拉克戰爭。我曾站在開羅的解放廣場，並且在「美國與婦女船隊前往加薩」的行動中揚帆海上。我曾占領華爾街、為氣候正義發聲、在弗格森街頭遊行、與立岩保留區的部落領袖攜手前行。二〇一六年總統大選後的最初幾個月瀰漫躁動不安的氣氛，我發動抗議川普就職的行動、參加華盛頓大遊行。我也在我收養家庭所在的奧斯丁組織與訓練反種族主義行動，對抗當地暴力的白人至上主義份子。

世界的不公不義，不斷提醒我們出自西班牙裔美國哲學家喬治．桑塔亞那（George Santayana）的一句名言：「那些不能銘記過去的人，注定要重蹈覆轍。」我不曾忘記過去為人類自由與尊嚴抗爭的經驗。的確，我曾因公民不服從的行動而被捕上百次，這些痛苦的經驗都銘刻在我的腦海中無法磨滅。

我希望藉由本書來分享我過去在對抗威權的行動中所學到的教訓。我要證明像我這樣的個人只要結合成網絡就可以促成世界的改變與創造歷史。在美國帝國的歷史中，移民殖民主義、種族主義、性別歧視、資本主義、恐同症、年齡主義、健全主義與其他各式各樣的壓迫已在所有的體制中根深柢固，使我們深陷壓迫、暴力與死亡的文化泥沼。

我在本書主張利用公民不服從與其他形式的非暴力直接行動來對抗與分解今天的壓迫性威權體制，同時也建立一個擁抱愛與關懷、充滿自由氣息的結構。此一主張並非只是針對願意冒著被捕風險的社運人士。不論年齡、性別、種族與能力，每一個人都能做出貢獻。我們需要爺爺奶奶、藝術家、廚師、音樂人、說故事的人、研究員、律師，以及所有人！我向來相信要促成改變需要兩項策略：拆除壓迫的體制與行動，創造自由的體制與行動。本書的每一則故事都是這樣的例子。

抗爭的結果有時令人驚豔，因為有時全球都會因此改變，不過也有改變漫長而緩慢的時候。不論是什麼結果，組織都是意味營造人際關係——先是一對一的友誼，接著是形成團體、建立網絡與舉行集會，這些都是植基於共同的信念與價值而結合在一起，攜手以戰略性行動來消除我們不願再服從的壓迫體制，並且尋求建立能夠取而代之的體系。組織社會正義就是集合力量來打破、顛覆與推翻既有的壓迫性體制，為健康與人道主義社會的生成創造空間。

本書的每一章都是一則有關重大行動的故事，這些行動都是我幫助組織與策劃的，並且還有一些指導性的教戰守則。我在第一章聚焦於川普時代的挑戰，強調團體網絡化能夠創造直接行動與發動起義，這是確保抗爭在川普任期內與之後能夠堅持不懈的最佳方法。第二章說的是我所組織與策劃的首次全國性大型行動，在一九八七年封鎖CIA，以抗議雷根政府在中美洲與非洲南部發動的骯髒戰爭。我在本章會介紹組織概念，包括共識決策方式、輪輻會議、親和團體、相關進程的推動、責任的分擔與集會的召開等，這些都是水平式組織的基礎。

在第三章，我帶領讀者來到一九九五年的華盛頓特區，我組織了一項具有歷史意義的行動，以呼應「維護工友正義行動」。第四章講的是一九九九年的「西雅圖之役」，組織了六萬人來阻止世界貿易組織濫用權力，以非民主方式來仲裁世界貿易糾紛。第五章是回顧我在「全球正義運動」下的狂野經驗，包括二〇〇三年破壞世界貿易組織在墨西哥坎昆舉行的部長會議。今天世人已習慣看到國際大型組織的重大會議（八大工業國、國際貨幣基金、世界銀行、美洲自由貿易區與世界貿易組織的會議）引來抗議群眾，但是在二〇〇〇年代初期卻是新鮮事。

第六章是我二〇〇五年十月在紐奧良的經驗。我幫助組建「共同援助網」，這是以社區為基礎的組織，幫助當地遭卡崔娜颶風摧殘的行政區與教區重建。該組織的宗旨不是施捨與救濟，而是團結與互助合作，我們的行動是盡其所有的提供援助。第七章是回顧二〇〇九年的「加薩自由大遊行」與二〇〇七年的德國八大工業國（G8）抗議，這兩項行動在在顯示占領空間戰略的重要性。第八章我們來到二〇〇一年的曼哈頓街頭，當年五月十二日的動員，是「占領華爾街」運動的先聲，強烈警告政府不顧人民失去家園，反而大力紓困銀行，會引發民怨，點燃起義之火。

第九章來到二〇一四年的弗格森，當時多年來的壓抑終於在街頭爆發，正義之士鼓起勇氣直接面對警察暴力與謀殺。在第十章，我分享我在立岩保留區難忘的蛻變經驗，當地原住民與他們的盟友以他們的血肉之軀、心靈與精神來阻止達科塔輸油管的興建。

今天我們遭遇來自各方的打擊與挑戰，然而發動者卻不必負擔責任。面對這樣的情況，我主張我們必須鼓起勇氣，反抗這種植基於恨意的體制；關閉這些貪婪的威權中心，推翻這些不公不義的壓迫結構。我們必須創造全新的體制。我們必須取下牆上的畫作，將它顛倒再重新掛上。這些聽來野心龐大——甚至是不可能的——但是在接下來的篇幅中，我將證明這樣的情況過去曾經發生，現在也有，只要我們的抗爭鍥而不捨，未來還會繼續出現。我要向社運組織者、理想家、正義守護者，以及知道自己社區、學校、工作場所，或是這個世界行事不正，想要有所行動的所有人，分享我的經驗。歡迎來到尋求不服從的行列。

第一章
二〇一六年大選之夜與分權網絡的力量

另一個世界不但有可能，她正在一步步靠近，在寧靜的日子裡，我可以聽到她的呼吸聲。

——阿蘭達蒂・洛伊（Arundhati Roy）

二〇一六年十一月八日的晚上，我與三位朋友坐在北達科塔立岩印地安人保留區的草原騎士賭場包廂內。我們當時是在立岩幫助當地原住民阻止達科塔輸油管的興建，當地將其稱為黑蛇。我自十月以來就加入當地部落長老與來自各地的社運人士的行列，來阻止此一違反條約與勢必會破壞當地原住民、土地與水源等生態的工程。我們心知肚明，如果共和黨的總統候選人川普當選，他一定會通過這項工程計畫。①

我以社運組織者與群眾號召者為一生職志，總是避免直接面對選舉活動，因為我曾多次目睹事情的發展是在暗盤交易下，而非議會殿堂上，於最後一刻發生改變。不過選舉往往也會造成重大影響。每一世代都會受到當時政治氛圍的影響，而我們的後代所面臨的政策，都是在他們出生前就已形成的。原住民的思維則是在教導大家與自然界共存、如何保持和諧，以及未來七個世代因我們的選擇會如何受到影響。

夜幕低垂，我覺得腸子都打結了。我的周邊傳來竊竊私語的聲音，談論著希拉蕊穩贏的局面，然而隨著選舉結果揭曉，我知道她輸了。我點了一杯威士忌，尊美醇加冰塊，我很少吸菸，但是卻拿起一支菸，點燃，深吸一口。我知道這是自我毀滅的方法，但是在此時此刻，這樣做能夠稍減湧上心頭的悲痛與震驚。

我自問，我們怎麼會選出這麼一個崇尚白人至上主義與歧視女性的傢伙？但是難道以前我們沒有這樣做過嗎？今天，我們再次目睹白翼（White Wing）的興起——白人至上主義份子獲得了將他們的意識形態與思想注入我們的法律與政策中的權力。我坐在立岩的酒館內，我的周圍都是原住民的後代，他們的先人是美國白人至上主義的首批受害者。向西部發展的男男女女為當地帶來殖民化的惡果，包括土地的竊取、生態的破壞、奴役與種族滅絕。

歷史一再重演。時至今日，殖民化已轉變為產業的掠奪與造成人們流離失所的中產階級化。種族主義再度活躍，在不公不義的制度下，奴役依然存在。「我也是」（#Me Too）運動揭露了父權思想充斥美國的現實，資本主義則是製造貧窮與破壞環境的罪魁禍首，然而這樣的情勢卻是有利於白人與在財富金字塔上的百分之一。三K黨、新納粹主義與私刑的使用，今天依然存在。隨著川普選上總統，我知道未來的路途崎嶇難行。不過這也是這個國家成立以來一直在前行的道路。川普就像是盎格魯殖民帝國在崩塌下的迴光返照，在一片廢墟中抬起牠醜陋的頭顱。所謂困獸猶鬥，我們現在就要面對一頭有權有勢的困獸。極右派在歐巴馬八年任期內快速興起，數以億計的資金投入布萊巴特新聞網（Breitbart）與福斯新聞頻道（Fox News）這類媒體，與此同時，如全美議會交流理事會（American Legislative Exchange Council, ALEC）這類的產業團體則是在密室擬訂惡質的法律，奪走社會正義辛苦贏得的勝利。這樣的情況令人毛骨聳然，過去如此，現在依然如此。

深呼吸，麗莎，我告訴自己，你知道這不是什麼新鮮事。多年來的觀察讓我看到其中不斷重複的模式，在我們的文化中拉扯。我曾經歷多個政府。我自一九七〇年代就在為推動社會變革進行非暴力的抗爭，已訓練數以萬計的社運人士來複製這些戰略。多年來我不斷告訴人們，我的工作是為威權製造危機，因為危機是站在促成改變的最前端。在大選之夜，我知道我們將再度發動抗議以創造危機。在今天的美國，要以危機來促成改變十分重要，然而也是困難重重。「沒有抗爭，就沒有進步。」費德瑞克．道格拉斯

（Frederick Douglass）寫道，「那些希望得到自由，卻又不願意爭取的人，只想不勞而獲。」隆納・雷根（Ronald Reagan）時代的記憶逐漸浮現腦海。當時與現在類似，右翼勢力結合激進保守派尋求重組我們的經濟與世界秩序。傑西・賀姆斯（Jesse Helms）與基督教右派不斷攻擊婦女的生育權。他們驅逐酷兒與他們稱為「福利女王」（welfare queens）的窮人。他們也驅逐因雷根發動中美洲戰爭而被迫逃入美國的移民。我們也目睹當時的政府如何為富人慷慨減稅。這是一個艱難的時期，迫使我們必須組織抗爭，也迫使我們學習如何組織得更為完善。

改變世界何其困難。對有些人來說，對抗不公不義是有關生死的問題。有些人則是享有選擇該參與何種議題的特權。不論是哪一種，我們都應明白這是一場關係全人類與這個星球的戰爭。你願意為正義而戰嗎？如果是，你該如何投入戰鬥？你所做過的事情有什麼是你希望告訴你的孫輩的？

在川普上任以來的這些年間，我們看到湧現一波波抗議潮，街頭示威、學生與老師罷工等層出不窮，還有許多大型群眾運動，例如「婦女大遊行」（Women's March）、反對穆斯林禁令的機場行動，以及抗議布雷特・卡瓦諾（Breet Kavanaugh）獲得提名與進入最高法院。我們也看到人們起而爭取氣候正義，抗議化石燃料的提煉，以及年輕一代所發起反對槍枝暴力的行動。我們也看到保護移民的行動，抗議移民遭到掠奪、驅逐、邊界攻擊，以及監禁移民孩童。我們也看到首次有兩位美國原住民婦女與兩位穆斯林女性現身。我們也看到新團體的出現，如「不可分割」（Indivisible）與「美國民主社會主義者」（Democratic Socialists of America）的重生。我們也看到藍色浪潮（Blue Wave）的興起與旨在衝高投票率的行動。我們看

到數以百萬計的人民起而挽救患者保護與平價醫療法案（Affordable Care Act, ACA），而且不只一次，而是三次。過去從來不曾打電話給他們在議會代表的人，現在也都拿起電話。我為我所看到的感到興奮不已。走上街頭的人愈來愈多——學生、移民、酷兒、婦女，以及來自生活各層面的人士，在全國各地勢如燎原。真是太棒了！但是我也看到人們對他們的行動猶豫不決或是有所質疑，有的甚至認為只有靠投票表決才能讓別人聽到他們的聲音。這樣的懷疑會使人失去注意力，進而導致抗爭失敗。為了防止國會廢除ACA，人們走上街頭，但是不久之後人們就不再注意此一議題，結果是在二〇一七年的稅賦法案中，ACA的主要支柱之一，個人強制保險規定遭撤除。我們走上街頭抗議家庭分離政策中將孩童與母親強制分離的規定，但是我們後來轉移焦點，結果是該政策又悄然無聲地死灰復燃。

在抗爭中，走上街頭十分重要，但是大遊行只是我們所用的許多方式之一。就某些情況來看，遊行的效用已告減退，因為此一方式周而復始的使用，難以達到我們希望的效果。因此，如果要讓抗爭的效用持續，遊行必須伴隨著其他的戰略直接行動與廣大的社群網絡。

有些人認為如果情勢糟透了，大家自然會起而行動。但是這樣的情況在現實中十分罕見。人們傾向於安於現狀，認為維持現狀最符合他們的利益，或者認為挑戰當局過於冒險，而且大費周章卻可能一事無成。這些人的想法錯了。我過去四十年來做為多起公民不服從運動與社會破壞行動組織企劃者的經驗，顯示深沉與充滿關懷愛意的抗爭會產生正向的改變。當我們無法達到所希望的改變時，我們會建立新關係來促成長期合作。我在本書中所說的故事將顯示持續抗爭與策略性抗爭的重要性。

今天社運的一大挑戰是線上行動已成為許多人唯一參與的入口。由此也產生一個模式：推特、Instagram或是來自某位朋友的臉書發出號召關注某一社會問題或立法行動的訊息——例如最近的槍枝管制法案的表決——要求大家打電話給國會議員或是加入當地的抗議行動。這些行動都是個別的，通常是對大型議題的反應，往往不會有當地團體的配合行動與參與。此外，我們也很容易就會因為問題太多而感到氣餒與退縮。

貝姬．龐德（Becky Bond）與扎克．埃克利（Zack Exley）是伯尼．桑德斯（Bernie Sanders）參選二〇一六年總統大選的數位策略師，他們在合著的《革命者法則》（*Rules of Revolutionaries*）一書中解釋他們如何體驗到數位時代下的線上群眾運動具有強大的地面組織潛力。「當社運世界的中心由小型社團、勞工或是行動組織轉移到廣大，然而成員鬆散的線上組織，實體的組織結似乎就消失了。」他們寫道。他們指出，桑德斯競選活動的成功，部分原因在於結合線上徵召與老式、從下而上的組織方式，後者包括組織地方集會、成立地方社團，以及電話或是挨家挨戶拜訪，而不只是發出電郵。這可是該競選陣營數位策略師的高見！

強大且持續的全國性社運會衍生出地方性的社團，這些社團能夠快速在當地組織行動。網際網路與社交媒體為社運在通訊、招募、動員與戰略行動等領域，提供了大量的選擇空間，但是這些都無法取代實際的地面組織、動員與行動。任何一項社會擾亂行動都需要地面與線上戰略的配合。我們在防守時很少會做出改變。我們必須建立關係與組織架構以增強我們的攻擊力量，這樣才能在危險年代保護我們的社區。

非暴力直接行動與水平式網絡

做為一名社運組織者，我的主要策略包括以網絡為基礎的社群組織；戰略性的創新非暴力直接行動（nonviolent direct action, NVDA），例如公民不服從，以及製造危機來促成改變。雖然歷史顯示直接行動能夠帶來正面的結果，但是很多人都不了解該如何運用。許多非營利團體、非政府組織與工會都對直接行動與公民不服從行動敬而遠之，一方面可能是因為他們不想承擔風險，一方面也可能是因為對其中牽涉的法律、道德與策略有所顧慮。但是有的時候問題並不在於意願，而是不知道該怎麼做。

直接行動是一個概括性的名詞，指的是直接面對壓迫，將壓迫者的權柄轉移到被壓迫的一方。我的好友與社運人士L．A．考夫曼（L.A. Kauffman）在其所著的《直接行動》一書中，將直接行動定義為一範圍廣泛的名詞，泛指以促成改變為目的的行動。

直接行動指的是尋求在既有的政府機制外促成改變的各種行動——這是一個狡詐而籠統的名詞，也是社運行動的討論重心。抗議遊行、抵制與罷工都是直接行動，設立糾察隊、靜坐與人肉封鎖等等也都是直接行動。曾親身參與直接行動的人都能深刻體會其中意涵，而且往往能帶來個人轉化的體驗。

直接行動是一種生活方式，是以不同視角觀察世界的視窗。直接行動不需要獲得允許，而是為盡可能達成目的而必須採取的行動。直接行動意味團結合作，以民主方式來解決我們所面臨的問題，而不是等待別人做出改變。就其最純粹的意思來看，直接行動是一種授權，它賦予人們與社群主張權利、行使自由，與運用自己的智慧來轉變生活的權力。

任何曾經參與直接行動或是抗議行動的人，哪怕只是平生第一次在婦女大遊行中舉著抗議標語，都會感受到行動中激勵人心與肯定生命的意義。雖說轉變有許多種方式，但是我發現非暴力直接行動與公民不服從能夠最迅猛地為人們帶來轉變。

我在訓練社運人士時，講到如何以關閉來開啟新局。開創性的非暴力直接行動講究的是空間——實體、情感、心靈與精神上的空間。我們可以收回、改造、占領、解放、關閉、開啟，或者單純只是身在現場。如何在正確的時機毫不猶豫地採取行動，占領空間並且予以改變，是一門大學問——如果你沒有掌握到時機，機會可能一去不回，就像打開一扇門一樣。

本書充滿了歡樂與勇敢的直接行動。我回想這些故事，感觸頗深，不禁思索如果我們的運動能夠達成目標，現今這個世界的運作會是什麼樣子。我的分析是聚焦於殖民主義、白人至上與種族主義、父權主義與資本主義間的權力關係。這些意識形態已深入美國的主流文化。我將分析如何以行動來質疑這樣的權力關係。我也發展出一套複雜系統與系統理論，以了解大型社會現象是如何依據有機生物系統內的模式與規則而興起與存在的。根據女權運動人士阿德瑞尼．馬里．布朗（Adrienne Maree Brown）在其重要著作《創

人民生存學院

我的分析視角盡在本書，但是我要停下腳步來談一談像我這樣的白人社運人士對反種族的了解，我們對此一議題的了解已有所提高，但是依然相對貧乏。身為八〇年代初就邁入社運領域的白人女性組織者，我以為我已了解深植我們文化中的種族歧視與性別歧視情況，然而我對白人至上主義的理解卻是在不斷演進與加深之中。一九八〇年代末，我有幸與人民生存學院在華府首次共事。後來在卡崔娜颶風之後，又與他們在紐奧良的「共同援助網」合作，接著在二〇一三年我又在「消滅奧斯丁種族主義」（Undoing Racism Austin）運動中與他們合作。人民生存學院的消滅種族歧視與社區組織工作小組幫我發展我的反種族主義視野，改變了我對世界與我的工作的看法。我也理解到白人至上主義與面對壓迫勢力時會如何造成創傷，於是將體感療癒策略融入我的行動之中——我認為這對所有的社運都十分重要。

工具箱：直接行動

非暴力直接行動與公民不服從能夠造成人們的轉化。行動成為相互連接的時刻，其中注滿了喜樂與希望。偉大的行動能夠激勵參與者，甚至旁觀者的轉化。以下是我最偏愛的直接行動，不過此一名單並不完整。要想更加認識直接行動，可以參考非暴力抗爭大師吉恩·夏普（Gene Sharp）所著的《非暴力行動的一九八種方法》（*198 Methods of Nonviolent Action*），這些行動止於我們的想像力，有的時候我們的行動嚴肅，有的時候又是活潑歡樂。

經典行動

占領會議室、公園與議會大廈等場所

關閉政府機關、企業會議、銀行大廳、辦公室、旅館、會議中心、大賣場與火車站

擠爆辦公室、阻礙路口、罷工、設立警戒哨站、靜坐、未經許可的遊行、干擾抵制、坐監

利用我們的身體

快閃行動、閃舞、舞會派對、人體雕塑、靜止不動、集體行動、人海戰術

模擬死亡、模仿疾病、模擬藝術

長蛇陣大遊行、黑群、粉紅色與銀群、飛行小隊

脫隊遊行

人肉圍牆

製造聲音

- 占據空間製造刺耳的聲音、打鼓、吹哨、敲擊鍋盆、使用號角喇叭
- 邀請當地歌手與音樂人在適當的場所與時機表演
- 使用可攜式擴音器來播放音樂與聲音
- 吟唱朗誦
- 邀請遊行樂隊與合唱團：地獄噪音旅（Infernal Noise Brigade）、解放銅管交響樂團（Brass Liberation Orchestra, BLO）、森巴舞樂團、粗魯機械樂團（Rude Mechanical Orchestra）都是我最喜歡的
- 噪音罐頭（裝有玉米花粒或ＢＢ彈的罐頭，用力搖晃即可發出噪音）

藝術、儀式與媒體

- 條幅
- 儀式、祈禱
- 旗幟（絕佳的戰術性通訊工具）
- 燭光守夜
- 大型人偶
- 火炬遊行
- 看板
- 利用對方的網站進行社交媒體宣傳

在當地各處張貼海報
火圈（策略性地在目標住所四周設立火圈）
燈光管與投影片：我第一座燈光板是在一九八八年所設的，是在夾心板上安裝耶誕燈飾，置於一輛輕型卡車上面。我們傳達的訊息是「不要軍援薩爾瓦多」。一年一度的白宮耶誕樹點燈儀式上，我們在白宮四周繞行。
故事繪（在床單上寫字或繪圖，然後訴說故事）
假報紙（將假報紙包住真報紙）
文化干擾模仿與諷刺新聞
街頭劇場（人偶，道具與即興創作）

發性策略》（*Emergent Strategy*），將此一過程稱為「創發」。她寫道，創發是「連接所有現存組織的一種方式——運行之道、力量、變革、男女神祇、生命、鳥群、細胞分裂與地下真菌的低語」。

戰略性直接行動最重要的作用之一是把整個情勢引領至「混沌的邊緣」（edge of chaos）——這是我在研讀複雜性科學時學到的名詞。只有在混沌的邊緣才會出現最為深刻的變化。在強勢的主流文化中，混沌與危機等字眼通常意味著暴力與損壞，往往是用來製造恐懼。不過對我而言，混沌的邊緣並不是代表暴亂。我發現暴動混亂的情勢往往是反生產力的，並且會製造恐慌與退縮。相反地，非暴力直接行動則是造成戰

略性危機，使人們自信具有強大的力量與必須改變現狀的信念。

想像一位企業主的員工因為不滿而發動罷工。經過多天的罷工之後，企業主發現他的員工在他的辦公大樓外設立警戒哨、發送傳單指責他的商業行為，並且招來媒體負面的報導。四周路口都被人群阻隔，抗議他的腐敗。他的生意開始虧錢，聲譽也大受打擊。此時此刻的他面臨危機，他只有對抗議員工的要求讓步，以免企業關門。

混沌的邊緣與危機要的是我們的尊重而不是恐懼。混沌的邊緣是舊秩序崩塌與新秩序興起的空間。不過我們同時也需要取代現狀的願景與計畫。這是我們策略中解放的部分——無時無刻不在創造未來新局。例如那位企業主已準備談判，那些罷工的員工必須釐清他們的要求，並且擬定他們的需求何時與如何獲得滿足的計畫。這些勞工成功地改變現狀，要達成此一目標，需要兩項策略：化解既有結構與壓迫，創造新結構與促進自由。換句話說，如果我們要解除現狀，同時也必須有一套取而代之的計畫，否則可能會有一大堆人變成倒霉鬼。

有許多種方式來組織直接行動，不過我發現最有效的是在由多個團體參與形成的網絡下發動的。這樣的社會運動組織模式是由工作團體、社群與集會等自我組織形成的一個網絡，該網絡能夠自我演進，而內部的小團體則是扮演中繼站或樞紐中心的角色。廣泛來說，這樣的模式叫做水平式或網絡化組織，具有去中心化與分權的概念。

學者與社運人士近年來愈加理解如何運用網絡來促成社會、文化與政策層面的改變。兩位組織行為專家瑪格麗特．惠特利（Margaret Wheatley）與黛博拉．弗里茲（Deborah Frieze）在她們於二〇〇六年發表的論文「利用創發性來帶動社會創新的發展」中指出，「儘管有廣告與標語，但是世界的改變不會一次僅止於一個人。它的改變是來自擁有共同的理念與目標的一群人所形成的關係網絡。改變是始於許多不同地區同步發動地方行動。但是如果這些改變無法相連，也只是止於當地而已。」

惠特利與弗里茲指出，當這些小型的地方行動相互結合，形成網絡，所有的個別行動與事件就都會變得強大起來。他們將這種協同作用稱為創發現象（emergent phenomena），並且強調網絡中的創發現象為許多造成始料未及衝擊的歷史重大事件提供了解釋。一九八九年柏林圍牆倒塌，該單一事件之所以發生，在於當時全球各地支持東柏林人民的許多小團體相互串連，形成一個龐大的去中心化網絡。

我曾親眼目睹多個行動網絡化的力量，例如一九八〇年代的反核運動與愛滋病運動；二〇〇〇年代初期的全球正義運動與環保／氣候運動，以及近期的「占領華爾街」、「黑人的命也是命」（Black Lives Matter）與原住民主權運動等。這些運動都發展出強大而靈活的網絡組織模式，其中各團體相互合作、建立緊密的關係與社群，促進行動的升級，形成危機，為地方、國家，甚至是國際主流與政策帶來衝擊。

不論一個人邁入社會運動的出發點是什麼，一旦加入為公義抗爭的行列，他們的生命就開始轉化。我早期的導師艾比．賀夫曼曾經寫道：「民主並不是你相信就會有的東西，也並非你想落腳就可以落腳的地方，而是你必須有所作為才有的東西。你參與爭取，如果你停止作為，民主就會崩塌。」在參與這種自覺的解放行動中，你會有獲得重生、受到感召與連繫的感受。我們在展開行動的同時也開啟了個人的轉化。

我並不只是把非暴力直接行動視為戰略或手段，我也將其視為一種生活方式。這是我們面對不公不義時以自身力量來創造與改變現狀的方式。這也是消滅壓迫性主流文化的方式。我們一旦了解我們並不需要完全聽命或相信既有威權時，就會更加相信自己與我們的社群，自己的生命自己顧，攜手創造我們所相信的世界。

德州人民站起來與網絡的力量

二〇一三年七月，一個名叫「德州人民站起來」的網絡誕生，該網絡是由一批個人與社群所組成，來對抗德州右翼人士對生育健康的攻擊。這是一個地方網絡興起，並以直接行動來促成改變的絕佳範例。我深信若非當地的一些小團體相互連接形成網絡，此一行動根本無法成功。

二〇一三年六月二十五日，來自沃斯堡（Fort Worth）的德州參議員溫迪·戴維斯（Wendy Davis）對當時美國最粗暴與過分的反墮胎法案之一，SB5（德州參議院第五議案），發動拖延攻勢。此一由ALEC草擬的法案若是獲得德州議會的通過，將導致全州四十二家墮胎診所有三十六家被迫關閉。該法案規定診所的醫生要進行墮胎手術，必須先獲得在診所方圓三十英里內醫院的許可，另外還有其他限制。此一法案對德州人民造成嚴重困擾，當地墮胎與其他生育健康服務已受到相當大的限制。由於當地反墮胎人士與政客的反對，德州的墮胎診所在二〇一一年到二〇一三年間至少已關閉了五十三家。

在溫迪進行杯葛的當天晚上，我決定前往德州議會大廈。當我進入該棟建築，驚訝地發現滿是婦女同胞，擠滿了圓形大廳與蜿蜒而上的樓梯。參院會議廳內也是人滿為患，而對外關閉。我在議會大廈內四處走動，旁聽室內擠滿了人，都在盯著直播立法程序的電視螢幕。接近午夜時，共和黨決定打斷溫迪的杯葛來進行表決。人群開始高喊「讓她說下去！」有如口哨響起，大廈內的婦女同胞衝到議事廳的門前。我目睹這一切，覺得這是我多年來首次見到最為接近起義的抗爭行動。

我們在議事廳內與外面怒吼。我們絕不會退縮。我們的聲音，數以千計婦女同胞的聲音，在大廈內所有的走道、樓梯、辦公室與大廳內迴響，整棟建築物為之震動。在共和黨開始強行進行表決時，時鐘顯示已過午夜幾分鐘。午夜是表決最後期限，因此在午夜之後的表決依法無效。但是二十多年來一直是該州多數黨的共和黨早已習慣強勢操作，並不想讓表決的機會自指縫間溜走。副州長大衛．杜赫斯特（David Dewhurst）企圖改變官方時間戳，讓最後的表決時間顯示在午夜之前。但是這招並未得逞，而到凌晨時我們得知該法案並沒有通過。

勝利當頭，時任美國計劃生育聯盟（Planned Parenthood）主席的賽西爾．理查斯（Cecile Richards）將大夥召集到大廳，然後要我們解散回家。我認為這是一項失策——當時有數以千計的婦女在場，大家大可占領議會大廈。我們有許多人都擔心共和黨會想方設法讓此一法案獲得通過。當時我們的力量充沛、士氣高漲，是製造危機不可多得的大好機會，但遺憾的是時不我與。

三天後州長瑞克．派瑞（Rick Perry）召開議會特別會議，以爭取通過已改名HB2的SB5法案。我急著與理查斯聯絡，向她提議有關集體訓練以對抗特別會議的事情，訓練的內容包括在必要時採取公民不服從的行動。我強烈認為公民不服從的大型行動，例如靜坐與占領議會大廈有助於防止該法案的通過。但是我無法聯絡到她與其他主流行動的領導人，不過與此同時我也接到許多朋友的電話——大都是德州的社運人士——問他們能幫上什麼忙。我當時在想，要讓外界聽到我們的聲音，我們必須馬上行動。

我從過往的經驗了解如果你自己沒有站出來，可能別人也不會，我於是決定開始行動。我召集當地人士與團體舉行會議，聯絡我所認識的年輕婦女。有七十人左右參加了我所組的第一次聚會，地點是在勞工保護計劃（Workers Defense Project）的總部，這是奧斯丁一個為低收入勞工爭取就業機會平等的非營利組織。與會人士包括來自ADAPT、奧斯丁民主黨、NARAL支持選擇德州（NARAL Pro-Choice Texas）、德州職工工會（Texas State Employees Union）、泰潔斯威布（Tejas Web）、卡莎．馬麗安尼拉（Casa Marianella）、美國計劃生育聯盟與其他團體的個人。

第一個問題是：「誰會最受到此項立法的影響？」婦女最會受到影響，尤其是有色人種的婦女、貧窮婦女與變性人——她們都難以獲得生育健康的服務，因此健康情況也較差。我們一致同意要以她們為中心來發聲。經由這次聚會，我們形成了一個反種族與理解壓迫交叉性的分權網絡。我們的主要目標是以非暴力直接行動來阻止HB2的立法，與在德州建立一個持續性、反種族的草根性運動基礎。

我們很快就建立了工作小組來負責各項工作，包括一個戰略小組、一個訓練小組與一個媒體小組。我們決定稱做「德州人民站起來」，而在幾天之內我們就開始進行集體訓練、成立親和團體與組織輪輻會議——這是小型親和團體齊聚一堂，協調集體行動的大型會議。

幾天之後，議會大廈展開特別會期，我們已準備好了。我們製作了一幅大型條幅掛在圓形大廳內。我們進行了冥想、在議會辯論期間唱歌、以嬰兒鞋做成祭壇、變裝、舉著大型標語與看板遊行，以及製作背景等各種活動。我們進入辦公室、旁聽室與議事廳。如果他們不予理會，我們就高唱扭曲姐妹（Twisted Sister）的「我們不會接受」（We're Not Gonna Take It）民主黨與主流團體的領袖們都不喜歡我們，但是我們盡可能保持聯繫管道暢通，讓他們有加入我們行動並且配合他們本身計畫的機會。德州的民主黨多年來一直想要推動多元化，卻不得要領，現在他們就有機會直接接觸到可能因該法案而受到影響的選民。遺憾的是他們並沒有接受我們的召喚，不過我希望該黨領袖們看到我們的行動，能夠了解到行動的力量，尤其是在某一政策可能造成重大影響的時候。

我們知道我們的抗爭需要讓全國較大型的生育權運動組織看到。我們建立一套聯絡系統，幫助小型團體相互協調，包括工作小組的電郵名單、公開會議與簡訊。我們利用臉書與推特來進行宣傳與動員的工作。一項由有色人種婦女領導的企業媒體策略，成功吸引國內與國際媒體的注意。我們行動的最高潮是以公民不服從的行動來阻撓法案的通過，在行動中有十六人因為抗議該法案而遭到逮捕。

但是我們最終並沒有阻止他們通過該法案。德州所有的墮胎診所都被迫關閉，儘管聯邦最高法院二〇

工具箱：組織的基本動作

要建立力量，我們必須積極。我們的目標是以各種不同的方法讓人們起而行，而建立關係是我們工作的基礎，不論你是否挨家挨戶的拜訪、在你的社區建立新組織，或是電話訪問。關係讓我們覺得相互連結，並不孤單。關係是社區與責任的基礎。我們往往從別人身上可以看到在自己身上看不到的，因此關係就像鏡子，幫助我們學習與成長。

從事組織的工作，首先是要接觸新人，基本工具叫做「說唱」（rap）。以下是我對第一次交談的要領：

【在開始之前】深呼吸，穩定自己的情緒。

【介紹】向他們介紹你是誰，為什麼要與他們交談。詢問他們現在是否有空。

【提問】詢問他們關心什麼事，詢問他們是否知道你要提出的議題，他們的家庭是否受到影響。詢問他們對此一議題的看法，他們需要什麼。將你聽到的記錄下來。

【討論】人們的反應有助於開啟對議題更加深入的討論，提出你的觀點，引起共鳴，將其與人們關切的重點相連接。你可以分享你的經驗與你為什麼關切的原因。

【承諾】要求人們起而行動，提出一些方法供他們選擇。詢問他們在採取行動時是否需要幫助。

【結束】說明你後續的行動。向他們表示感謝。

每一次交談都是你接觸人們與讓他們起而行的機會。你可能會發現你們有許多共同之處，並且由此開展一段持久的新友誼。

一六年的判決阻止該法案生效使得衝擊有所減輕。雖然我們輸了，不過「德州人民站起來」運動的成員都認為我們已贏得局部勝利。因為我們已建立一個強而有力的網絡，並且一直堅持到今天。自二〇一三年以來，我們在德州看到許多自「德州人民站起來」衍生而出的運動。一些在德州的生育權團體，包括NARAL與莉莉絲基金（Lilith Fund）也都開始採取反種族的路線。另外，也誕生了邊界基金（La Frontera Fund），該團體持續爭取生育權正義以減輕相關法案的衝擊，尤其是在邊界的社區。

此一對抗法案的運動經驗已成為促進改變的動力。數以百計的婦女與性別表現不一致者藉由此一運動獲得了可能會永遠改變她們生命的轉化經驗，開啟未來推動變革的潛能。「德州人民站起來」運動的中堅成員蘿西歐·維拉羅伯斯（Rocio Villalobos）在二〇一四年寫道：

> 自二〇一三年夏天以來，我們看到此一運動獲得來自德州各地居民的積極參與與支持，他們的觀點與議會中那些強勢、反民主與憎恨女性的政治人物大相逕庭……自去年夏天，「德州人民站起來」已成德州中部一個持續性與固定的組織，堅持主張生育權正義……同樣重要的是，我們由此也得以與其他紅州（共和黨州）爭取生育權正義與面臨相同立法爭議的團體或個人取得串連。

如今，我對當年在圍繞HB2議題風起雲湧的抗爭運動中，所看到無法逆轉與正向的改變，已十分熟悉。多年來，我目睹具有相同目的的人集結在一起所產生的能量。每一項單獨行動都將我們串連在一起形成網絡，在網絡中大家都願意建立關係、組織社群，以及採取集體性的行動來改善我們的情況。

複雜性科學與混沌的邊緣

二〇一三年夏天，我到父親在紐約上州所住的小木屋探望他，他遞給我一本書，是由M．米契爾．魏卓卜（M. Mitchell Waldrop）所著的《複雜性：秩序與混沌邊緣的新興科學》（*Complexity: The Emerging Science at the Edge of Order and Chaos*）。我很喜歡這本書的書名、封面設計與硬底封面的裝訂方式。書內有許多我父親所做的批注，不久之後，他的注旁邊又出現我的批注。這本書為我開啟了一個新世界，而我父親則是幫我打開了新世界的可能性。

複雜性科學是一跨學科的領域，是探索存在於每一層面的複雜體系中的自然規律，例如細胞、身體、家庭，乃至經濟、生態系統、機制與文化。我對複雜性科學學習得愈多，就愈能了解與解釋我在組織社會運動中所體驗到的能量。它為我提供了一個新視角，由此可以了解事情為何與如何演變，以及如何以豐富的語言來描寫能量的增長與變革。我們可以藉由複雜性來了解整個世界的運作：人類是複雜性系統、聯盟也是，社會運動同樣也是複雜性系統。

複雜性科學源自數學、生物學與物理學，不過其內涵現在已日益使用於社會科學上。國際開發專家班．蘭馬林加（Ben Ramalingam）多年來一直將複雜性科學應用在改善國際救助的工作上。他寫道：「複雜性科學與混沌現象最早出現於物理學上。不過隨著持續的發展，科學家開始在各方面運用此一概念——不僅應用於大氣層、大海與野生動物之中，同時也應用於心臟的跳動與大腦之中，還有股市的變動與交通的運行。」

複雜性的一項關鍵性元素是系統的起始狀況會決定其對新資訊的輸入如何反應。它也同時告訴我們，在內部相互連接或是相互依存的小組織（網絡）的互動會受到新輸入元素（資訊）的影響。因此，分享資訊能夠加強促進改變。複雜性科學告訴我們，網絡與互動的多元性能夠加強變化的豐富性——在社會運動中，這意味中度親密關係與戰略的多樣化。它告訴我們，改變不是線性的而是周期性的，混沌的邊緣則是最有可能產生最深刻改變的所在，由於既有體系已無法對此回應，因而產生了新的方式。改變的出現在於可複製的小型行動持續不斷，形成推動改變產生的引爆點。

複雜性解釋了如水平式組織與從下而上的權力結構等方式為何有效的原因。蘭馬林加指出，「對於那些認為從上而下、命令與控制，以及還原法並不適合許多現實情況的人，複雜性提供了新的途徑。」複雜性反映出在許多情況下，系統在維持穩定的同時也能展現動能，而這是靠著能量的向下分配，並非集中化。影響所及，資本主義、軍國主義，以及認為高度集中化的階級權力才是理想組織模式的理論基礎，都因複雜性而大為減弱。

將社會運動視為複雜性系統，我們可以看出混沌期或是混亂期有其必要性。我們甚至可以擁抱、培育與營造它們的出現。只要有合適的資源與規劃，當時機來到時我們採取行動，即使無法控制結果也能影響改變的方向。我們可以主動將情勢帶至混沌的邊緣，這是一套系統既不穩定，但也未完全陷入混沌的地方。蘭馬林加寫道：「在人類的組織中，（關於混沌的邊緣）最簡單的例子，就是一套系統既不是集中控制（有序），也不是毫無組織（混沌）。許多思想家都認為混沌的邊緣是人類體系中促成創新最大化的地方，而對他們來說，最關鍵的問題是如何讓複雜性系統來到混沌的邊緣。」

我相信要促成變革的產生，危機有其必要性。我視混沌的邊緣是在權力轉變前的最後時刻或地方。社會有時會出現進行改變的成熟時機。當理念興起，傳播開來，改變就勢不可擋。正如維克多．雨果（Victor Hugo）所寫的：「沒有什麼比時機成熟的理念更強大。」

我很了解大部分的人，甚至是社運人士，都傾向於避免對壓迫與掠奪我們的決策者與權力掮客採取營造成危機的手段。馬丁．路德．金恩（Martin Luther King Jr.）在其著名的〈來自伯明罕市監獄的一封信〉（Letter from a Birmingham Jail）中寫道：

> 你們或許會問：「為什麼要採取直接行動？為什麼要靜坐、遊行之類的？談判不是更好嗎？」你們要求談判完全是對的，這也正是直接行動的目的所在。面對一個經常拒絕談判的社區，採取非暴力直接行動可以營造危機與強化張力，迫使他們正視問題。這樣的方式使得議題戲劇化，不容繼續受到忽略。我將強化張力做為非暴力抗爭者工作的一部分，可能令人震驚。但是我必須承認我並不怕使用「張力」這個字眼。我衷心反對暴力的張力，但是有一種建設性的，為成長所必須的非暴力張力。

我認為金恩博士所說的危機點就是混沌的邊緣所在之處。此處是介於有序與失序、平衡與混亂之間——混沌的邊緣——而跨學科的研究人士也以此來形容他們口中「一個瀕臨混亂的區域，該區域內的經常性動能來自有序與失序間的相互作用」。

不過我憂慮今日的社會運動過度聚焦於資訊上——籌措資金、電話訪問等等……而在發展強而有力的地方組織網絡、採取營造混沌的邊緣的行動上，卻是做得不夠。打電話給國會議員、捐款給美國公民自由聯盟（ACLU）等將爭議訴諸法院的團體固然重要，但是我們必須堅持不懈地採取行動，對「經常拒絕談判的社區，採取非暴力直接行動以營造危機與強化張力，迫使他們正視問題」。

感覺上，今天整個情勢似乎已來到即將可能發生重大變革的時刻。過去許多為主流意識所躲閃的理念，現在都受到公開擁護，例如全民健保、富人稅、槍枝管制、保障非法移民取得公民資格、重罪犯的投票權等等主張更改政策的議題。我們必須主動把握這樣的時機，而不是坐在一旁，希望一位民主黨總統能夠實現我們所有的夢想。

不論我們採取何種策略，總會遭到來自殖民主義、白人至上主義、父權主義與資本主義等既得利益份子的阻攔。我認為我們最好的應對方式就是專注於組織社群，修復與建立集體力量來對付可能來到的阻力。我們必須堅持不懈地為我們的運動建立聯繫與採行多樣化的策略——選舉組織、抗議企業活動、媒體宣傳與支持法院內的律師，這些都不錯，不過我們也應該在我們的社區內建立當地的聯盟或網絡，以組織如靜坐、關閉、辦公室代表團、封鎖、占領與起義等直接行動。我們的聯繫網愈大，使用的戰略愈多，就愈有可能在當前問題重重的時代帶來改變。

二〇一八年十月，麗莎帶領群眾組織行動，反對在哈特參議院辦公大樓舉行的布雷特・卡瓦諾任命聽證會。麗莎等人身上的T恤是由勞麗・阿貝特設計。照片由基夏・巴瑞（Kisha Bari）提供。

注釋　第一章

① 二〇一七年一月二十四日，川普以行政命令通過達科塔輸油管計畫。同年六月聯邦法院判決川普沒有依循正常的環保相關程序，但是該判決並沒有阻止這項計畫。

第二章
封鎖CIA與從下而上的組織力量

一九八七年四月二十六日的清晨，離開我在華盛頓特區快樂山（Mount Pleasant）的房子，與另外三人擠進我的速霸陸頑童（Brat）小型卡車。當天很冷，天色仍暗，霧氣茫茫。我們順著岩溪公園大道（Rock Creek Parkway）緩緩蜿蜒而下，前往紀念橋（Memorial Bridge）。我開得很慢，我前幾天才發現車子車輪轂的螺帽鬆了。

我們經過甘迺迪中心（Kennedy Center）沒多久，我就注意到後面有輛警車跟著。我們上橋，就在進入維琴尼亞州之前，我看到前面又有兩輛警車。在我們後面的警車閃爍警燈，我很自覺地將車子停靠路邊。我們毫無選擇餘地，只有等著看他們要把我們怎麼辦。

最後，一位警官走過來告訴我超速了。這不是真的——我知道我可能會被跟蹤，因此開得很慢。我交出我的駕照，然後就一直乾等著。他們顯然是得到指示要拖延我們的行程，因為我們是即將發動對CIA抗議行動的主謀。

三十分鐘後，一名警官回來告訴我們可以走了。我們過橋進入維琴尼亞，直奔鍊橋路（Chain Bridge Road），然而卻闖入來自四面八方的車陣之中。真倒霉，正好撞上尖峰時間!幸好我們及時趕到在蘭格利福克公園（Langley Fork Park）的預定集合區。當時晨光初露，寒氣逼人。我們正準備封鎖CIA，此一行動籌劃已久，事前有許多準備工作，既辛苦又複雜，我都差一點想打退堂鼓。

一九八七年的那天上午，數以千計的示威者封鎖了位於維琴尼亞州蘭格利的CIA總部入口，抗議該機構參與雷根的「骯髒戰爭」。雷根政府暗中支持安哥拉的叛軍與尼加拉瓜的右翼反叛組織康特拉（Contra），後者想要推翻新上台的桑定民族解放陣線（Sandinista）政府。在一九八〇年代，全美的社運人士加入了「誓言反抗」的運動，以抗議在尼加拉瓜與拉丁美洲其他地區的衝突。我認為此一運動是水平式組織行動的典範，而我今天依然如此相信。封鎖CIA是「誓言反抗」所發動最為複雜與最為龐大的行動，而且據我所知，也是CIA唯一一次遭到封鎖。

我之所以參與這場行動，要回溯至我一九八〇年代初期在波士頓的日子，我在那兒首次聽到「誓言反抗」的運動，同時學到水平式組織的結構與方法。「誓言反抗」受到來自全國許多宗教組織與領袖、社團、政治團體、勞工組織、人權團體與政策團體的支持。此一運動之所以成功，在於每一個人都參與其中、相互串連與組織。此一運動營造了一個團結與愛的空間，而其工作則是植基於訓練、藝術、祈禱與戰略性行動上。在「誓言反抗」成立最初的三個月期間，就有數千人簽署加入。到了八〇年代中期，有數以萬計來自美國八十座以上城市的民眾參與簽署。

「誓言反抗」運動中的經歷對我影響重大。我在此看到一個全新的組織模式，包括一個在全國性網絡內相互連接與運作的自我組織親和團體。「誓言反抗」所建立的組織架構，這些年來讓我們能夠採取更為大膽的行動，因為我們知道整個社群都在支持我們。我們學習自我組織、實施直接民主，以及堅定發揮我們的力量，拒絕以我們之名進行殺戮、非法戰爭、謀殺、軍援、派遣顧問與祕密交易。早期在「誓言反抗」中的歲月，讓我了解到以非暴力直接行動與公民不服從來獲取立法與政治勝利的重要性。

在波士頓學習如何組織：一九八五年

一九八五年春天，我收拾行李，駕著我的速霸陸從紐約來到波士頓，我在這兒接下一份在公民參與政治行動組織（Citizens for Participation in Political Action, CPPAX）擔任法務助理的工作。該組織主要是針對社會與經濟相關正義的議題。CPPAX著重於立法與選舉方面的工作，我當時何曾想過為該組織工作反而使我走上遠離選舉政治的道路。

從波士頓上九十號州際公路，只要三小時的車程，就可以到我爹在紐約查塔姆（Chatham）的住屋，而走九十五號州際公路向南五個小時的車程，就是我母親在紐約霍桑（Hawthorne）的住家。我當時只有二十三歲，雖然在很多方面已相當獨立，但是知道親人就在附近，仍感到安心。我在南波士頓的多爾契斯特（Dorchester）租了一間房間，房東是兩位女同志。地方不錯，是一間有硬木地板的大房間，屋頂高、窗戶大，可以看到外面的樹木。牆壁漆了淡黃色，陽光照射進來，室內顯得柔和溫暖。

CPPAX的辦公室位於特萊蒙街上（Tremont Street），就在波士頓歷史地區的中心。從麻薩諸塞州議會大廈（Massachusetts State House）經波士頓公園到附近的購物區，十分熱鬧，各色人等喧嚣嘈雜。如果沿著特萊蒙街繼續向東走，你會進入聯邦大樓、市政廳與法尼爾廳（Faneuil Hall）所在的行政區，其中還有一些特別利益的場所，包括陸軍哨站與CIA的辦公室。我很快就了解政府機關與辦公室所在地理位置的重要性，因為這些場所也是我們組織遊行、靜坐等行動的地點。

CPPAX在一棟老舊建築物的四樓，該棟大樓內都是一些政治團體。當我第一天走進辦公室時有些驚訝，因為到處堆滿了海報、宣傳小冊子與塞滿東西的檔案櫃。不過亂中有序，你可以感受到這個地方散發著多年來不斷堅持使命的氣氛。CPPAX是一個頗具意義的組織，是由兩個公民行動團體合併而成，麻州和平政治行動（Massachusetts Political Action for Peace, Mass PAX）與公民政治參與（Citizens for Participation Politics, CPP）。該組織的執行長名叫迪克·考奇（Dick Cauchi），是一個風趣的小個子，總是捲起袖子準備大幹一場的樣子。我覺得這兒頗適合我，我喜歡這兒凌亂散漫的草根味。

我當年只有二十三歲，不過已有八年組織籌劃的經驗，但是還有許多是我需要學的。我喜歡組織籌劃。十歲時，母親帶我參加社區的抗議活動，要求在一個車輛來往頻繁的十字路口裝設交通燈號。我還依稀記得我與其他人站在一起，尋求改變的喜悅。

我的父母對政治都不感興趣。我常常與我母親開玩笑，就是那次交通燈號的抗議行動讓我決定了我的人生道路。我在高中二年級時，創辦了地下學生報《自由思考者》，從學生權益到改革輔導處，登了一大堆批評學校的文章。我記得後來學校確實因為這份報紙而做出改變，同時我也開始轉變。高三時，我被選上學生自治會主席，而在那一年，我組織同學在學校各處畫壁畫、舉辦學生—校長早餐會、在學校附近挨家挨戶拜訪，敦促支持學校的預算，以及組織一次學生出走以抗議校方的管制措施。我學到即使是像學校這樣的小單位，掌握權柄的關鍵人物也可以暗中上下其手，造成傷害。我知道，這就是令人擔心又可怕的現實。不過我也學到，面對不公不義，人們只要團結一致，就可以做出改變。

我進入斯基德摩爾學院（Skidmore College）後繼續組織學生運動。該校是在紐約州薩拉多加史平斯（Saratoga Springs）的一所小型文理學院。儘管校方有所顧慮，但是我仍在學生進步網（Progressive Student Network）的支持下當選學院自治會主席。我特立獨行，有全額助學金，與所有的預科生一樣自大驕傲。我父母離婚時我還小，我母親辛苦把她三個孩子拉拔大。她離開在喬治亞州的老家到外地打拚，身兼數職，最後在紐約桑伍德（Thornwood）一家小型的房地產公司擔任祕書。我十一歲時，她與喬再婚，他是一位校車司機。我還年輕的時候，都是在紐約市與我爹共度周末。我爹是為麥肯廣告公司（McCann Erickson）工作的攝影師與導播。但是他被競爭激烈有如割喉戰的廣告界給逼瘋了，在我青春期時搬到紐約上州，住在自建的小木屋內。

我父母的離婚協議內容包括周末探訪、孩子津貼與供應我上大學。唉，我爹在第一項表現很好。但是另兩項就甭提了。我在斯基德摩爾學院就讀時，沒有卡其褲、樂福鞋與拉科斯特（Lacoste）運動衫。我在學校信託委員會會議期間，擔任管家的工作，幫他們打掃廁所與整理床鋪。但是我在校園內的領導與組織能力也不容忽視。

當時的雷根政府正大刀砍掉數百萬美元的學生財務補助，並且將學生補助金改為學生貸款。我與紐約州學生組織策動了一次抗議削減學生財務補助的行動，帶領了一巴士的學生到華盛頓特區進行遊說。斯基德摩爾學院當時也在考慮削減經費，並且決定關閉護理系。我與護理系學生聯手迫使信託委員會改變他們的決定。直到今天斯基德摩爾學院依然透過與紐約大學的合作關係而保有護理系。

一九八二年，我唸大四，艾比．霍夫曼來到斯基德摩爾學院，他是一位著名的反文化革命領袖，曾創立青年國際黨（Youth International Party，通稱伊皮斯，Yippies），也是後來遭到起訴的芝加哥八人幫（Chicago 8）之一。他向我們提出一項「拯救河流」運動[1]徵求實習生的方案。我立刻交出我的應徵信。艾比寄了一封信給我，叫我「過來吧！」。這項計畫一直沒有實現，不過我畢業後依然開車去找他。

位於紐約克萊頓（Clayton）的河川是千島群島的中心。霍夫曼的伴侶喬哈娜．勞倫森（Johanna Lawrenson）的曾祖母在河上建有一間小木屋。後來美國陸軍工程兵團（Army Corps of Engineers）公布一項調整聖羅倫斯海道（St. Lawrence Seaway）的計畫，艾比、喬哈娜與她們的朋友決定成立「拯救河流」運動來對抗此一計畫，他們贏了。[2]

一九八三年我加入此一運動時，該項破壞生態環境的計畫死灰復燃。我們迅速採取行動，組織串連加拿大政府、大湖區的州長，以及紐約州議員起而反對。結果我們贏了。③當時國會已將此一計畫納入一項水利工程的法案之中，要將其移除十分困難，但是我們竟然擊敗了這一有二十億美元經費的笨頭計畫，實在不容易。

在抗爭期間，艾比與喬哈娜去了一趟尼加拉瓜，帶回來許多有關當地革命的故事。這些都是以前不曾知道的。我已親身體驗到組織力量的神奇之處，但是我之前的工作從未牽涉到外交政策，而且當時根本就不了解戰爭背後的道德問題與人性的貪婪。一九八四年，我在去波士頓之前，隨著艾比與喬哈娜前往尼加拉瓜，幫助組織一個有七十名記者的考察團，以了解當地的革命真諦。我當時正在閱讀《苦果》（*Bitter Fruit*）一書，這本得獎著作是在講述美國參與瓜地馬拉一九五八年政變的事情，徹底毀滅了我對我們民主的幻夢。我開始了解全球各地都有這樣的祕密戰爭行動，而在一九八〇年代的雷根政府時期，這樣的行動在中美洲與南非尤其活躍。

這些戰爭牽涉到廣泛的人道問題與政治衝擊。在一九六〇年代初期的南非，CIA是扮演幫忙逮捕尼爾森．曼德拉（Nelson Mandela）的角色，並且多年來一直為南非政權提供情報、顧問與武器，以助其維持種族隔離政策。CIA也涉入安哥拉內戰。在美蘇冷戰時期，爆發許多血淋淋又毫無道理的代理人戰爭。美國也藉由介入外國戰爭，掌握到人力與天然資源供美國企業掠奪。

一九七九年，左翼的桑定民族解放陣線取得尼加拉瓜政權。雷根上台之後就處心積慮地要除掉此一政權。他對中美洲國家增加軍援、提供武器與派遣軍事顧問，同時密集展開國民警衛隊的訓練與演習。任何明眼人都可以看出雷根政府想要建立一套入侵尼加拉瓜的機制，國會因此在一九八二年通過布蘭德修正案（Boland Amendment），禁止聯邦政府，包括CIA在內，對康特拉提供軍事援助，「以達成推翻尼加拉瓜政府的目的」。

但是雷根政府繼續在暗中進行，對叛軍組織康特拉的游擊隊攻勢提供軍援，以支持其進行低密度衝突。康特拉在宏都拉斯邊界設立總部，由此對尼加拉瓜發動攻擊。根據估計，在那段期間康特拉共發動逾一千三百次的恐怖攻擊行動。雷根政府也支持薩爾瓦多右翼的軍事獨裁政權，不顧國際間對其暴行的譴責，據信這些暴行都是曾接受美國美洲學校訓練的敢死隊所為。這些暴行包括一九八〇年三月二十四日刺殺在教堂內譴責政府暴虐無道的大主教奧斯卡．羅梅歐（Oscar Romero）。一九八〇年十二月，美國三名修女與一位志願者遭到強姦與殺害，她們是莫拉．克拉克（Maura Clarke）、伊塔．福特（Ita Ford）、朵若西．凱澤爾（Dorothy Kazel）與珍．多諾萬（Jean Donovan）。一九八〇年十二月，薩爾瓦多軍隊殘忍殺害在莫佐泰村（El Mozote）的村民逾八百人，是為薩爾瓦多大屠殺。儘管有這些暴行，美國政府先是卡特，接著是雷根，持續以美國納稅人的血汗錢對薩爾瓦多軍事政權提供數十億美元的援助。

美國資助的暴行引起國內人民的憤怒，從而催生了「誓言反抗」的運動。「誓言反抗」肇始於一九八三年一批基督教和平運動人士的聚會，這批人經常將他們的訊息發表在《寄居者》（*Sojourners*）雜誌上。他們呼籲以合法的抗議行動、非暴力直接行動與公民不服從來阻止美國入侵尼加拉瓜。剛開始的時候，「誓言反抗」看來是一個緊急回應的行動，尋求在基層建立一個水平式的網絡。他們訓練數以千計的人員，將他們組成親和團體，藉由輪輻會議來相互協調。這樣的組織方式與架構很快就在全國散播開來，而在各地建立起相類似的網絡。「誓言反抗」擁有明確的架構，並且兼具充分的彈性空間以因應各種需求。我將其稱為混合結構，即是在一個緊急回應的網絡下，結合輪輻會議與親和團體等方式，透過地方性的協調委員會來進行全國性的整合。

我得知波士頓是「誓言反抗」運動最活躍的地區之一。當地的「誓言反抗」運動主要是由一批較為年長的女性所主導，她們大部分是女同志，是一九八〇年成立的「婦女五角大廈行動」（Women's Pentagon

Action）的成員，其中包括凱西・赫夫曼（Cathy Hoffman）、勞拉・布斯（Laura Booth）與南茜・阿拉奇（Nancy Alach）等人。此外，還有C・T・巴特勒（C.T. Butler），他是「要食物不要炸彈」（Food Not Bombs）運動的創辦人之一。他大力推動共識決策法，這是他在「蛤殼同盟」（Clamshell Alliance）所學到的方法。他所著的《衝突與共識》（*On Conflict and Consensus*）一書迄今仍是這種建立共識方式的最佳教科書。我有幸接受這些前輩的教誨，他們都了解訓練對建立社會運動的重要性。

結果我在CPPAX的法務助理工作反而讓我在「誓言反抗」波士頓區的協調集團中得到一個席位。該集團的成員是來自波士頓地區各和平與正義組織的助理人員與一些社運工作小組的代表。我身為「誓言反抗」的新成員，參加了在劍橋公園對面加敦街（Garden Street）第一教會的集體訓練課程。我就是在這兒學會我迄今仍在使用的組織模式基礎。

水平式組織三要件：親和團體、輪輻會議與共識決策

我在第一教會所接受的訓練令人印象深刻，這段經驗讓我永難忘懷。當天早晨，第一教會忙碌異常。許多和平與正義團體在這兒都設有辦公室，海綿狀屋頂的大廳是我們訓練的場地。「要食物不要炸彈」的人員為我們準備了早餐與咖啡。參與訓練的大部分都是不同年紀的白種人：祖父母、學生、宗教人士等等。大家都充滿活力，有許多人已相互認識。

訓練員把我們分成多個小組，進行積極聆聽的課程，這是由學員輪流發言，其他學員不得中途打斷，而且不只是要聆聽，同時還在情感上與肢體語言上做出回應。第二堂課是解說尼加拉瓜的衝突與「誓言反抗」本身的歷史。接著是一堂叫做光譜的課程，訓練員讓我們排成一列，進入各辦公室，然後提供我們各

種不同的直接行動戰略，詢問我們這項行動是暴力的，還是非暴力的。我們由此很快就知道哪些人與我們是同盟，哪些人不是。這個方法簡單而有效。

然後訓練員將我們分成兩列，稱做辯論線（Hassle Lines），一列扮演封鎖聯邦大廈、抗議軍援康特拉的群眾，一列則是要到聯邦大廈上班的人。前者封鎖聯邦大廈的入口，後者則是試圖進入。我記得我不斷向對手解釋我為什麼會這麼做，同時張開雙臂阻止他向前。在整個過程中，動作與喊聲不斷，之後我們聽取此一行動的匯報，並且討論一些降低緊張氣氛的策略，例如詢問他們的名字、眼神接觸、保持冷靜、深呼吸與如何利用沉默。

接著訓練員要我們分成小組。如果你是和朋友或同事一起來的，可以自成一組；如果你是單獨來的，可以和其他同樣也是單獨來的人組成小組。我原本不太了解這樣的做法有何意義，但是事實上我們是被分成親和小組，而每組成員會在不久的將來合作策劃直接行動。

分成小組後，訓練員就會要求各組馬上決定在面對警察時該如何因應。我們不知道他們事先已在小組裡布下暗樁，扮演具有高風險的角色，例如有哮喘病的病患或是孕婦。訓練員會要我們思考我們的決策過程。這是一個展現動態力量的大好機會，包括在性別、種族與健康情況等方面。在決策過程中，我們必須自問由誰來擔任領導人；大家的意見是否已充分溝通，或者是有一、兩人發表看法；我們是如何做下決定的。他們幫助我們了解除了表決之外，還有其他的方法來做下決定。這是一個無需表決就建立共識與達成協議的決策過程，這樣的過程在我們的現實生活中俯拾皆是。

訓練員接著要各親和小組決定在封鎖聯邦大廈的大型行動中要擔任什麼工作。訓練員提供了一幅聯邦大廈的地圖，顯示該棟建築物的入口所在，還有哪些地方容易封鎖，又有哪些難處。訓練員並且問我們，有哪些人願意冒著被逮捕的風險，我們願意在哪些入口執行封鎖的行動。

每個親和小組要推選出一位代言人——這是在輪輻會議時與其他親和小組的代言人坐在內圈，他們所屬的親和小組成員則是坐在他們身後（以便商討與溝通），而由輪輻會議來討論各方建議。代言人會分享各組的計畫，我們同時也要核算各組人數，以擬訂在各入口分配群組的計畫。我們估算每一入口需要多少人，並且估計封鎖後門的人數可能不夠，於是將一個親和小組調至後門。

我們開始了解親和小組可以確保行動順利進行的效能。現在我們已有計畫，是開始執行的時候了。在房間的一端有幾張椅子，代表大廈的入口。我們則在房間的另一端，準備開始遊行。遊行是此一大型群眾行動的開端。我由此了解任何一項完善的直接行動，不論是起頭、中間，還是結束，都需要有明確的計畫。

我們開始遊行，不過很快就分開來，每組各司其職。我們開始高喊：「停止轟炸、停止戰爭、美國滾出薩爾瓦多！」我們前進、分開，各組來到不同的入口。我們坐下來進行封鎖。訓練員事先安排了一批扮演警察的人，他們衝上來驅趕我們。整個情勢變得混亂起來，「警察」都揮舞著「警棍」——報紙捲。他們狠狠地打我們，我們手勾著手，堅持不退。有些人站起來走開了，不過我們大部分都留在原地。我在之前的訓練課程中才學過選擇、結果與不合作的力量——而我現在就是選擇不合作。警察抓著我要把我拖出來，但是我旁邊的同伴用力拉住我。這是一場拔河大戰，直到訓練員高喊「停止！」這場演習才鳴金收兵。

我們安頓下來後開始進行匯報。我們討論警方是如何挑選他們認為最弱勢的目標——有色人種、酷兒與看來像是策動者的人。我們演練保護身體的方法，包括只顯露右半側、抬起膝蓋與抱住腦袋。律師解說我們的權利，醫護人員則教導我們一些緊急救護的方法，組織者也向我們解釋社區在其中扮演的角色。我們返回各自的親和小組，討論我們的希望與恐懼，我既興奮又疲累。我開始學習面對恐懼與不顧恐懼進行行動的重要性。八個小時後，訓練結束，訓練員宣布下一次輪輻會議的舉行時間。輪輻會議每月召開一次，我的親和小組決定每次都會參加。我自教會的訓練學到了水平式組織的要件：

【親和團體】這是自我成長的組織，每組人數約五人到十五人，成員之間在行動前後與進行期間都會相互扶持。他們是網絡中最小的單位。親和團體可以自行策劃行動，也可以在一項具有共同目標的大型行動中相互合作。親和團體有時會長期存在，可能是出於情感上支持的因素，也可能在參與行動之外成為研究團體。親和團體在參與大型群眾行動時會推舉一人來擔任代言人參加輪輻會議。親和團體有助於強化成員間的聯繫與歸屬感，消除個人單獨行動的隔離感。親和團體也有助於淘汰意志不堅的成員或滲透者，因為如果有成員規避協議，立刻就會遭到問責。親和團體這個名詞來自一九三〇年代末期的西班牙內戰。當時是稱做Grupos de afinidad，是無政府主義者為對抗當時弗朗西斯科．佛朗哥（Francisco Franco）法西斯獨裁政權所成立的組織。

【叢集（clusters）】這是兩個以上的親和團體在大型行動下相互合作的組織。叢集可以擔負封鎖某一區域，或是在多天行動中擔負組織其中一天行動的任務。叢集可以根據親和團體的發源地而組成，例如德州叢集；也可以根據議題或身分而組成，例如學生叢集或移民叢集；或是根據行動特性所組成，如街頭劇場叢集。

【輪輻會議】這是組織大型群眾行動或進行網絡協調的大型協調與決策單位。每一個親和團體、叢集與工作小組都會推舉一位代言人來參加輪輻會議以決定大型行動的相關事項。不過輪輻會議並不會奪走各個親和團體的自主權。親和團體可以自行決定要做什麼、在哪裡做，以及何時做，只要符合每個親和團體所同意的協議就行。有一項共同的行動準則就是不得攜帶毒品或武器。輪輻會議所有的決定都是在取得共識下做成的，因此也意味所有的團體同意與承諾此一行動計畫（或者是同意不阻礙行動的進行）。輪輻會議效果卓著，因為它准許各組合人員相互交談。如果有五百人參與行動，在輪輻會議中大約會有五十位代言人。

【共識決策】這套決策過程是來自貴格會（Quaker）與女權運動團體的傳統做法。水平式運動以此方法確保每個團體都能發言。在此過程中，隨著計畫逐漸成形，每個人都能表達對該計畫的關心所在。第一步是詢問大家對行動計畫是否有保留之處或是有所質疑。如果沒有，我們會問是否有人想退居一旁。退居一旁並不代表對計畫存疑，只是單純地不想響應，因此也不能期望他執行計畫或是參與行動。如果有許多人表示退居一旁，你仍可達成共識，但是你也應該明智地考慮是否要進行這場行動。其次，我們會問是否有人反對此一計畫。有的團體可能會發現此一計畫會傷害到他們所在社區，因而決定反對。如果沒有，就算達成共識了。共識並不意味大家都同意，而是化解歧見與推動大家都願意施行此一行動計畫。

【工作小組】與親和團體類似，不過其功能在於結構性的組織與支持行動所需。典型的工作小組包括媒體、公關、行動策劃、通訊、藝術與文化、財務、募資、運輸、住宿、醫療、法律、食物，以及訓練。工作小組也會舉行類似輪輻會議的協調會議，確保支持行動所需的條件都已到位。

【直接民主】這是在強調每一個人所做的決定都會直接影響到他們的生活。直接民主與代議（間接）民主的差別，在於後者是由個人為團體做下決定，而且是以投票表決來做為決定的工具。親和團體、叢集與工作小組利用共識決策即是直接民主，因為此一架構與過程可以確保每個人都能參與其中。在直接民主中沒有贏家與輸家，任何決策都是全員參與。

——

我很快就學以致用。我的親和團體的處女作是封鎖在波士頓公園對面的一座陸軍招募中心。警察騎著高頭大馬將我們團團圍住，這些馬匹看來十分嚇人，接著警察不顧滿地的馬糞，將我們一路拖走。之後在一九八五年五月七日，我們發動封鎖約翰．甘迺迪聯邦大廈（JFK Federal Building）的大型行動，以抗議美國對尼加拉瓜與薩爾瓦多實施貿易禁運。大約有三千人參與了這次行動——我們的親和團體成功了！行動初期，警方並不願意逮捕我們，他們並不希望我們的行動曝光，但是這招不靈了。這一天有五百五十九人被捕，更加激勵我們堅信人民的力量。我們是不容忽視的

該次行動中，我的親和團體自市政廳的屋頂懸掛了一幅長二十呎、寬四十呎的條幅，上面寫得簡單明白：停止援助康特拉[4]。當時是在九一一恐怖攻擊事件引爆安檢熱之前，進出政府的辦公大樓都相對容易。我們一路提心吊膽地穿過市政廳，搭乘電梯直上頂樓，然後登上通往屋頂的樓梯。從屋頂俯視，可以看到聯邦大廈的廣場上有數以千計的民眾，抗議政府最近一輪對康特拉的援助。我們用鉛製的小魚砝碼掛在條幅下方，好讓條幅垂下去。一、二、三，鬆手！下面的群眾爆出一陣歡呼。我們還來不及回應，警察就衝上來逮捕我們，並且上銬，送入監獄。

審判中，檢方指控我們使用鉛製小魚砝碼可能會出人命。[5]你知道嗎？他說的沒錯。自此之後，我對我的條幅製作都十分小心，改以硬紙板、沙袋或裝了半瓶水的瓶子來充當掛在條幅下端的重物。這次被捕也讓我學到另一個重要的教訓：警察會說謊。他們說我們不顧禁止進入的牌子而直接闖入屋頂。他們的指控

並不是真的。

我們最成功的行動可能是施壓麻薩諸塞州州長那一次。一九八六年初，緬因州州長宣布，他不允許該州的國民警衛隊接受旨在中美洲活動的訓練。我認為這是一個打鐵趁熱的機會，於是和中美洲團結協會（Central America Solidarity Association）的鮑伯．華倫（Bob Warren）合作，對麻州州長杜凱吉斯（Dukakis）施壓，要求他效法緬因州。我們在公共場合設置桌子，發送傳單；招募民眾支持我們的行動，然後接管杜凱吉斯在州議會大廈的辦公室，我們四十人將辦公室擠得水泄不通，要求面見州長。由於我是屬於長駐波士頓的CPPAX的工作人員，因此我有一些緊張。這是一間會客廳，有舒適的沙發與座椅，懸掛著天鵝絨窗簾的大窗戶，完全不像CPPAX過去打交道的場所。

杜凱吉斯當然沒有露面，但是我們保證還會再來。幾天後我們得知州長在近期內將做出重大宣布。我記得我和鮑伯對望一眼，會心一笑。杜凱吉斯是美國第一批宣布拒絕派遣當地國民警衛隊前往中美洲的州長之一。那一年的八月，全美州長協會（National Governors Association）通過一項議案，確認州長有權決定其國民警衛隊派往何處。

波士頓的經驗教導我，由網絡內串連的自我組織型小團體發起的行動模式，力量強大不容忽視。透過輪輻會議或地方與全國性的協調團體，此一系統的中心化與分權化部門可以密切合作。「誓言反抗」是全國性的組織，擁有政策專家來追蹤國會的動態，並且設有委員會負責警告地方團體有關可能發生的危機或是國會檯面下的小動作。同時還有一些社團會轉告我們有關中美洲人民的人道與慈善需求以及重大訊息。「誓言反抗」下的宗教團體也會對中美洲的政治難民提供避難所。「誓言反抗」的運作模式是將組織內的職員與單兵作戰的社運人士相互結合，可以快速行動、行動規模大小自如，也可以同時在多個地方或是在單一某地行動。而我即將學到它可以大規模行動，封鎖大型權力中心。

工具箱：製作橫幅／條幅的十個步驟

只要仔細觀察就可以找到許多懸掛橫幅的地方：橋樑、天橋與高架道路、停車場、電動走道、窗戶、陽台、中庭與隧道。你可以利用手機來追蹤交通情況，了解哪些地方的車流會變得緩慢。你也可以利用街景服務來檢視橋樑。有護欄嗎？是金屬架呢，還是水泥的？有欄杆嗎？有鎖鍊嗎，繩子是否容易穿過？這麼多年來我製作的橫幅不知凡幾，大家都玩得很開心。如果你們能在之後一起吃早餐，那就更好了！

【尋找位置】使用谷歌地圖或谷歌地球來觀察你所在城市與附近的道路和橋樑全景。更好的方式是開車觀察附近的停車場或是其他適合懸掛橫幅的地方。選擇你的地點，並且了解附近是否有停車的地方。

【收集材料】你需要布條、噴漆、膠帶、剪刀、刀子、繩索、束線帶（如果現場有鐵條或圍欄），以及掛在橫幅下端的重物。所有的材料都應具有備份。

【備料】將膠帶貼住橫幅四角，這是用來在四角打洞，好在上端兩角穿上繩索，在下端兩角繫上重物。你也可以購買索環，不過並非必要。將你的膠帶撕成寬四吋、長六吋的長條，貼在橫幅四角，前面與背後都要貼上，以加強強度。貼好之後，用剪刀挖洞。你可以將四角對折，剪成三角狀，這樣的洞口會比較結實。

【漆上標語】先用鉛筆打草稿，確定橫幅有足夠的空間，通常都是四到六個字。寫標語時將橫幅放在塑膠板上。我也會將橫幅貼在牆上或是圍欄上，或是請別人拿著橫幅好讓你在上面噴漆。

【在橫幅上製作氣孔】在字與字間用剪刀剪出幾個V字形的氣孔。氣孔有助橫幅抵擋強風。

【在橫幅上端兩角繫上繩子】我通常是使用十二呎長的繩子，然後對折成六呎穿過洞口。如果繩子不夠粗，塑膠束線帶也可以。繫橫幅的方式要看當時圍欄或結構的情況。

【增加重量】在橫幅下端兩角繫上硬紙板、報紙、沙袋或半滿的水瓶。

【折疊】將橫幅由底部向上折疊，類似手風琴的樣子，這樣一來，你只要抓住上端兩角就可輕易打開。

【集合你的團隊】懸掛橫幅通常是清晨的工作。一個三人小組可以在附近的區域懸掛三至五幅橫幅。如果是大型行動，可以多組同時行動。

【懸掛】懸掛橫幅之後，大家慶祝一番，拍照留念，離開現場，找地方吃早餐！

華盛頓特區與封鎖CIA

一九八六年秋天，我被徵召加入薩爾瓦多人民團結委員會（Committee in Solidarity with the People of El Salvador, CISPES）擔任臨時職工。該社團位於華盛頓特區，是「誓言反抗」聯盟的成員。我在基布爾恩街（Kilbourne Street）租了一個大房間。當地位於快樂山（Mount Pleasant）的中心地帶，而快樂山是許多政治團體的大本營。隨著數以千計的中美洲難民為逃離美國資助的戰爭而移民美國，快樂山的人口也日益增加。許多中美洲的移民都搬到在華府的快樂山，然而當地主要是非裔美人的社區，而且多年來一直面臨遭到剝削與掠奪的威脅。當地黑人與棕色人種間早已存在勢如水火的緊張關係，而我在「維護工友正義」運動中親眼目睹雙方的對峙——不過這是我下一個要說的故事。[6]

我很喜歡我的新家，這是一棟三層樓的連排公寓，我很快就結識了我的新室友。我們都是二十幾歲，而且熱衷政治。我在這一時期認識了喬安．海賽爾（Joanne Heisel），後來成為伴侶，並且是組織社運上的夥伴。喬安當時是在瓜地馬拉人民團結委員會網絡（Network in Solidarity with the People of Guatemala, NISGUA）工作，後來成為瓜地馬拉人權委員會（Guatemala Human Right Commission）的職員。就像在波士頓一樣，我全心投入CISPES的工作，開發行動警訊、參加策略性立法團隊，以及與國會山莊合作。CISPES當時正在進行一項阻止美國軍援薩爾瓦多的計畫，因為雷根政府想把數百萬美元的金援送到薩爾瓦多的杜阿爾特（Duarte）政權手中，該政權就是敢死隊的幕後黑手。

我也開始在「誓言反抗」華府支部擔任組織策劃的工作。該支部有許多富有創意與膽大包天的人，他們都願意為正義奮戰到底。我們很快就成為合作無間的團隊與好友。我是一位優秀的組織者的名聲逐漸傳開來，我也結識了許多關鍵性人物，包括這一次在「誓言反抗」全國行動中的領袖。一九八七年三月，我受聘於中美洲與南非正義與和平行動（Mobilization for Justice and Peace in Central America and Southern Africa），針對計畫在四月舉行的大型活動中擔任公民不服從行動的全國協調員。

我很興奮能夠參與此一大型活動，尤其是其訴求主題正是我感興趣的。有一段時間我對全國性活動的概念既模糊又震撼。我經常在想，這些人是誰？他們怎麼做到的？我的疑惑逐漸消散，我發現全國性的工作也和地方性的工作一樣，都是由來自各層面的人組織起來，攜手合作，投身於他們認為是對阻止美國戰爭、支持中美洲與南非人民自由最好的工作之中。在「誓言反抗」的全國指導委員會內有三十五個組織與其他支持並且願意參加此一行動的團體。然而職員只有我們十個，全都擠在新外交與軍事政策聯盟（Coalition for a New Foreign and Military）狹窄的地下室中。萊斯莉．卡根（Leslie Cagan）是總協調員，負責確保所有的事情就緒。

當我加入這個團隊時，在何處發動公民不服從行動的地點尚未決定。事實上，是否要在行動中納入公民不服從，在指導委員會引起了激辯，反對的聲音大都來自工會團體。委員會最終決定同意工會團體只參加集會遊行，而不必參加公民不服從的行動。我們開始討論公民不服從行動的目標，包括白宮、國務院、國會與五角大廈。我們並未談到CIA——其實有很多人根本不知道CIA在哪裡——不過它卻是一個及時的目標，因為它在伊朗軍售案中所扮演的角色最近才遭到揭露，頗有新聞熱度。

我決定去查看一下。CIA總部是在維琴尼亞州北部、華府西南方一個叫做蘭格利的保守社區內。這是在波多馬克河（Potomac River）以南一個樹林繁茂的地區。我先到華盛頓紀念公路（Washington Memorial Parkway）走一趟，公路上有一個出口直達CIA。我把車停靠路邊，看到前面一百呎外有個檢查站，馬路是兩線道，一進一出。這條路的兩旁都是樹木，僻靜而且沒有遮蔽的地方。我左轉回到公路上，向鍊橋路駛去，那兒直達CIA的南入口。我停在一條三線道的道路邊，這條道路直通CIA，旁邊有一個迴轉道與一大片草坪。我發現如果我們來這兒，地方相當空曠，而且旁邊有草坪可供我們集合使用。這是一個集會與拍照的好地點。

接著我又到蘭格利福克公園，查看哪兒有適合的地點。公園本身就是一個完美的集合地點，有停車場與可供集會並且展開遊行的地方，這對組織行動十分有用。我繞著公園走了一圈，發現CIA的職員可以直接穿過聯邦公路管理局（Federal Highway Administration）的入口去上班。這是第三個入口，意味我們需要三支封鎖隊，每個入口至少需要一百人。

我已收集到我要的資訊，現在該打道回府了。我回到辦公室，大家忙得不可開交，職員都急著要把所有事情準備就緒，在在凸顯這項行動規模宏大。指導委員會成立了許多工作小組，包括城市行動組、動員與推廣組、募資組、媒體組、運籌與規劃組，以及我所領導的直接行動組。指導委員會的關注焦點集中在集會上，有一些大人物將會在此發表演說，包括當時正準備競選總統的傑西・賈克遜牧師（Reverend Jesse Jackson）。我們最後終於有機會提出我們要在CIA進行公民不服從行動的計畫，然而出乎我意料之外的是大家竟然都同意了。

指導委員會有許多令人印象深刻的人士，我很慶幸能從他們身上學到許多東西。但是與此同時，我也發現全國性的行動往往過度重視集會與遊行，投資在像公民不服從這類行動的心力太少。CIA行動並沒有與總體行動完美結合，我知道我得一肩擔起這次行動的成敗。在此行動中有來自兩百座城市的民眾湧入華府，會有逾一千輛巴士在一旁待命。我與我的實習生迪倫（Dylan）、公民不服從工作小組、我在「誓言反抗」的朋友和職員，瘋狂工作，希望趕在周末前完成組織架構與協調的工作。

將自外地來到華府的民眾組織起來是關鍵所在。我們計劃在周日進行集體訓練，然後在當天晚上於紐約大道長老會教堂（New York Avenue Presbyterian Church）舉行全體的輪輻會議。這些年來的經驗教導我大型行動前的準備工作與行動的建構有多重要。過去有無數次的行動都是期待參與者能夠臨時想出一些活動。然而事實上在進行一項行動前需要數周，甚至數月的時間來運籌策劃，而且行動本身也必須要有一個周詳的計畫，包括一份有關時間表、流程與明確的行動地點的架構。如果沒有這樣的組織架構，在行動時將會有數千名立意良善但卻不知所措的群眾。組織架構可以幫助我們釐清要做什麼與在什麼地方做。例如我們知道要封鎖三道大門，但並不是每個人都願意冒著被逮捕的風險。因此我們計劃在封鎖區旁邊設立一個合法抗議區，將高風險與低風險的區域分開來，而由各個親和團體來選擇適合他們的行動與區域。

整個計畫逐步準備就緒。封鎖CIA是一九八七年四月二十四到二十六日備受全國矚目的「為中美洲與南非和平正義大遊行」（March for Peace and Justice in Central America and Southern Africa）的高潮。主辦單位周五晚間舉行了音樂會，周六有逾十五萬人集會並且走上華府街頭，而在周日有逾一千人在美國國會大廈的東草坪接受直接行動訓練。此一訓練是針對周一上午要進行的大型行動：封鎖CIA的三個入口。⑦

大家對CIA行動的興趣超過我們原先預期。事實上，我們的成功開始使得一些勞工領袖感到不安，他們擔心會引發暴力流血事件，不過我並不擔心。我們的行動經過精心策劃，大家都同意採取非暴力的方式。在典型的自由主義運動中，常常會因為領導人過於擔心，而降低了我們一些在語言上的強度，例如以靜坐來取代封鎖。不過我對這些都不感興趣，因為不管你如何描述，效果都是一樣的。

有一天我們在辦公室得知某人割斷了大衛・科爾賴特（David Cortright）座車的線路，他是理智性核子政策委員會（Committee of a Sane Nuclear Policy，後改稱和平行動）的執行長，也是指導委員會的成員。幾天後我駕車沿著岩溪公園大道前行，車子突然劇烈震動，我連忙停靠路邊。還好我這麼做了，因為車子的左後胎輪帽眼看就要鬆脫了。我一直不知道是誰幹的，但是我們知道絕不能因為害怕而打退堂鼓。我們必須抱持希望。想到已在CIA的雷達上就不寒而慄，不過對我而言，相較於政府以我們的稅金來資助造成數以千計人民死亡的殺戮暴行相比，這是值得的。如果我們要起而反抗這些罪行，必須克服我們的恐懼，勇敢地採取行動。

行動於周一清晨六時三十分左右展開。我在前往行動集合地的途中把速霸陸停在路邊。在抵達蘭格利福克公園的集合地點後，我立刻檢查所有的工作事項。民眾都已集合，準備前往當初分派給他們的入口。我們分發擴音器，幫助落單者找到他們的團隊。一切都很順利。幾乎所有人都搭乘我們事先安排的巴士，趕在尖峰時間之前自市區抵達現場。大部分民眾都是年輕的大學生，都對戰爭感到憤怒，而且也受到總統

卡特女兒艾米．卡特（Amy Carter）的感召。她和艾比發起一項反對CIA在大學校園內招募新人的活動，她們贏了。

我負責協調與封鎖南大門，萊斯莉是在西大門，喬許則是在北大門。搭載民眾到北大門的巴士因交通堵塞而被困在半路上，我們只好派遣一百五十人左右繞過聯邦公路管理局，穿過樹林，到公園大道的入口。封鎖南大門的人數大約有一千人。我們向檢查站前進，有一批人來到南大門的封鎖點，其他人則站在路中間。至於不想冒著遭到逮捕風險的人則是站在路邊，搖著看板高聲唱歌。

沒過多久我們就聽到空中的直升機聲音，警察開始逼近，大約有數百名，他們都身著防暴裝備，持有警棍與胡椒噴霧。他們耀武揚威，有地方警察、聯邦警察與公園警察。他們很快就開始逮捕在路中間或坐或跪的民眾。我聽到一陣歡呼聲，於是轉頭觀望。我看到有一小批人在我們面前露出屁股，每人屁股上都有一個字母，拼出「拒絕雷根」（NO REAGAN）。我還看到一些挺不錯的標語：CIA，現行犯。有些人則是穿著印有骯髒戰爭犧牲者照片或名字的T恤。大家不停高唱：「嗨、嗨，CIA，你們今天別想工作！」

八點剛過，暖陽升起，藍天白雲，封鎖CIA的行動全面展開。一輛音響卡車來到大門口，我們聆聽一些反戰名人的演說，包括丹尼爾．艾爾斯伯格（Daniel Ellsberg），他是洩露白宮文件揭開越戰真實情況的前軍事顧問。當天發表演說的還有約翰．史塔克威爾（John Stockwell），他是前CIA探員，揭露了美國政府涉入安哥拉內戰的非法活動。在這些了不起的人物述說他們的故事時，群眾一排接一排地擋住通往各大門的路口，他們舉著標語，高喊：「你們不能過來，我們來這裡揭發你們是誰和做了什麼！」我們有些人手勾著手，有些人則靜坐祈禱。我們看到一批又一批的人被警察或趕或拖地押上貨車或巴士，送往監獄。這樣的場面實在震撼。

那天上午整整四個小時，CIA的所有入口都遭到封鎖。雖然我們當中有些人臨陣退縮，但是我們也以

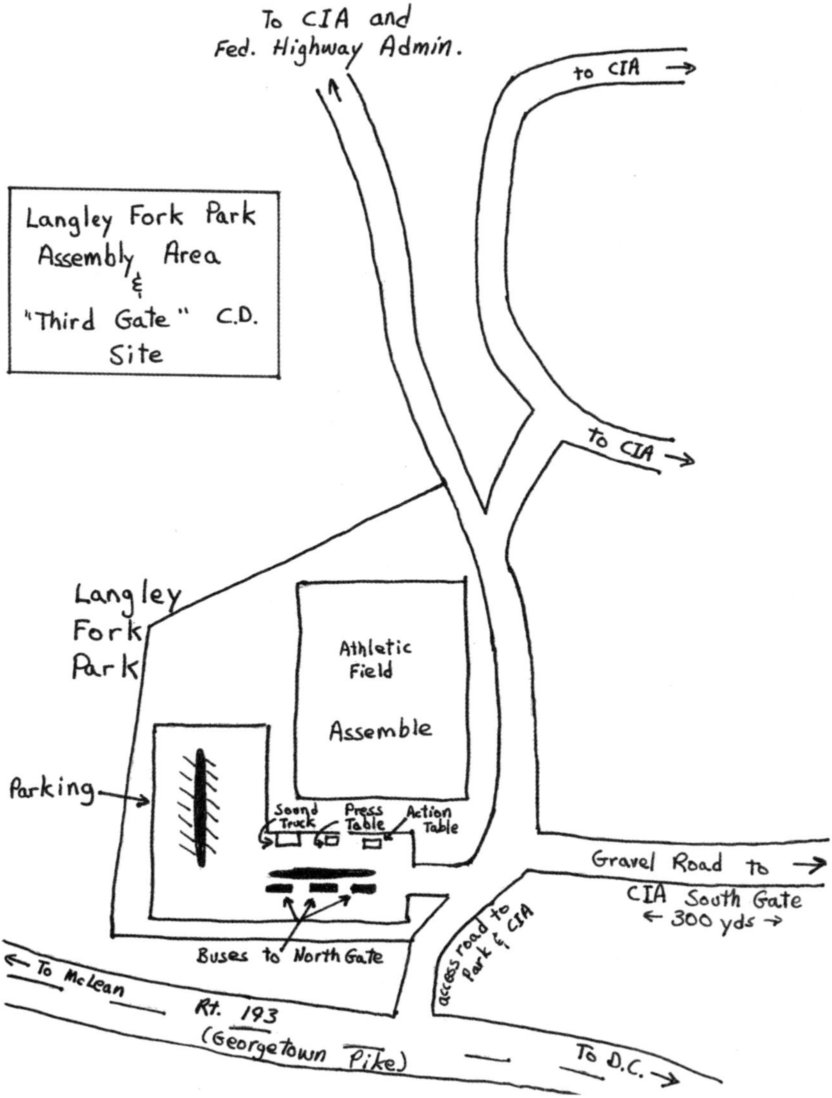

CIA行動組織圖。麗莎繪製、提供。

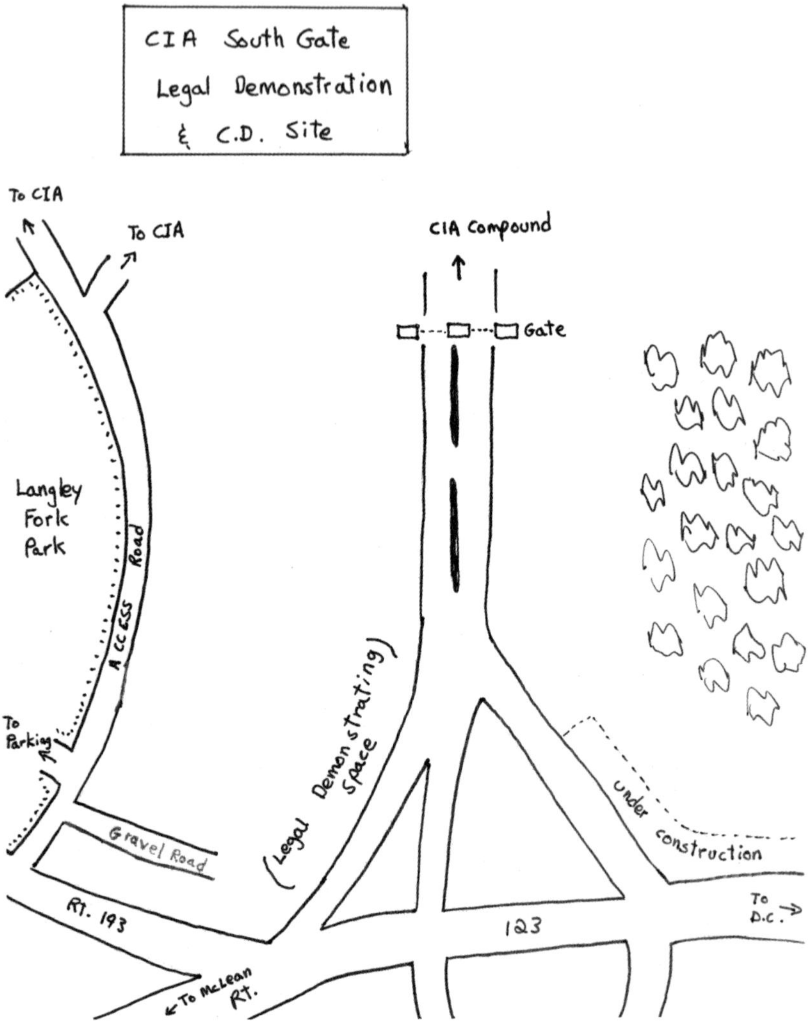

CIA正門路線。麗莎繪製、提供。

一種嚴守紀律並且勇敢的方式來製造破壞。在這場行動中有五百六十人被捕：封鎖南門的一千二百人中有三百五十五人被捕、西門一百人中有十九人被捕、北門二百人中有一百八十三位被捕，其中包括我們的法律觀察員與律師。北門有許多人遭到警察毆打。我們有一套完善的入獄支持方案，有律師提供協助、道德支持，以及出獄時的熱烈歡迎。

CIA的直接行動顯示製造危機能夠喚醒大家與抱持開放的態度。那天上午，儘管只有幾小時，CIA的職員不可能不會因為我們的作為而思索他們工作所牽涉的道德問題。我們癱瘓了尖峰時間的交通，並且幾乎登上美國所有主要報紙的頭條。我們為吹哨者創造了空間，並且藉由封鎖美國帝國最令人害怕的機構，向年輕一代展示非暴力直接行動的力量。

我在「誓言反抗」的這些年間，學會了抗爭的勝利果實往往很少，但是如果沒有我們的努力，可能根本就沒有勝利可言。雷根政府一直無法如其所願地入侵尼加拉瓜，我認為這是由於面對不屈不撓的公眾壓力所致。他們無法繞過我們所揭露的事實真相，也無法對愈來愈多的民眾走上街頭視若無睹。我們的直接行動改變了辯論的風向，幫助國會議員做出改變。不像之前的反越戰運動，圍繞著中美洲戰爭的抗爭行動，是採取全國性的非暴力直接行動與公民不服從策略，來阻撓戰爭機器的運行——就某些方面來說，它確實成功了。

我們這些人有老有少、有的充滿智慧、有的體壯如牛，而最重要的是我們團結合作，一起奮鬥。為了這項行動，我們入獄、遭到警察嚴酷對待，投入時間、金錢、血汗與淚水。在「誓言反抗」時期建立的關係，有些至今依然存在。運動的建立有如一條漫漫長路，其間有許多交叉路口，而我們就在這些路口不斷相會。我直到今天仍然期待，甚至是在寫下這些字的同時也是如此，新團體會如雨後春筍般地紛紛冒出，找到可以持續興起的聲音，在未來幾十年間不斷吟唱。

注釋　第二章

① 芝加哥八人幫被控陰謀越過州境在民主黨全國代表大會發動暴動。青年國際黨（伊皮斯）在該次大會推出一頭豬來競選總統，遭到警方粗暴攻擊。

② 當時艾比正遭到有關當局的追緝，而使用假名巴瑞·弗瑞德（Barry Freed），只有少數幾位朋友知道他的真實身分。在拯救河川行動抗爭成功後，他決定自首。他的自首相當戲劇化，由芭芭拉·華特斯進行獨家報導。芭芭拉搭船來到河中間，艾比則是搭乘另一條船與她會合。他最終入監四個月。

③ 這是一場了不起的勝利，迄今仍在保護這條河流。我還因此受頒千島群島鑰匙，雖然是錫紙做成，但是我感到無上光榮。

④ 此一行動的構想是來自雅典娜·李·布萊德利（Athena Lee Bradley）、保羅·米勒（Paul Miller）、凱倫·杜巴克（Karen Dobak）與C·T·巴特勒（C.T. Butler）。

⑤ 我們協商以社區服務來換取撤消擅自入侵的指控。我後來有好幾天是在波士頓公園清理垃圾。

⑥ 一九九一年快樂山發生暴動，起因是一名拉丁裔的男子遭到黑人女警射殺。

⑦ 周一當天也是國會大堂日（非政府組織成員與政府官員會面的特定日），我們有些失望，擔心我們的力量會因此減弱。不過我最近回顧此一行動，複雜性科學幫助我們了解多重的選擇性有助擴大參與的力量。再說有許多出席國會大堂日的人原本就不會加入我們的CIA行動。

第三章

維護工友正義與抗爭逐步升級的力量

太陽才剛升起，早晨的交通尖峰時間就已全面展開。我們集合、複習計畫，然後駕車向東開上第十四街橋樑，這是由維琴尼亞北部城鎮與郊區通往華府的主要幹道。我們用拖車拉來一輛報廢的車子，放置在進城的兩線道中間，立刻造成後面交通阻塞、喇叭齊鳴。我們把橋封鎖了。

這輛報廢的車子沒有前輪，哪兒都去不了，我們也是一樣。交通陷入停頓，我們在完成工作後立刻衝上去，圍著報廢的車子興奮不已。我跳上車頂觀察四方：一邊是四線道的幹道交通堵塞，車子排成一字長蛇陣看不到盡頭，另一邊是我們國家的首府，只見光禿禿的樹木與在晨曦下閃閃發光的白色建築物。我們的前方是水光粼粼的波多馬克河。在華府這一端的橋頭，有數百位工友與盟友舉著標語，高喊「華府，你們有個卡爾（Carr）問題」與「擺脫貧窮！」並為我們歡呼。十二月的暖陽照在我們身上，這是難忘的一天。

我們累壞了，但是腎上腺素使我們雀躍躁動。這天是星期四，而在之前的四天，我們從早上七點到晚上九點不停地在華府大街小巷穿梭，發動我們所謂的「憤怒周」（Week of Rage）行動。警方十分惱火，因為我們一直帶著他們兜圈子。我們引起公眾的注意、政客的關切，而商業不動產業與營建業的領袖則是火冒三丈。隨著華府商業不動產業以前「隱形」的勞工走到檯前，媒體戰爆發。

我們整整一周的計畫就是要將行動升級直至此時此刻的高潮，占領橋樑與製造我們所希望的危機。我聽到警笛聲由遠而近，大批警車很快出現，使得橋樑更為堵塞。警察衝過來，把我扯下車頂。我步履踉蹌，像個破布玩偶被他們塞進警車。那天早上我們有三十八人被捕，而關於勞工封鎖第十四街橋樑的新聞很快就傳遍勞工組織。這些年來勞工力量式微，大家已很少看到有工會採取這樣激烈的抗爭手段。

在十二月該周行動後，我們並不相信清潔公司會與工友進行合約談判，但是我們意志堅定、紀律嚴謹、非暴力而有組織。我們擬定計畫，在資方攻擊時予以還擊。翌年，「維護工友正義」（Justice for Janitors, J4J）持續在華府與全國升高他們的抗爭行動。而自我們首次發動抗爭，封鎖橋樑後的幾年間，華府商業不動產業界有百分之七十都簽有工會僱用合約，遠高於一九八七年的百分之二十。這是一次歷史性的勝利。

華府的「維護工友正義」行動是一九九〇年代初期遍及全美各大城市的抗爭運動之一，該運動正愈來愈受到重視。這是現實版的大衛對抗巨人歌利亞。這些人白天隱形、晚上脆

一九九五年三月「維護工友正義」憤怒周的行動，封鎖第十四街橋。照片由瑞克・瑞哈特（Rick Reinhart）提供。

弱，一天二十四小時都在服侍我們國家一些最有權勢的人。這是一個工會力量式微的時期，而在此時爆發這樣的抗爭實在是前所未有。我們看黑色與棕色人種、移民與有色人種婦女甘冒風險，予以反擊，一路走來贏得社會大眾的支持。他們有許多在美國並沒有合法居留權。有許多人一小時還賺不到五美元，為求溫飽只有身兼兩到三個工作。他們是母親、父親、兄弟姐妹、親朋好友。這些勞工了解抗爭行動的發動不應是工作場所與工作場所間的串連，而是在於城市與城市間的串連。這些工友與他們的盟友不顧失去工作與生活的風險，奮力抗爭。他們堅持不懈，絕不放棄。

二〇一五年，「維護工友正義」運動的發起人史蒂芬．勒拿（Stephen Lerner）寫道：「維護工友正義運動是一個努力追求，皆有可能的成功範例——即使是面對微乎其微的勝算。」數十年之後，我們的社會運動仍可以自「維護工友正義」早年的經驗學到許多東西。以下就是我在此一運動中的故事與學到的經驗。

草根女孩與工會世界

在一九八〇年代，「維護工友正義」運動一直試圖幫助工友組織工會，但是收獲很少。他們使用了許多策略，包括直接行動、訴訟、立法、媒體，但是進展有限。「維護工友正義」在匹茲堡與丹佛有所斬獲，前者的大罷工贏得資方的讓步，後者則是為一千名工會新成員爭取到全市的僱用合約。但是儘管這兩地的成果卓著，是洛杉磯的行動真正讓「維護工友正義」登上全國舞台。一九九〇年，警方粗暴攻擊一批在洛杉磯發動罷工的工友。當地人民對警方的野蠻行為震驚不已，這也成為工友最終獲得一紙集體工會合約的轉捩點。我今天所教導的社運組織戰策略，有許多就是由此勝利所激發的。

「維護工友正義」運動模式的中心觀念是不斷提高抗爭，即是勞工與其盟友發動長期抗爭，運用具有意義與破壞性的行動，將抗爭升高至產業界大腕與其政治盟友必須面對的危機層次。這種將抗爭升級的模式——如果持續不懈並且戰略運用得當——可以贏得重大勝利。我之後不斷反覆使用這些戰略，幫助工友、汽車廠勞工、家庭護理人員、保全人員，以及老師進行抗爭，也曾在爭取全球與國內經濟、環境、氣候與種族的公義上，運用這些戰略。

回想起來，我的工作在一九九三年從草根性的社運組織轉換成工會組織，可以說是機緣巧合。我進入勞工界時，正有一些狠角色要在華府與其他地方重新使用老式的工會直接行動戰略，並且與時俱進地加以改良。

過去的工作經驗讓我在工會世界勝任愉快。一九八七年封鎖CIA的事蹟使我在社運界嶄露頭角。我們封鎖一座龐大且令人聞之色變的政府機構，被稱頌為人民的力量。在此之後，我受聘在華盛頓和平中心（Washington Peace Center）擔任共同協調員，這是由一位貴格會社運人士在一九五九年為抗議生化武器而創設的草根性團體。它後來成為反戰與反核武運動的中堅份子。我在這兒工作的六年期間，我們陸續封鎖了最高法院、白宮與五角大廈，我也由這些行動中學到我們能夠直接面對權勢，並且確實發揮影響。但是到了一九九三年，我被這些薪資單薄的工作累得身心俱疲，因而決定換一個能夠維持財務穩定的工作，於是接下在勞工運動界擔任工會代表的工作。

老天，我在這兒可學了不少東西。

我的第一個職務是在華府的旅館與餐廳工會（Hotel Employees and Restaurant Employees Union, HERE）

二十五支部。勞工法的設計宗旨是使得勞方難以組織起來對抗資方，因此要組織勞工運動就需要創意。在麥迪遜飯店（Madison Hotel）員工進行抗爭的六周期間，我們在飯店內組織了清晨鬧鐘服務：起床、打包、退房，離開麥迪遜飯店！我們還在他們的高級餐廳組織了集體病假與設立爆米花和花生糾察隊，並在糾察線上舉行感恩節大餐。這些活動都很有趣，而且也很有效——我們差一點就讓這家飯店關門大吉，最終迫使資方妥協。

一九九四年，我受僱於服務業雇員國際工會（Service Employees International Union, SEIU）八十二支部。這是一個大型工會組織，代表的是當地逾一百五十個工會的勞工，包括保健業（護士、家庭護理人員等等）、公共部門（政府員工、公立學校雇員），以及不動產服務業（清潔工、維修工、擦窗工人、保安人員等等）。我則是擔任針對政府部門的工會代表。我的地盤包括司法部、聯邦調查局（FBI）與國家安全局（National Security Agency, NSA，被人戲稱為「沒有這個局」（No Such Agency））。我不必再偷偷溜進這些政府機構，實在有些不習慣！

在實地視察時，我會向工友們做自我介紹，並問他們過得怎麼樣，為什麼喜歡工會，以及他們在工作上的挑戰。我的工作有大部分都是填寫違反工會僱用合約的申訴書。我記得有一個案子是一位年輕婦女填寫申訴書，因為她的雙手又紅又腫，滿是皮疹，這可能是她用來拖洗地板的化學藥劑所致。但是她的老板拒絕提供防化學藥劑的手套。我們向他展示職業安全與健康法案（Occupational Safety and Health Act）有關安全方面的規定，並且威脅會採取行動，結果第二天所有的工友就都有了手套——那位年輕婦女的手也在一周內就治癒了。

要了解自己的職責範圍、相關人事、安全顧慮、制度合約，已是一個相當繁重的工作，更甭提還要填寫申訴書。我一再被提醒我該做什麼，又有哪些是不該做的。我一方面要努力解決工友的個人問題，一方面又要從制度體系上的層面來處理問題。我盡我所能在午餐會時為勞工打氣，但是最後證明我並不適合擔任工會代表。我是一個直接行動的女孩。

在這段期間，我的夥伴瑪麗．安妮．賀海斯坦（Mary Anne Hohenstein）教了我許多有關勞工界的知識，她對人和善，是華府「維護工友正義」的組織幹部。①她是SEIU國際團體的成員，她的上司就是SEIU不動產服務業的主管史蒂芬．勒拿。②我因而有機會認識史蒂芬，並且就近觀察他的工作，我想加入他的團隊。史蒂芬是「維護工友正義」運動的建構者，也是一位高明有遠見的戰略大師。他了解對於時時面臨薪資可能遭到削減的工友而言，此一運動的進展太慢。他和他在「維護工友正義」的夥伴認為必須從城市與全國的層面來建立產業界的整體力量，而不是在於工作場所間的相互串連。史蒂芬主張採行綜合性行動，即同時牽涉到多項戰略的行動——組織勞工、直接行動、法律規範、財務、政治，以及媒體。

我看著該團體研擬遍及全市的行動，開始了解其中的嚴重性。這不僅是為了華府的工友，這是去工會化與削減薪資的全國性危機。

一九七〇年代時，美國的商業不動產業界通常會以直接雇員的全職工作與福利來軟化工會勞工。但是隨著七〇年代末與八〇年代初大批中美洲難民湧進美國，該業界發現有大批新的勞動力可供剝削，於是大樓所有人不再直接僱用勞工，轉而將工作外包給清潔公司。這是一項去工會化的策略。在華盛頓特區，屬於工會成員的非裔美人都遭到裁撤，或是轉移到政府機構。與此同時，清潔合約商則是僱用兼職的拉美裔勞工來取代工會勞工，這些勞工的薪資都很低，而且也沒有任何福利。

勞工法規定勞工只能直接與其雇主進行薪資與福利的談判——在此案例中就是清潔公司。但是事實上是商業大廈的所有人才有權力決定薪資，這使得勞工陷入進退兩難的局面，他們無法與實際有權決定他們待遇情況的人進行直接談判。隨著美國產業界掀起工作外包熱潮，這樣的局面遍及全國，導致許多產業的工會力量大減。

去工會化對工友的薪資與福利造成嚴重打擊。根據「維護工友正義」在一九九〇年發布的一項報告指出，紐約市一位工會工友時薪十一．二九美元，而且還享有其他福利，然而亞特蘭大一位非工會工友，每小時僅賺三點四美元，而且沒有任何福利。去工會化對服務業勞工的衝擊性令人憂心，因為美國經濟正從製造業逐漸轉型至服務業，創造出數以百萬計的低薪工作，而且沒有任何工會組織做為代表，也沒有福利、社保與其他保障，更別談受人尊重了。

在一九九〇年代的華府，服務業勞工組織工會似乎是一件遙不可及的事情。當時服務業只有百分之二十擁有工會。大部分的工會都是依據全國勞資關係委員會（National Labor Relation Board, NLRB）所制定的表決過程而設立的，根據其規定，必須有百分之三十以上的勞工表達希望加入工會的意願，並且簽署工會會員證，才得以進行工會表決。一位高明的工會組織者會設法爭取到百分之五十以上的勞工支持，因為你需要百分之五十以上的勞工才能在表決中獲勝。資方會採取反工會行動，利用威脅恐嚇的手段來破壞勞工對工會的支持，因此要成立工會，必須要有一個堅實的起步。在整個過程中，資方都站在上風處，因為他們有許多骯髒的手法來拖延表決，而且即使表決勝利也不一定就保證會有僱用合約。此時就會出現一批打擊工會的公司、顧問與律師，幫助資方如何對抗工會與拖延合約的達成。根據統計，在NLRB通過的表決中，有百分之三十三在表決獲勝兩年後，勞方與資方都還沒有簽立合約。

我們需要更好與更快的方法來增加工會的密度，「維護工友正義」因而倡議工會會員證檢查程序，這是一九三〇年代在各產業爭取設立工會所用的老法子，相當有效。透過工會會員證檢查，雖然仍需要勞工的簽署，但是去除了表決的步驟，讓你在獲得勞工的簽署後可直接要求成立工會。資方很少會立即同意簽訂合約，我們必須說服他們相信工會對他們有好處——在這一過程中，我們往往會向他們展示勞工糾紛會是什麼樣子。

「維護工友正義」的設想之一是獨立合約商無法單靠一己之力來成立工會，但是如果有眾多的獨立合約商，便可以就全市來進行薪資與工作環境的談判，並且形成骨牌效應，進而帶動工會的普遍設立。最終，商業不動產所有人必須承擔提高薪資與福利的成本，他們之所以願意，是受迫於公眾壓力與簽有合約的同業競爭壓力。

這樣的設想將我們引導到奧利佛．卡爾（Oliver Carr）身上。

華府有卡爾麻煩了

奧利佛．卡爾是華盛頓最大的房地產巨擘，發跡於金恩博士遇刺，引發該市動亂、滿目瘡痍之際。今天他卻以災難資本家著稱，以民眾的痛苦來換取獲利的機會。在一九七九年時，據信卡爾擁有華府百分之十以上的辦公室空間。二〇〇〇年卡爾退休時，《華盛頓市報紙》（*Washington City Paper*）寫了一篇有關他行事風格與特色的報導，該篇文章指出，「他走到哪裡，就拆到哪裡，然後蓋一些平淡無奇、一模一樣的辦公大樓，破壞原本生氣勃發且多樣化的街道生機。」數十年來，他買下也拆毀許多具有歷史意義與建築藝術價值的建築物。卡爾曾參與推動華府去工會化的行動，親手收購許多原本是工會的房地產。不過我們認為如果能夠讓與工會鬥爭不再成為他的底線，他或許會改變原先的戰略。

卡爾收取高額租金，但繳納的房產稅卻很少，為該市帶來財務危機，同時也使得租戶負擔沉重，包括我們在八十二支部的同仁。就我們的制高點來看，卡爾是一個可以訴諸公眾的故事，代表有錢階級如何剝削窮苦大眾。卡爾是一個反工會的保守派，但是他很愛錢，而且沒有信念——然而這樣的意識形態也是最難以突破的。

一九九四年秋天，我們開始準備發動「行動周」。我們與HERE二十七支部結盟，該支部是代表停車場員工。我們聯手招募會員與支持者，目標是與全市商業建築的清潔合約商談判一紙涵蓋他們所有勞工的合約。

「行動周」第一波的行動是我們後來一再複製使用的模式。周六，我們進行訓練。周日，我們以漿糊在市內各處張貼海報，並且以無線電台與媒體傳達我們的訊息。周一清晨，我們派遣小組人員到各天橋、高架橋與停車場懸掛條幅。周一、周二與周三，我們在市內各大建築的行動逐步升級。周四則是保留給「大」行動——我們總是將周四留給最大的行動，因為周五可不是進監獄的好日子。在那年的十二月，最大的行動就是封鎖第十四街橋。

我們的目標大部分是在華府K街的辦公大樓。我們每天都發動攻勢，目標包括主要的商業辦公大樓、清潔合約商的辦公室、政府大樓，以及位於我們目標大樓內的餐館。

我們將三百位勞工與支持者分成三隊，每隊一百人左右，稱之為飛行小隊（flying squads），以顏色做為代號。我們有時會集結成一個大集團，有時又會個別行動，例如有一隊到對街西邊，另一隊則是向東前進。上午的尖峰時間我們在停車場或是大樓入口處設立封鎖線。我們在十字路口或坐或臥，待警察來了才起身。我們是一支強而有力的行動部隊，用我們的聲音、喇叭、鼓與噪音罐頭[3]來製造震耳欲聾的攻勢。

第二天我們占領建築物的大廳，到了第三天警方就開始進行逮捕了。

我們的目標是在華府製造混亂，但是我們的行動經過周密的計畫，在行動前都有詳細的地圖與路線圖。

我是在紅色小隊，我們一百人都穿著鮮紅色的T恤，手臂上或頭上綁著紅布條。我們一早就在街邊整裝待發，然後在尖峰時間衝上街頭。

我們在該周的行動大小不一。周三，我們的飛行小隊在自由廣場集結，有數百位民眾加入我們的陣營，包括多位勞工領袖、宗教領袖、學生與社區活動人士。我們有音樂會、氣球、水桶鼓、條幅與旗幟。在經過幾次簡短的演說之後，我們走上街頭，第一個目標是威拉德洲際酒店（Willard Hotel），這是卡爾主要資產之一；接著又到大都會廣場（Metropolitian Square），這是卡爾另一項重大資產，有一個巨大的中庭。一場奪門之亂爆發，我們最終獲勝，大家湧進中庭、高聲談話、釋放氣球、搖旗吶喊、手舞足蹈。

我們在該周使用的戰術之一是製造害蟲與蟑螂傳單。我們先研究在卡爾大樓內的餐館，發現在十八街與K街交口的一家三明治餐廳之前曾多次發生老鼠事件，於是我們製作了印有一隻大老鼠與該店公共衛生紀錄的傳單。我們先將海報傳真給餐廳，預先警告，並且讓他們有機會糾正錯誤。我們稱之為行動警報。可想而知，餐館老板暴跳如雷，馬上打電話給這棟大樓的經理。

另一項戰術是參加房產經理為其客戶舉辦的派對。有一次，房產經理在卡爾一座主要的大廈屋頂為客戶舉辦派對。我和一批工友帶著裝了午餐的紙袋與蘇打不請自來，分散坐在不同的桌子旁。這樣的場合總會有一個小講台，供人發表演說。我直接衝上講台，開始講話。「哈囉！」我說道，「我來這兒是想談一下你們這棟大樓的工友情況。他們遭到不公平的待遇，薪資都很低。如果你對你辦公室的清潔很滿意，請支持這些工友。」安全人員向我走來，我和夥伴們一邊高喊「維護工友正義」，一邊奪門而出。

這類行動需要在事先進行許多研究，但是這些都是值得的，因為它們能對老板的核心利益造成衝擊：利潤、生意與公共形象。

行動菜單

多年來我們發展出一套行動加壓的「菜單」，對於為期一周的活動十分有用。行動菜單的名稱是「維護工友正義」組織主任比爾．雷根（Bill Ragen）提出來的——開胃菜、配菜、主菜與甜點。以下是我最喜愛的行動菜單，不過你還可以在菜單上加添許多行動。

開胃菜：提前行動以營造緊張氣勢

張貼海報
懸掛條幅
人肉看板
針對重要目標的小型行動（如果你要占領市中心的大型辦公大樓，在周初先占領較小型的辦公大樓）
發送傳單與利用社交媒體來教育雇員、顧客與一般大眾

配菜：傳達「我們要來了」訊息的警告行動

對商業大樓內的職員與租戶發送傳單，讓他們知道我們即將展開行動
在目標附近的路口進行快速短暫的封鎖行動
快閃族行動
利用無線電廣播節目、廣告、當地報紙與媒體宣告我們即將展開行動

主菜：展開行動，製造危機

遊行、占領十字路口、封鎖交通

不速之客行動（突然闖入政治人物或企業辦公室，拒絕離開）

在當權者或政治人物住宅前設立封鎖線

罷工或怠工

占領空間——大廳、公園與辦公室

公民不服從

甜點：行動周後

慶祝

持續在報紙專欄與媒體曝光

進行簡報，檢討哪些行動是成功的，又有哪些需要改進

如果對手願意做出改變，與對手會談

將成功經驗運用在下次行動上，自錯誤中吸取教訓

如何踢公司屁股：行動周

「維護工友正義」的行動周（又稱憤怒周）已成為可以擴大或複製的模板。我不認為我們當時了解其中意

義，但是我們的確創造了行動的一種新模式。我們知道直接行動與公民不服從是核心元素。我們知道需要將行動升級，也知道戰略性目標的重要性。我們是要營造出非暴力的社會破壞，其規模讓人無法忽視或容忍。

行動周模式的技術與理論包括：

【集體意識的滲透】這是戳破我們只專注於一些無足輕重事情的忽視之幕。我們要引起大眾的注意，幫助他們觸動他們的心弦，然後鼓動他們起而行動。營造集體意識在於公共教育，而這是講述行動周意義何在的最佳方式。我們要讓工友的抗爭引人注目。我們要將這些抗爭的故事與政治結合。我們要創造出一種集體責任的意識。人們必須知道這場抗爭，也必須了解我們正在努力改變情況與尋找解決之道。集體意識的滲透就是讓人們感受到抗爭的張力，並且知道他們能夠有所作為。

【戰略的範圍（具有趣味性）】我們必須維持行動的張力、創意與多變性。如果我們的行動很容易預測，公眾就會感到枯燥乏味，最後只是變成對手的背景音樂。具有傳奇色彩的社區組織家索爾·阿林斯基（Saul Alinsky）所著關於社區組織戰略的十三條《激進者守則》（*Rules for Radical*），其中就有一些強調趣味性。

·一項好的行動能讓你的人樂在其中。

·行動拖得太長會變成累贅。

·使用不同的戰略與活動來維持壓力，善用各種事件來達成目標。

工具箱：製作海報的十個重點

我是在一九八〇年代參加「誓言反抗」運動時學會這種具有公眾可見性的戰術，我們的全國性網絡曾在一夜之間於近百座城市張貼海報，實在過癮！我們的訊息四處可見。不過在社交媒體的年代，在街頭張貼海報的戰術已很少使用，這樣有些可惜，因為這的確是一種很好的大眾宣傳工具。當你在街頭漫步，或是開車上班途中，沒有比面對面地看到海報與其所傳達的訊息更令人印象深刻。海報可以用膠帶、釘書針，或者圖釘來固定，但是如果張貼海報的數量規模較大，沒有比漿糊更有效的工具了。你可以在網路上購買漿糊，也可以在五金行或壁紙店找到。你也可以使用水、麵粉、糖與膠水來自製漿糊。以下是我多年來以漿糊海報傳遞訊息的經驗。

一、如果是多張海報形成套組，事先就將海報分成套組，以便張貼。
二、海報的設計必須簡單吸睛，傳遞的訊息或問題要簡短有力。海報色彩明亮最顯眼，但是我比較喜歡黑白分明的。
三、海報尺寸最好是十一乘十七，不過向來是愈大愈好。
四、如果你的海報較大，準備桶子、滾筒與刷子。如果海報較小，準備噴水瓶與海綿，以便攜帶。
五、張貼海報的地方必須有大面積平滑的表面。需要事先觀察合適的地點，以帶領你的小組行動。
六、先在表面塗上一層漿糊，貼上海報，然後在海報上端再塗一層漿糊。要確定海報四邊都貼牢了，否則很容易就被扯下來。
七、最好穿著準備丟棄的衣服與乳膠手套。

八、最好以小組行動，一組三到四人最理想：一到兩人塗漿糊、一人貼海報、一人把風，觀察是否有警察過來。我們負責把風的夥伴如果看到警察就會高喊：「嗨，喬！」

九、我最喜歡張貼海報的時間是在晚上，雖然天色已黑，但是街上仍有許多行人，我可以很容易融入人群。

十、適合張貼海報的地方包括電線桿、變電箱、報箱與工地圍牆。橋上的海報壽命最長，因為要撕下海報比較困難。

【全方位的抗爭行動】此一名詞在勞工運動組織中的意思是指長期以來抗爭行動所使用的各種戰略。在這類的抗爭行動中，必須要有主要目標、次要目標，有時還須有第三目標。例如主要目標就是商業大樓的所有人，次要目標是董事會成員，第三目標則是租下該棟大樓若干空間的餐廳所有人。全方位的行動包含各層面的戰略——法律（法院）、法規（健康與安全）、政治（政策）、選舉、企業（以企業為目標）、財務（追蹤財源）、社區組織與媒體，再加上包括罷工在內的直接行動。

不過以我的經驗，許多工會都不願把提高行動張力與危機的創意性破壞列為優先考慮的戰略。他們只是單純地想鼓動民眾出來參加集會或是投票表決，但光是這樣不足以促成改變。「維護工友正義」的行動模式之所以成功，持續以直接行動來營造社會危機的戰略功不可沒。

【以利益為本的組織行動】在制定戰略時，這是一種很有用的思考方式。基本上就是你看老板關心的是什麼（老板的利益），再看勞工關心的是什麼（勞工的利益）。改變的藝術就在於如何將老板的利益與勞工的結合在一起。表格「以利益為本的組織目標」是將各利益予以分類。關鍵在於你的戰略性目標是讓老板蒙受風險：一、虧錢；二、在經營上出現麻煩；三、名譽受損。你可以選擇其中之一做為目標，也可以同時做為目標（有時老板會發現與勞工進行談判反而對其有利）。

【戰略性升級】這是行動周的連接原理。一項持續性的抗爭活動，其精髓就是每一步都將對手牽涉其中。在一開始的時候，我們會通知他們解決問題的方法，讓他們有機會改正。他們要不是予以改正，要不就拒絕改正。在奧利佛．卡爾的案例中，他對我們在行動周第一周的訴求：申請限制令與擴大對商業大廈所有人免稅優惠的支持，顯然不為所動。

我們於是將行動升級，加強教育，讓更多人參與抗爭，然後在第二周再度展開行動。我們仍會給予這些權勢掮客改正的機會。他們或是改正或是拒絕。若是拒絕，我們會更進一步強化行動，運用抗議與直接行動，並且要求他們改正。如此這般，持續進行抗爭。如果情勢遲遲沒有改善，抗爭也因此進入長期鬥爭，你可能需要從事一些更為個人化的行動——換句話說，就是在主要對手的教堂或是住所前發動抗爭，以強化壓力。有時甚至要迫使他們停止營業或是創造其他的替代品。

行動升級的概念也適用於行動周本身。例如在第一天維持低調，但是之後就戰鼓頻催，行動連連。我們要讓民眾猜想：下一步會是什麼？

行動升級的關鍵在於耐心。有時可能需要好幾年的時間才能迫使權勢掮客屈服。我在結束華府的抗爭不久，就到丹佛幫助組織一項工會抗爭行動，我們的抗爭進行多年，最後終於簽下一紙涵蓋全市與郊區的傭用合約。相對地，我在一九九五年被派往底特律幫助當地報社員工發動罷工，但是當地工會領袖優柔寡斷。勞工都願意持續抗爭，工會領袖卻感到害怕，打了退堂鼓。最終那次罷工行動毫無所得。

以利益為本的組織目標

當權者的既有利益	我們的目標	民眾的利益
賺錢	令他們虧錢	適當的薪資
生意	破壞生意	有意義的工作
形象	破壞形象	尊嚴與尊重

任何抗爭運動都需要勞工與其盟友採取行動，不論是在街頭還是權勢所在。我們在行動周使用了兩種結構來組織我們的群眾：

【飛行小隊（Flying Squads）】這是大型的行動部隊，每隊大約八十到一百人。他們高度組織，負責在群眾行動中，尤其是遊行或罷工時執行破壞的工作。此概念可以回溯至二十世紀初的勞工運動，全美汽車工人聯合會（United Auto Workers）占領底特律汽車廠的時候。飛行小隊機動性強，可以自這一區「飛到」另一區。他們也許會中斷某一特定街頭的遊行或唱歌跳舞，進入某棟建築物，在入口處發送傳單或是封鎖入口。這些行動部隊不論是在人行道還是街頭，都顯得豐富多彩、喧鬧又驕傲。每支飛行小隊都有自己的領導團隊，包括戰術協調員、遊行領隊、警方聯絡員、交通管制小組、吟唱領隊與傳單協調員。

【白晝旅（Day Brigades）】此一組織通常是十五人到五十人左右，所從事的都是白天的工作，如電話拜訪、在街頭高舉標語、在罷工的大樓前設立封鎖線、闖進決策者或政客的辦公室、參加或是破壞企業的重大活動。白晝旅對「維護工友正義」的行動尤其重要，因為有許多工友都是在夜班工作。白晝旅可以讓他們參加行動，在晚上時若是不需罷工就回去工作。

以上這些的目的都是為了營造危機感與壓力，最終迫使當權者在爭議中妥協。讓我們看看在華府的這場爭議是如何達成妥協。

國會有卡爾麻煩了

在第一次的行動周後，卡爾不以為意，並不把我們當成威脅，只是依賴他的下屬——建築承包商——出面應付我們。華府的建築承包商都是隸屬於勢力龐大的產業協會公寓與辦公室建築協會（Apartment and Office Building Association, AOBA），而該組織則是建築物所有人與管理人協會（Building Owners and Managers Association, BOMA）的會員。八〇年代晚期，SEIU曾接觸AOBA，述說該業界的勞工都面臨大幅減薪的困境，並且尋求該組織伸出援手，幫忙推動該業界恢復工會化。然而AOBA卻是協調推出一套反工會的計畫，包括惡名昭彰的「封殺信」，禁止任何與該計畫相關人士進入該區的建築物。

在我們成功封閉十四街橋後，AOBA被嚇到了。他們透過媒體攻擊我們，並且大力遊說為建築物所有人擴大減稅。一九九五年二月，儘管公眾大力反對，該減稅案卻獲得通過。大約也就是在這時候，華府的城市服務面臨危機，包括圖書館與一些重大的公共服務如學校、消防隊與警察都瀕臨停擺。主因在於該市二萬二千名工會成員都面臨平均減薪百分之十二的命運。這項引發公眾辯論的減稅案成為突破口，我們知道應該善加利用。

我們擬定行動周第二波的攻勢，而發出新訊息。我們不再高喊「華府有卡爾麻煩了」，而是改以「奧利佛．卡爾必須付他的那一份！」與「救救我們的城市，對卡爾課稅！」。④

我們這一回的目標包括華府市議會與全國性的政治大咖。當大企業涉入爭議，政治與宗教領袖往往會出面調解。但是首先他們必須了解危機所在。

我們在華府與全國徵求各工會派遣人員來參加我們在三月的行動周，這使我們的人力大增，同時各工會的組織與訓練人員也可以將我們的華府戰略經驗帶回去。許多工會組織都來共襄盛舉。全美汽車工人聯合會1A區在鮑伯．金（Bob King）的領導下大力支持，派遣了二十五人前來。⑤與此同時，也有大批木匠前來參加。我們的人力較十二月時已增加一倍，擁有六支飛行小隊，總共有六百人，每天都發動抗爭。

這就是行動升級的意義。我們針對第一波的行動周去蕪存菁，並且運用第一波的成功來招募更多人加入。

這一回我們直接找上奧利佛．卡爾。我們不再到他的公司總部發動抗議，取而代之的是周日晚上直接來到他在貝斯達（Bethesda）的住宅前，舉行燭光晚會。與此同時，我們也在街頭張貼海報與懸掛條幅，並且還發布經過仔細研究的白皮書，向媒體揭露商業不動產業是如何靠著房產稅搶劫市府數百萬美元的預算。

我們在周一接續上回封鎖十四街橋的行動。這一回我們是以一輛加長型的凱迪拉克封鎖三線道，而不是上回的兩線道。警方被我們阻斷交通達四十五分鐘。我知道這是一種團結的表徵。警察也對預算刪減大為不滿。事實上，才在上個月，警察與獄警就曾破壞一項市政會議，與工友聯手抗議預算刪減。

周二我們封閉賓夕法尼亞大道在卡爾總部附近的各向通道。我們周三試圖以拖車與假的膠合板屋來阻斷通往國會的高速公路交通，但是整個行動半途而廢，因為有輛車子中途拋錨了，可是這輛車子在出發時卻是沒有一點毛病。由此我學會了在行動時最好讓愈多人走上街頭愈好的重要性，因為有些人在警察過來時會臨陣逃脫。

我們在周四的行動野心勃勃，要在上午十時同時發動三項行動。第一組是一百位工友占領一項市政會議。第二組是占領當時眾院議長紐特．金瑞奇（Newt Gingrich）的辦公室。第三組的人數最少，不過攻擊力強勁。我們要破壞國會的開議。

許多人可能不知道華盛頓特區（華府）仍是殖民地，依法是由國會來決定其預算，而不是市議會。此外，華府在眾院有一席位，但是卻沒有表決權。有這麼扯的事嗎？我們的建國先烈長期為我們的國家地位奮鬥，結果到現在都還沒有打贏。由於此一安排，金瑞奇身為眾院議長，對華府的財政危機擁有關鍵性的決定權。

我們來到眾院議事廳與陽台平

工友在第十四街與U街的里佛斯大樓前靜坐抗議。照片由瑞克．瑞哈特提供。

齊的入口，我有些緊張。這是在議事廳的上層，可以容許訪客居高臨下觀看議會的進行。我們悄悄進去，俯視下面依序簽到的議員。十點左右，金瑞奇進來，清了清喉嚨，開始晨禱，接著是宣讀效忠誓言。我屏息等待攻擊的機會。

金瑞奇敲下他的議事槌，發出巨響，宣告開議，說時遲，那時快，我身子前傾靠著欄杆，以最大的肺活量喊道：「紐特．金瑞奇，救救華府，對奧利佛．卡爾課稅！」

我們拿出條幅，樓下一片騷動，大家都抬頭看向我們。安全人員衝上來，跨過成排的椅子來抓我們。看到他們有如動作片的大陣仗，然而要對付的只是三位手無寸鐵的女子，實在有些好笑。幾番拉扯後，他們把我們拖出來，經過成排的座椅、走道，然後是大門，我們則是一路高喊。美國有線電視新聞網（CNN）好幾個星期的片頭都有我們被拖出眾院的鏡頭。他們把我們送進華府的中央監獄——不是什麼好地方——關了一整夜。我們蜷縮在金屬床上試著入睡，地上與牆上都是蟑螂。不過，除了這次令人不悅的住宿經驗之外，我們都很高興。本次在三月的行動周大獲成功。

在我們第二波的行動周攻勢後，華府的權勢掮客與菁英知道他們有麻煩了。我們成功封閉了華府與權勢中心。我們吸引眾多媒體的關注，而且也對許多人帶來衝擊，包括大樓內的住戶。他們開始了解我們的故事。他們親眼目睹警察是如何粗暴地對付這些和平抗議的群眾，他們也看到工友站起來為自己爭取正義。

那一年的夏天，我們不斷以抗爭行動、公眾抗議與政治工作來維持壓力。一九九五年九月，我們發動最後一波行動周的攻勢。我們的壓軸是封閉羅斯福大橋六十六線，這是維琴尼亞西北部高級社區通往華府的要道。這次的封鎖行動規模遠大於之前的——我們之前已做過多次練習。我們在橋上開班授課，準備了黑板、桌子、座椅，還有一輛大型校車。這項造成通勤受阻的行動延誤了國會的投票與國家機場的航班。我們受到許多媒體的關注，有些稱我們為交通恐怖份子，國會更是召開一次特別聽證會，將封閉華府橋樑列為重罪。

達成和解需要時間，但是我們知道這幾波行動周的行動已為我們創造出和解所需要的條件。在最後一次行動後的幾年間，我們一方面以小型抗爭與罷工來維持壓力，一方面又與可能達成合約談判的各方建立關係。那些權勢掮客已看夠我們，他們想結束這種僵持的局面。

這場抗爭終於結束了。一九九八年底，華府市場的工會化程度已由百分之二十增至百分之七十，商業不動產業的工友薪資與福利也都有所提高。⑥

麗莎在一九九五年九月的「維護工友正義」憤怒周行動中被警察抬走。照片由瑞克．瑞哈特提供。

周全的研究才有完善的戰略

「維護工友正義」運動的成功不是靠運氣憑空而來。它是來自於周密的戰略、堅持的決心與歡喜的心態。

戰略是一項要贏得勝利的計畫。其關鍵在於尋找問題的答案——是何人、何事、何處、何時、如何以及為何。誰有決策權？他們的資源是什麼？我們的資源是什麼？我們要在哪裡找到他們？何時是展開行動對付他們的時機？我們要如何對付他們？他們為什麼要這麼做？諸如此類。

一項高明的戰略意味你要了解相關的歷史、機制與造成這種不公義的主人翁。戰略應該隨著時間的推進，在各方面施展開來，運用一連串具有創意的戰術來對付目標，並且隨時隨處盡可能地鼓舞你的陣營的士氣。戰略意味你要面對與爭議利害相關的所有人與社區。戰略是要營造出一種公眾危機，確保政治與經濟力量會要求修補此一問題。

高明的戰略會創造出複雜的實施計畫，其中會有許多參與者，大家在權力之舞中游移不定、合作、競爭，以決定我們是要維持現狀還是進行改變。不過維持現狀只是幻象。改變已是無可避免，因此我們要專注於我們所要的改變，全心全力促成目標的達成。

我們在華府是為提高工友的薪資與福利而抗爭——久而久之，也加入了洗窗工人與保安人員。但是壓迫絕不僅只是針對單一的群體或是勞工，它是來自壓榨民眾的資本主義。我們必須將個別的抗爭與制度上的大規模壓迫相結合，才有望促成重大改變。

戰略代表要制定一套值得信賴、能夠贏得勝利的計畫。我們的人必須要對其具有信心。人們不是因為問題而行動——他們行動是為了問題獲得解決。戰略是列出各個選項，評估各選項可能帶來的結果，然後選擇如何對付你的對手、要使用何種戰術，以及在何時使用。

換句話說，戰略也意味需要大量的研究工作。

回首我組織社運的生涯，就是「維護工友正義」運動教導我戰略研究的重要性。在草根性組織活動中，研究的工作通常都流於簡單性，這實在很遺憾，因為研究工作本身足以決定勝負。這並不是深奧的火箭科學，但是需要事先有條不紊地進行規劃。

研究的目的是要找出由何人還是何物掌權與如何利用他們。如果你要移動一塊大石頭，就需要一根大竿子。當這塊石頭是一家企業或是集團時，往往需要的不只一根竿子。我們需要好幾根竿子，不過沒有關係，因為我們有許多根。

開始進行研究時，我首先會製作權力關係圖（powering mapping），這項工作有四個步驟：

一、在一張紙（紙板或螢幕）的中央寫下最具權勢，而你最希望能夠改變的目標（企業、機構或某人），在其周圍畫一個圓圈。

二、在中心目標人物或公司四周，加上其他的人物或公司名稱，他們都具有說服中心目標改變行為的能力。在他們與中心目標之間畫下連接線。你可以製作成四象限圖：工作、政治、社會與個人。

三、沿著連接線寫下如何利用此一關係，與在此關係上可以增添什麼新資訊。一般來就是以蘿蔔與棍子的模式來說服中心目標更正其行為。

四、針對次級與第三級目標開發相關資訊與應付方式，評估何時才是出手的最佳時機。在你選擇的每一對策上都需重點說明中心目標應該如何負責和需要做何改變。

權力關係圖可與我們之前談的「以利益為本的組織行動」相結合。此模式是假設你的對手有三個需要他保護的地方，(1)他們的財產；(2)他們繼續經營生意的能力；(3)他們的名譽與商譽。你可以針對這些領域，設定要對付的先後次序。以下是每一項需要考慮的因素：

【金錢／獲利】研究你的目標所有能夠賺錢的管道。這包括查看公司的投資人、債主、股東、該公司的貸款銀行、他們的主要競爭對手、供應商、販售商、客戶、法律問題、醜聞、健康與安全問題、執行長與員工間的薪資比率、負債、未來成長計畫等等。

【經營生意】畫出公司的內部營運圖。查看董事會、管理階層、各部門、職員的相關資訊與其生意據點——辦公室、工廠與商店。查看主管的政府機構與監督組織。查看與其相關的聚會、會議與商展。查看其工作場所的組織與員工是否快樂。查看相關的勞工法、歧視法與分區規劃法。

【形象／品牌】爭取與其他組織結盟，以加強攻擊目標公司的形象。結盟對象包括非營利團體、政策團體、協會、公民團體、人權團體、宗教領袖與教育團體。擬定社交媒體計畫。透過如#GrabYourWallet之類的社交媒體來影響企業形象與底線的做法往往十分有效。利用街頭海報、傳單、收音機、電視、報社專欄、專題報導、談話節目等等來敘說你的故事。利用目標公司的法律問題做為你的公關武器。針對相關贊助商、推廣商、廣告公司與社交媒體，進行品牌的文化干擾。不論你使用何種戰術，都要持續地將目標描繪成壞人。

將研究成果存入資料庫。你需要做許多整理個人與組織資料的工作。你要記下他們的姓名、電話號碼、電子信箱與傳真號碼（是的，有些地方現在還在使用傳真機）以及地址。對於任何一位可能具有重要

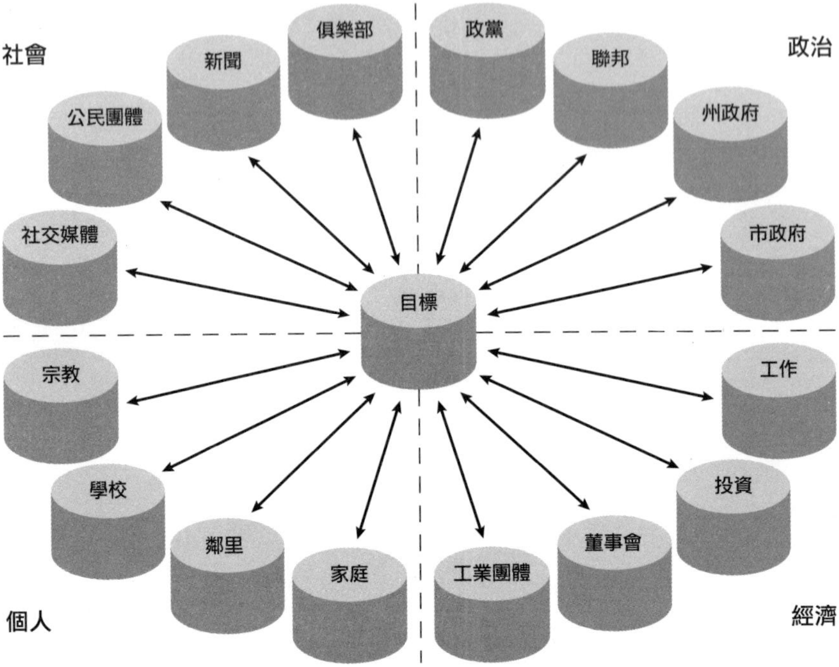

麗莎的權力關係圖

性的人物，你都需要收集他們的資訊（家庭、喜好、政治傾向、財務與特質等等），這些人包括公司執行長、執行委員會成員、董事會成員、管理階層、各部門主管、各區、州與地方主管、工業協會的領袖與政府官員等等。你也需要列出目標城鎮的政治與文化關係。有許多文化設施如博物館、劇院、交響樂團都會接受你的目標的捐獻，或者邀請一些商場大老加入他們的董事會。他們都會迎合有錢人，這使得他們也成為行動的目標。建立他們聚會與活動的行事曆，你可以從中發現採取行動的時機。

根據研究成果，你可以找到許多出擊的機會，這也正是制定戰略的基礎。二〇〇六年「維護工友正義」在休士頓的行動大獲成功，就是一個很好的例子。我們的權力關係圖顯示大休士頓夥伴關係（Greater Houston Partnership）是當地頗具影響力的工業組織，其成員都是地方上有頭有臉的建築物擁有人。他們當時有一項開發計畫，叫做「休士頓：一座世界級的都市」，我們於是將其改為「休士頓：一座貧窮級的都市」，以傳達我們的訊息。我們把他們列為首要目標，破壞他們每一項活動與聚會，直到他們受不了，打電話給我們表示：「我們不想再這樣了，我們需要怎麼做？」這項活動是當地勞工的一大勝利。

工業協會在商業界影響重大，但是卻往往遭到忽略。大部分的全國性工業協會在各州都有辦公室，是當地富有與權勢人士的俱樂部，而且他們會經常舉辦一些讓我們有機可乘的活動。

權力關係圖可以幫助我們決定要捉大魚還是小魚。奧利佛．卡爾是一條大魚，不過並非所有的行動都是針對大魚。在「維護工友正義」於丹佛的一項行動中，當地大腕是反工會的強硬派，我們於是將目標轉向較小型的雇主，將他們組織起來達成協議，此舉意味當地市場大部分業者都工會化了，使得這位大腕遭到孤立，反而需要進行談判。

「維護工友正義」運動之所以成功，在於我們將創意性的直接行動與全方位的大規模活動相結合。直接行動是抗爭計畫的一部分，同時還有在法庭戰、媒體與政治上的鬥爭。直接行動並不是附加的東西，而是在計畫打從一開始擬定時就存在的一部分。

換句話說，我們該如何透過直接行動來看整個運動？我們該如何落實戰略以達成引發改革的破壞？照我看來，這是現今許多社運所欠缺的心態——即是我們在政治、企業、媒體、社交媒體與法律戰略上使用能夠持續增壓的直接行動的意願。

一九九〇年，SEIU政策專家約翰．赫利（John Howley）研究「維護工友正義」在初期發展的行動。他寫道：「維護工友正義證明我們不需要等到董事會重新任命、勞工法改革，或是白宮易主，才會帶來改變。我們現在就可以開始發展可以行之久遠的新概念與新習慣。」

「維護工友正義」是以大規模的直接行動持續增壓，來營造出我們得以改變當權者的危機。它鼓舞了新一代的社運組織者，並且向其他工會組織傳遞了「你做得到」的訊息。我們相信改變現在就能發生。我們每日都在高呼：「是的，我們做得到！」（Sí, Se Puede. Yes We Can）……我們確實做到了！

注釋　第三章

① 她也教導我了解在一個充滿關懷與愛的大家庭的生活。她是家中八個孩子的老大，出身費城，由一對政治異議人士的父母撫養成人。

② 史蒂芬長期以來一直在組織低薪工的團體，例如農工與紡織工人。他相信擾亂原有秩序是行動的一部分。

③ 噪音罐頭是由空的蘇打罐製成的噪音製造工具，先將罐頭洗淨吹乾，裡面裝上玉米粒、BB彈或乾豆，然後用紙包住，再貼上膠帶。要確保罐內的東西與紙張維持乾燥，這樣就不會黏糊糊的。你只要搖動罐頭就會發出噪音。

④ 我們原本以為「華府有卡爾麻煩了」是一個挺高明的口號，因為我們都會走上街頭，但是沒有人真正知道我們在說什麼。我們第二波的訊息就好多了，大家都能了解。

⑤ 我和鮑伯．金及其團隊建立了長期友誼，並且曾支援全美汽車工人聯合會多項行動。二〇一二年密西根州長瑞克．史奈德（Rick Snyder）推動該州的工作權法案，鮑伯的幕僚長溫蒂．費爾德斯（Wendy Fields）打電話給我：「麗莎，我們打開緊急救難窗口的玻璃，裡面有你的名字。」我立刻前往密西根，在首府幫助協調一周的抗爭行動。我們並沒有贏得勝利，但是也讓他們吃了苦頭。

⑥ 該協議包括時薪由三．三五美元增至六．五美元，然後在五年期間內升至八．五美元。此外，該協議也包括保健、退休基金，以及一個幫助移民勞工學習新技術以轉換較高薪工作的基金。

第四章

西雅圖之役與為正義坐監的力量

一九九九年十二月二日凌晨兩點，我與大約五十名社運、異議人士坐在西雅圖被捕人處理中心外的巴士上，西雅圖之役勢如燎原，然而我們卻在巴士內枯等，不知警方會如何處理我們。我們是前一天上午在公園進行抗議時遭到逮捕，而接下來的十五個小時就一直在巴士內呼口號、唱歌與睡覺。

一名警官上來發動巴士。我心想，總算有人來了！但是他們並沒有把巴士開至其他巴士所停放的地方。我感覺有些奇怪。他們把巴士一直開到處理中心的後面，這兒既沒有媒體，也沒有支持群眾與目擊者。我了解是怎麼回事了。

這是我們準備已久的時刻。我們已決定採取與警方不合作的戰略，這意味你往往是被強行帶走而不是合作地自動走開。這也意味你拒絕把名字告訴警方，迫使他們必須以珍．多（Jane Doe）或約翰．多（John Doe）的名字把你歸類於身分不明或是無名氏來處置。（譯按：Jane Doe與John Doe是美國警方用語，意指身分不明的人或無名屍體，即是無名氏的意思，或可解釋為中文的張三李四王二麻子。）

警察進入巴士，我們從座椅上起身，組成一排人肉鎖鍊坐在走道上，每人都由身後抱住前面的人。我大約是距離車門的第十位。我坐在彼得．藍希代（Peter Lumsdaine）的後面，他是一個說話輕聲軟語的瘦高個，是反核運動的組織者。警察一個接一個進來，艱難地把我們拖下車。

警察都十分惱火，你可以感覺到怒火正在累積之中。彼得就是下一個，他緊緊抓住椅腳。我所看到的下一幕就是警察把一整罐的胡椒噴霧直接噴到彼得的臉上。他一路慘叫著被拖出車子。這樣的景象恐怖嚇人,而我就是下一個。

他們手持胡椒噴霧器來到我面前。我當機立斷,不想被拖下車,於是站起身來走出巴士。

我於是展開了在西雅圖監獄為期五天的不合作行動。我向來主張以公民不服從的概念來進行不合作的行動,因為這是我們真正的力量所在——但是有時候成本大於所得。如果你有一整個社區支持你,你的不合作行動就平安無事,而在西雅圖,我們身後有強大的社區力量,還有監獄團結(Jail solidarity)的詳細計畫。

當年在西雅圖所發生的事情改變了世界。我們擁有高達六萬人的力量攔阻世界貿易組織(WTO)在華盛頓會議中心與西雅圖貿易中心召開部長會議,來鞏固與強化他們的權力。此一反WTO的抗議行動結合了之前獨立與保守的社會運動——代表了全球正義運動的興起,以挑戰方興未艾的新自由主義全球化世界秩序。

在西雅圖之役前,大部分人都不知道WTO是什麼。不過在西雅圖之役後,WTO已成家喻戶曉、茶餘飯後的話題。我們戳破了支配文化的面紗,當國家機器指向我們,我們勇敢且優雅地站起來承受。我們這群雜牌軍野心勃勃地想破壞部長會議的舉行,奮力串連與規劃以達到目的。全世界都在注意這場戰役。

對我而言,西雅圖就是希望。我們來自所有的社運、四面八方、各種年齡與種族,為的只是向WTO說不。現代的全球正義運動就此成形,而在西雅圖之後的二十年間,就和所有的社運一樣,有的成功有的失敗。一九九九年,運動的種籽已經播下,在創意、能量與行動的滋潤下蓬勃發展,當年的精神帶領我們一路前行。

全球正義運動生機蓬勃

有人說西雅圖的反WTO行動是一項運動的開始，其實不是。它在全球孕育了許多對抗企業全球化的運動。

WTO的出現可以追溯至一九四〇年代四十四個同盟國在新罕布夏州布列敦森林（Bretton Woods）召開由聯合國舉辦的貨幣會議。該項會議創造了新的機制與機構，包括國際貨幣基金（International Monetary Fund, IMF）與世界銀行（World Bank）。一九四八年，多國進行談判達成一項全球性的貿易協定，叫做關稅暨貿易總協定（General Agreement on Tariffs and Trade）或是GATT。在經過數十年的貿易談判回合之後，WTO於一九九四年成立，取代GATT。自此之後，WTO不但扮起多邊貿易協定談判與推動者的角色，同時也當起全球貿易爭議的裁判與仲裁者。

資本家為工業國家建立了財源滾滾的全球新架構，然而同時也犧牲了一般大眾的利益與環境。在美國，企業已掏空製造產業，將工作機會移至海外，在國內造成大量失業與薪資銳減。隨著金融服務業快速成長，商業也成為大學最熱門的學系。企業執行長與高階主管的薪資不斷提升，使得貧富差距持續擴大。

IMF與世界銀行則是把第三世界國家一個個丟進負債的深淵。利息負擔沉重的貸款成為第三世界國家實施結構調整政策的條件。這意味大幅削減社會福利，並且把土地、勞動力與天然資源大量投入世界市場，以致人民貧上加貧。血汗工廠如雨後春筍般地成立、農民無地可耕，原住民則是失去他們的森林、土地與水源。痛苦在全球蔓延，然而資本家卻告訴我們，這是無可避免的。

但這真是無可避免的途徑嗎？我們不以為然。現在我們決定站出來。

今天的全球正義行動有很大一部分是受到薩帕塔民族解放軍（Zapatista National Liberation Army, EZLN，簡稱Zapatistas）起義的啟發。該組織成立於一九九四年一月一日，正是北美自由貿易協定（North American Free Trade Agreement, NAFTA）生效實施的日子。那場在墨西哥恰帕斯（Chiapas）為期十二天的起義，是由多個原住民社區聯手發動，他們的同盟取名EZLN，就是薩帕塔民族解放軍。

薩帕塔民族解放軍是一支農民軍。他們在一九九四年的要求都是基本生存條件：土地、糧食、保健、教育、司法與自治。他們的革命目的並不是如大部分的革命，奪取國家的政權。他們的目的並不在於推翻政府，而是NAFTA大力支持的新自由主義企業全球化行動。他們的起義摧毀了墨西哥南部聖克里斯托瓦爾．德拉斯卡薩斯（San Cristobal de Las Casas）的政府大樓。墨西哥政府迅速出動軍隊進行攻擊，轟炸鄉村，殺死許多人。幾天後雙方進行談判達成停火協議，但是儘管政府持續壓迫，此一組織在恰帕斯仍相當活躍，並且以其高度自治的社區、充滿詩意的公報、普世價值，以及持續鬥爭的精神激勵全球數以萬計的人民。

一九九〇年代中期，我正忙著在勞工運動打拚，並不完全了解薩帕塔民族解放軍的意義何在，但是我很尊重他們的革命。一九九八年，我受僱於洛杉磯郡勞工聯合會（Los Angel County Federation of Labor）。該組織領導人米格爾．康特拉斯（Miguel Contreras）是一位精明又膽大包天的領袖。[①]米格爾來自聯合農場工人工會（United Farm Workers），熟悉所有的抗爭之道。他也是一位政治高手，負責將一批激進派的候選人送進市議會與州議會。洛杉磯郡勞工聯合會擁有逾八十萬名會員，是美國勞工聯合會旗下最有力量的單位之一。我在洛杉磯郡勞工聯合會十分努力，但是我無法改變勞工組織文化中根深柢固的歧視女性色彩。一位男性主管搶走了我的功勞，我也愈來愈感到失望。我發現自己一直在做草根性的工作，也就是我在八〇

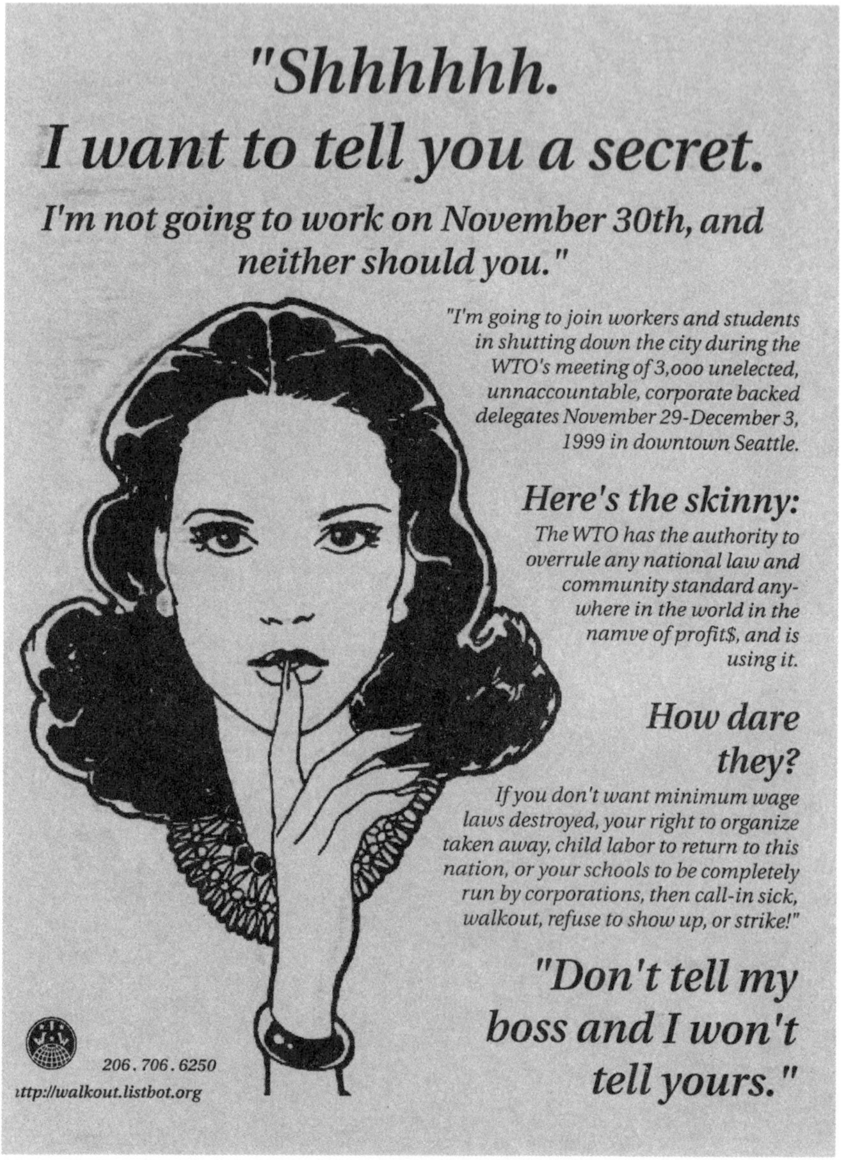

西雅圖WTO抗議活動中為學生與勞工準備的傳單。

年代所學到的組織方式。

我在一九九九年六月十八日參與了一項抗爭行動，該行動屬於人民全球行動（People's Global Action, PGA）所發起的行動日計畫。PGA是受薩帕塔民族解放軍革命所激勵興起的全球性網絡，主要是由來自第三世界的農民之路（La Vía Campesina）與已開發國家的收復街道聯盟（Reclaim the Streets）之類組織串連而成。大家都在談論資本主義是一大問題，我對此一觀點頗感新鮮。勞工不會把資本主義視為問題，因為他們會自其中獲利，或者他們是如此認為。

接下來的幾個月時間，我加入一個新興網絡，該組織準備封閉WTO計畫十一月在西雅圖舉行的部長會議。所有偉大的行動都是來自大家相互談論，進而激盪出的構想，西雅圖的行動也是一樣。許多人都針對此一部長會議組織行動，不過最終是PGA擔任總召集，將其命名為N30——劍指部長會議預定召開的首日，十一月三十日，進而號召全球數百座城市發動抗爭。PGA中最大的聯盟是支持公平貿易人民／反對WTO網絡（People for Fair Trade/NO2WTO），該聯盟屬於全球貿易觀察（Global Trade Watch），後者則是公眾公民組織（Public Citizen）的一部分。有許多主流的非營利組織都加入行動，他們關注的焦點在於人權、勞工權益、環境保護，以及WTO的反民主本質。此外，也有許多大型環保團體來共襄盛舉，例如塞拉俱樂部（Sierra Club）與地球之友（Friends of the Earth）。

美國勞工聯合會——產業工會聯合會（AFL-CIO）則是另一個重大的參與者，它是美國最大的工會聯合會。該聯合會在西雅圖的分支機構是由朗．賈德（Ron Judd）所帶領，他後來成為關鍵性的協調人。六月時，他們舉行了一次工會聯盟大會，開始準備在N30發動大規模遊行與示威活動，同時也組織年輕人集體罷工與罷課。與此同時，一批宗教組織也在二〇〇〇年千禧年（Jubille 2000）運動下召開會議，表達對人權、債務的衝擊與結構調整政策等議題的關切。在這段期間，大家規劃了許多活動，包括宗教對話與互動、專題討論會等等。

這些組織與部門都希望能在談判桌上有一席之位，與WTO合作來進行保護與改革。

在此之外，還有一批草根性的社運人士與無政府主義者，他們都認為WTO是個破壞民主與非法的組織，因此必須關閉。他們是兩股力量的結合。西雅圖當地的社運人士與卡斯卡迪亞非暴力行動社團（Nonviolent Action Community of Cascadia, NACC）舉行會議，決定結成聯盟，成立直接行動網絡（Direct Action Network, DAN）。該聯盟在大衛．索尼特（David Solint）於舊金山發起的藝術與革命（Art and Revolution）社團幫助下快速擴張，並且得到全球交換（Global Exchange）、雨林行動網絡（Rainforest Action Network）、搗亂協會（Ruckus Society）與全國律師協會（National Lawers Guild）的支持。此外，DAN也與PGA結盟，開始為N30的活動進行組織與規劃。

工會與非政府組織並不認為WTO會開不成部長會議，而且他們也擔心自己的議題會遭WTO拒絕。幸運的是，有人在這些群體之間具有良好的關係。麥可．杜蘭（Michael Dolan）是全球貿易觀察下非政府組織的主要組織者，他與NACC/DAN的組織者希拉蕊．麥奎（Hilary McQuie）具有深厚的友誼。與此同時，我在洛杉磯郡勞工聯合會的關係讓我很容易就結交西雅圖勞工聯合會的朗．賈德。朗無懼於發動直接行動，我們因而能夠維持溝通管道的暢通。

我們這些主張公民不服從與直接行動的社運人士往往會遭到邊緣化，被主流團體視為對他們議題的一大威脅。不過我認為，他們的恐懼是來自他們的優越感，並且希望能夠控制我們。在西雅圖之役中，非政府組織擔心我們的行動會破壞他們在WTO內的談判，但是回想起來，我相信是由於我們的行動，而且不只有我們的行動，西雅圖之役才獲得成功。我們在會場外製造的社會危機——利用直接行動與街頭抗議——助長了會場內反對WTO力量的談判聲勢，得以高調反對WTO的一些提案。

儘管我們的方式不同，但是我們集體行動，異口同聲地譴責WTO。我們的成功改變了賽場，並且將群眾跨國運動與結盟時代引入建立關係的新階段。

丹頓街的社區交流中心

我在WTO部長會議召開前十天抵達西雅圖。當天溼冷陰鬱，我來到城北我朋友納蒂恩．布洛奇（Nadine Bloch）所住的公寓。納蒂恩是一位女強人。她是天資聰穎的直接行動家、視覺藝術家與女船長，經常與綠色和平組織（Greenpeace）待在水上。她也是一位舉辦萬聖節派對的高手。

這是我第一次來到西雅圖，我必須在短時間內熟悉這個新環境。我在工會的工作使我必須到處走動，介紹自己。拜我熱愛地圖的喜好與過目不忘的記憶力之賜，我很快就融入新環境。由於我是奉洛杉磯郡勞工聯合會之令來到西雅圖，我知道我應早早與當地勞工界接觸，但是我對結交志同道合的直接行動人士更感興趣，於是納蒂恩與我來到丹頓街（Denton Street）的社區交流中心，這兒就是DAN總部。

我看到社區交流中心的第一眼，覺得它就和天氣一樣，冷冽陰鬱。這是一棟灰色的建築物，有一扇小門與多個車庫。我總是覺得這種社區交流中心的空間太大，令人望而生畏——不過也是剛開始而已。我在進入中心後才發現這個地方生機勃勃，色彩鮮豔，收容了一整個新興社團的人，他們擁有共同的目標：關閉WTO。

社區交流中心的大廳有一張桌子，上面擺滿了有關WTO所有資訊與未來活動的傳單、簡冊與雜誌。大廳還有一個白板，記載每日活動，方便大家了解情況。大廳後面的走道兩旁有一些小房間，有一間是醫療室，還有一間法律諮詢室。走道是通往一個較大的開放空間，有幾間工作室與訓練場地。在開放空間的後面有一間廚房，而在遠端還有一塊提供藝術創作的大型空間。

社區交流中心的會議室正在進行訓練，我注意到牆上掛了一幅大型的西雅圖地圖。地圖上的會議中心，也就是WTO舉行會議的地方，已被標示出來，而且還以此為中心向所有的方向畫了許多黑線，就像自行車輪胎一樣。啊哈，這是一張戰術地圖——太棒了！我等一會兒要仔細看看。

納蒂恩與我來到藝術創作空間，心想可能在這兒找到我的朋友大衛．索尼特，我們真的找到了。大衛是一位很高明的社運組織者，而且長期支持直接行動，幾十年來一直將藝術與抗爭行動相結合。他正四處走動，幫助志願者製作條幅、旗幟、海報與一些抗爭用的道具，包括一具巨大的人偶。

大衛與我熱烈擁抱，花了幾分鐘向我介紹這個藝術創作空間，然後又回去製作人偶。納蒂恩將我介紹給希拉瑞，她是西雅圖當地的社運組織者。希拉瑞年紀與我差不多，有一頭金色長髮，我可以看出她既興奮又疲倦，然而又銳利得像一根圖釘。我立刻就喜歡上她。她帶我到西雅圖戰術地圖前，解釋他們會如何完成破壞WTO會議的計畫。

自會議中心向外延伸的黑線形成一個希拉瑞口中的餡餅圖，他們由A到M來標記每個餡餅切片。這些也就是我們要發動抗爭行動的地方。他們的目標是攔阻各國代表抵達會議中心，而他們的計畫則是由各個親和團體來負責一塊切片區域，進行觀察，然後擬定封鎖該區域的行動。我對此印象深刻，但是我也立刻想到那些不屬於任何親和團體，或是無法在N30之前趕來的參與者該怎麼辦。我於是提出飛行小隊的方法。飛行小隊通常都是由八十人到一百人所組成，足以涵蓋那些晚到的夥伴，並且幫助他們派上用場。我在「維護工友正義」運動中學會飛行小隊不僅能夠扮演行動支援的角色，並且本身就可以擔負機動封鎖的工作。

希拉瑞邀請我加入直接行動戰術團隊，我立刻修改計畫，增加了兩個公眾集會地點與設立飛行小隊。

我也加入了訓練團隊，在第二天開始主持直接行動的訓練。我們不斷演練直接行動，並且鼓勵親和團體去造訪他們的餡餅切片、擬定他們的計畫，然後晚上回來參加輪輻會議，進行討論。

社區交流中心在大家手中創造了一個另類世界。這兒每日都有訓練課程：非暴力直接行動、法律知識、監獄團結、軍醫、通訊與媒體。此外，也有教育活動與藝術工作室。要食物不要炸彈與和平種子等組織則為我們準備每日餐點。通訊團隊則設立了一套由中央調度到現場行動通訊無所不包的戰略性通訊系統。

說來有些瘋狂。我記得我在交流中心內到處走動時，看到一個穿著邋遢的年輕人，他有一頭濃密的黑髮與大鬍子，弓身背著一個裝滿電線的小箱子。他抬頭叫道：「嗨，麗莎。」我問道：「我認識你嗎？」他回答：「是啊，我是迪倫，我是你在封鎖CIA時的實習生。」在這兒遇到他實在太巧了，而且還知道他這些年來一直在從事社會運動。他後來是費城普羅米修斯廣播計畫（Prometheus Radio Project）的創辦人之一。

晚間的輪輻會議，有數百人圍坐在地板上，大家分成親和團體，他們的發言人則是在坐在前面的內圈。這些會議有時會一直持續到半夜，隨著N30的逼近，參加的人數也愈來愈多。我們知道如此大規模的人數，都同意在逮捕時採不合作策略，一定會讓許多人坐牢。

為正義坐監小百科

四十年來的社運經驗使我造訪過全美各地的監獄，我由此了解所有的監獄都是為了壓制你的心靈。不論是哪一州的監獄，也不論其看守是否嚴密，在這個系統內的人——警察、警衛與獄卒——都會切斷他們的人性，來從事他們相信自己應該做的事情。

這個系統不斷地在找尋新方法來讓囚犯的日子難過。現在的監獄大都已經民營化，它們會把重罪犯移監到另外一州，讓他們的親友難以探監。接觸式探監已被電話與玻璃窗所取代，現在有關當局又開始採用攝像螢幕了。現在獄方普遍使用單獨囚禁，並且應用在兒童與輕罪犯身上。那些支持「嚴懲犯罪」的人們告訴自己，監獄裡關的都是粗暴的罪犯，但事實真相是，美國被關在監獄裡的大部分都是尚未定罪，只是因為繳不出保釋金而等候出庭的人。

美國監獄人口比率全球最高，連薩爾瓦多、俄羅斯、泰國與土庫曼共和國都瞠乎其後。然而對許多人來說，這令人震驚的事實不只是一個統計數字而已。如果你是白人，或是來自富裕的家庭，監禁可能不會對你的家庭與生活帶來影響。這就是我鼓勵白人與其他享有特權的人選擇為正義坐監的原因。坐監的經驗會告訴你失去特權是什麼樣子。你是如何輕易地就變成罪犯。他們把你當罪犯處置，你就感覺自己是一個罪犯。你會開始質疑自己，只因為他們認為你是罪犯，你就相信自己是一名罪犯。親身經歷這種去人性化的過程，可以讓白人了解黑人與棕色人種社區幾世代以來所面臨的遭遇。一旦親眼目睹州政府是如何殘暴地剝奪人們的自由與尊

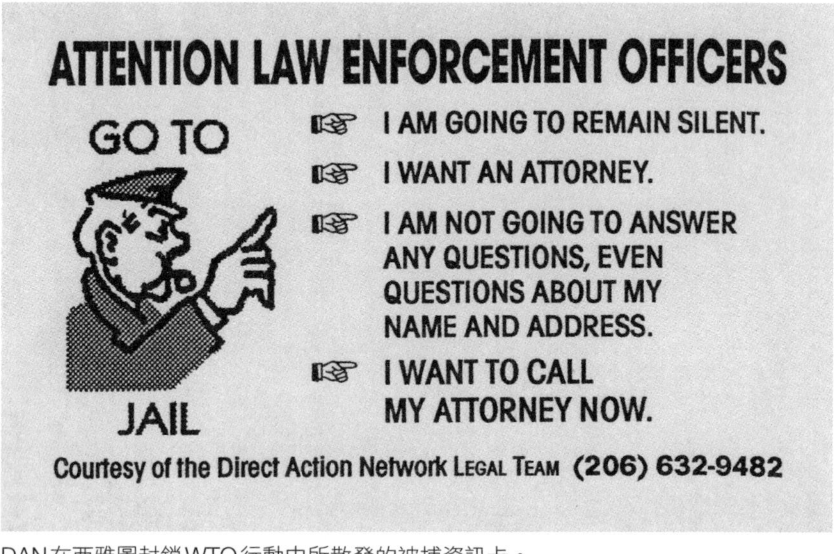

DAN在西雅圖封鎖WTO行動中所散發的被捕資訊卡。

嚴，你就不可能坐視。

對於擁有特權的人士，為正義坐監是比較可行的。但是對我們許多人來說，這也是很大的風險與犧牲。如果你決定坐監，最好在心理、生理與心靈上有所準備，並且最好是集體坐監。我們在西雅圖獲得成功的部分原因就在於我們有將近六百人在不合作的計畫下集體坐監。我們有強大的後盾支持，西雅圖的法律界也出現一批新生代的社運人士、政策律師，以及類似午夜特別法組織（Midnight Special Law Collective）的團體。

我們在WTO部長會議召開前一周展開監獄團結的訓練。DAN的法律團隊是由卡蒂雅．柯明沙瑞克（Katya Komisaruk）所領導，她是一位激進的律師與社運人士，大力主張監獄團結的戰略，每日都提供如「了解你的權利」與監獄團結相關的訓練。②監獄團結意指我們被逮捕時，相互尋求支援，集體行動。我們可以從逮捕的那一刻開始，一直到進入司法程序都拒絕合作。我們許多人都事先同意在行動時不帶身分證或金錢，而且一旦遭到逮捕也拒絕說出姓名。

這些計畫完全符合不合作的理論，也就是合作的反面。在公民不服從的範疇內，合作就是遵從警方的命令，例如提供警方要求的資訊或是接受拍照與按指紋。這也意味吃牢飯、準時在你的出庭日出庭、繳納罰款與接受社區服務的處罰。壓迫性的體制都是透過合作來運作，我們透過拒絕合作與拒絕接受此一沒有公義的體制，來抵制他們的權力。

不合作則是按你的良心做事。這是個人的選擇，同時也是政治策略。不合作可能意味在警察逼近時，大家組成人肉鎖鍊，或是拒絕提供指紋以及在拍入監大頭照時轉頭他顧。不合作有時也意味拒絕吃監獄提供的飲食或是絕食抗議。它也可能是你拒絕出庭或是繳納罰款。只要你願意承受不合作的後果，他們就拿你沒輒。

不合作並不僅是用在抗議活動或是公民不服從上。我常常說不合作直接行動不僅是一項政治策略，而是生活的方式。它是你完全依照自己良心所選擇的生活，你能明白區分正義與不正義，充分了解你所要的與不要的，以及反對壓迫性的體制。它也意味你必須為你的行動承受後果。直接行動與不合作都是良心行動與行使你的權利。

你的種族、性別、階級、年紀、能力、文化認同、信仰與公民地位都會影響你的選擇與你可能承擔的結果。在社區內進行抗爭會有很大的區別。你的選擇所產生的可能後果包括失去你的家庭、工作、朋友，甚至性命。因為如此，我們如果要選擇坐監，就必須預先進行充分的結構性建設、訓練、策劃與法律／政治上的協調，以確保我們的犧牲能夠發揮最大的效益。

工具箱：如何支援被捕的夥伴

為正義坐監的要件就是集體行動。以下是進行公民不服從行動前的準備事項。我不知道這些重點從何而來，但已應用在許多行動上，不過我做了一些修正。

被捕前的支援

在團體之中至少要有一位夥伴在你被捕時擔任支援的角色。以下是你必須知道的事項：

你們可能會被帶到哪所監獄。

與你同一團體的夥伴姓名、外貌與聯絡資訊。

檢察官是誰。

誰希望被保釋，誰又不願被保釋。

如果你被逮捕，希望聯絡何人（朋友或家屬）。
你擁有哪些醫療服務，是否有特別需要。
有哪些人比較弱勢（行動不便者、跨性別者與有色人種）。
是否有人計劃採取個別的不合作行動，是否有方法在被捕者身上寫下法律求助電話號碼。

被捕後的支援

事先就規劃一人記下所有被捕夥伴的姓名與被捕的時間。記錄警察的姓名與徽章號，以及警察任何不當的行為。
至少要有一位夥伴一直待到該團體的所有人被捕。
至少有一人需要在大家被關進監獄後去探監，帶進食物、毛毯與其他可能需要的物品。
隨時準備支持你的同伴，詢問相關資訊。
至少要有一人在需要時幫助每位被捕的夥伴進行緊急聯絡，包括律師、法律支援團隊或是他們所屬的親和團體與其他組織。
事先必須規劃有人為坐監的人代為照看孩童、寵物、汽車、植物等等。
在大家獲釋時確保安排車輛迎接。

目睹公民不服從與不合作的行動，會對那些加害人或是與壓迫體制同謀的人造成影響，他們可能或多或少地自問：「我們為什麼要這麼做？」當某人看到你遭到危險，或是目睹警方濫用權力、野蠻粗暴，他們也會開始想知道發生了什麼事與原因。

在從事任何可能導致被捕或是受傷的行動之前，最好先進行一些調研的工作。誰是當地的地區檢察官？他的政治屬性是什麼？當地警方過去處理抗議的方式是否粗暴、是否有監視的行為？當地的法律是否嚴格？是否可以尋求法律支援，例如無償律師、律師助理、公共辯護人、法律觀察員或法律自願者？

為正義坐監會擴大你所要傳遞訊息的效果，因為媒體大都會對逮捕的新聞有興趣，更何況有多人遭到逮捕。不合作行動，例如拒絕說出自己的名字，只會使得新聞更為有趣。然而並不是每一個人都願意或是能夠進行不合作行動。合作逮捕比較容易，所冒的風險也低得多，而且如果是多人被捕也一樣具有宣傳效果——儘管僅是象徵性的逮捕——意味我們並不是來搞破壞的。

今天公民不服從的行動較受青睞，許多非營利組織或工會在抗爭時都會採取這樣的策略。他們會強調公民不服從中公民的那一部分，與當局合作，與警方進行有關逮捕的談判。我知道這樣的方式，也曾參與這樣的行動，但是我認為事先的逮捕談判往往只會造成立即或當場釋放，我們的力量不但因此削弱，同時也無法自坐監的體驗學到任何東西。為正義坐監的傳承意義在於甘冒風險、犧牲自己的權利、製造混亂以鼓動根本上的改革，促成國家的解放，例如印度，或是人民的解放，例如美國民權運動中的逮捕。

我第一次主要的不合作行動是在一九八六年的波士頓，當年有八名西德人在尼加拉瓜遭到由美國支持的右翼叛軍康特拉綁架，有一批人闖進聯邦大樓聲援這些人質而被逮捕，我就是其中之一。在逮捕過程中我們拒絕說出自己的名字，而是自稱西德人質一號、二號等等。最後我們被送到位於弗明罕（Framingham）

的麻州懲教所（Massachusetts Correctional Institution），這是一所州立監獄。

我們戴著手銬腳鐐來到弗明罕——以如此方式來對待我們這些和平的抗議者，實在沒有必要。他們帶我們進入一間側邊的房間，並且命令我們脫下衣服。接著就是裸身搜查，又要我們咳嗽，又要我們蹲下。女獄卒十分粗魯。這就是監獄的規矩——獄卒有權在沒有法官或陪審團在場的情況下傷害囚犯。他們發給我一套內衣褲、一件連身褲、一枝牙刷、牙膏和一條毛巾，然後將我移至等待室，我單獨一人坐在那兒等候發落。

我和大部分的人一樣，痛恨遭到拘禁。被拘禁就有如關在牢籠內的動物——一頭牛。我一生中不只一次聽別人告訴我，我像是關在牢籠內的老虎或野馬。如今我在鐵窗之後來回踱步，一再提醒自己——我不是待宰的牛，而是等待自由的野獸。

過了一會兒，其他人也來了，然後一起關到二樓的一間牢房內。其中有些婦女曾在電視上看過我們，興奮地跟我們交談。接下來的幾天，我們在牢房內高談闊論，許多人都有各自的政治觀點。我們的律師來探視，並且告訴我們，這兒的檢察官態度十分強硬。我們當天晚上商量，決定在第五天說出我們的名字。

第五天的前一晚，我們寫下由娜歐米．小熊．莫雷納（Naomi Littlebear Morena）所作的歌曲「如山一般」（Like A Mountain）的歌詞：「你無法殺死心靈／她像山一般／老而彌堅／她將永存、永存……」我們將寫了歌詞的紙片塞進每間牢房的門縫。當天晚上，在牢房上鎖後，我們開始大聲唱歌，接著其他的牢房也一間間傳來歌聲。所有婦女齊聲高唱。我全身雞皮疙瘩，熱淚盈眶。我們不斷地唱著，完全不理會獄卒要我們停止的命令。

第二天一早，我們獲得釋放，仍在獄中的婦女為我們歡呼，我們向她們道別。你無法殺死我們的心靈。

我是白人的特權讓我輕易被釋放。然而有許多人不可能不害怕遭到逮捕，他們擔心會受到警方的暴力相向與報復。他們無法只要說出姓名就能獲釋。

封鎖

在N30（十一月三十日）的清晨，我大概四點就醒了，然後就一直睡不著。我吃了一頓豐富的早餐，灌下一杯咖啡，穿上藍色冬天大衣，戴上黑帽子。我穿了幾件內衣以防萬一遭到逮捕，因為監獄往往很冷，而在走完司法程序獲釋之前通常都是穿著自己的衣服。

納蒂恩、希拉瑞與我三人當天組成一支小隊共同行動。我們在六點出發，前往維特史坦柏公園（Victor Steinbrueck Park），那兒距離濱海區的社區交流中心大約有十個街口。我們抵達時已有數百人在那裡了。我們的工作之一是告訴群眾我們的計畫，於是爬上一輛麵包車的車頂，以吸引注意力。我們的目標是集結成大規模的飛行小隊，只要有任何餡餅切片區需要，我們就「飛」過去支援。我要每一個人都能了解我們的任務。就我的經驗，愈多人知道任務所在，成功執行的可能性也就愈高。

人們開始湧進公園，警察則是百般阻撓。有一個挺為有趣的場面是一群人帶著一具巨大的胡蘿蔔道具進場。警察就站在他們旁邊，不知道該怎麼應付，於是他們搜查了所有人，並且禁止他們進入公園。我上一回才查過法律，大型胡蘿蔔並不違法。

消息傳來封鎖的行動已展開部署，也有消息指出警方已開始發動突破的攻勢，我們知道該我們行動了。我對著擴音器喊道：「我們已準備好了，出發！」我們走上維琴尼亞街，右轉進入派克市場（Pike Place），然後左轉來到派克街，這兒直通會議中心。這兒是西雅圖的大型商業區，設有許多名店，例如諾德斯特龍百貨公司（Nordstrom）與Gap。

我們隊伍的後半部中途脫隊，轉而支援在會議中心西側與南側的封鎖行動。由於我們的人數眾多，因此決定增派人手到北側支援，這兒靠近派拉蒙劇院，就是部長會議舉行開幕儀式的地點。我們抵達時看到警方已用市政巴士與鐵絲網將劇院入口團團圍住，於是開始進行突破。

八點左右，就我所看到的景象，我們已成功地封鎖了所有的地方。我瞧向四面八方，每處都已封閉。有些人手臂相連，組成人肉鎖鍊，也有一些人組成「睡龍」（Sleeping dragons），這是大家躺在地上，把手臂伸到管子內，鎖在裡面的鐵柱上，迫使警察必須切開管子，才能把你拉起來。這些戰術是由保護森林的環保人士在拯救森林時所發展出來的。西雅圖之役是我首次看到有人把這些戰術應用在城市的抗爭上。

警方開始反擊，納蒂恩由於有孕在身，於是移往附近較安全的地方，負責偵察的工作。希拉瑞與我當天上午則是結伴四處遊動，觀察行動情況。（在我們三人下次聯手行動時，納蒂恩已生下一個女兒，而換成希拉瑞懷孕，因此也輪到她遠離戰火。）

隨著人潮一波波的湧現，現場氣氛益趨歡樂。有人不知從哪裡弄來梯子，爬上市政巴士的車頂。現場有許多人偶、旗幟，還有一具用硬紙板做的巨大的玉米穗。同時，到處可見扮成蝴蝶與烏龜的人。我離開現場，四處走動，查看其他地方的情況。大家都在自由行動，沒有人主持，然而行動卻成功了！

我就像走進另外一個世界。我看到一個大型的死神布偶，還有一位美麗的棕色皮膚婦女站在高處。我轉頭又看到一頭巨大的鯨魚氣球飄浮在群眾頭頂。西雅圖激進派的行進樂隊地獄噪音旅（Infernal Noise Brigade）以整齊的隊形通過我面前，他們戴著黑色毛帽，身著黑夾克。領頭的樂隊指揮興奮地舞弄著她綠色的指揮棒。他們的音樂實在太棒了。他們身後的群眾則是將一個巨大的地球氣球拋來拋去。同時，觸目可及一些頗具創意的標語，例如「掃蕩WTO」、「世界恐怖份子組織」（World Terrorist Organization）以及「別交易我們的未來」。

我還看到有個人在角落裡奮力吹著低音大喇叭。空氣中飄來一陣陣催淚瓦斯的味道，我心想，那人最好能躲開催淚彈。

在另一個街角，一批年輕人把報紙箱丟到馬路上點火燃燒，或是當做鼓一樣敲打。還有一批啦啦隊員站在一道水泥牆上高聲喊著：「我腰痠背痛、我胸罩太緊，我扭動屁股，從左到右，革命開始了！」還有一群酷兒族：「我們就在這裡，我們是酷兒，你們最好認了！」群眾中也不時傳來「打倒WTO」的口號。另一個街角則是由PGA組織的一支第三世界遊行隊伍，裡面有許多來自其他國家的農民，他們舉著標語，高呼口號。我曾參與許多抗議與群眾運動，但是從來沒有像這次一樣，有這麼多不同的社運團體抱持共同的目標齊聚一堂。

我回到派拉蒙劇院前面，不到幾分鐘就傳來由於代表無法進場，WTO部長會議開幕式延後舉行的消息。每個街口都傳來陣陣歡呼聲。

十一點剛過不久，情勢開始變得混亂，有一批來自奧勒岡州尤金、大約三十位擾亂份子，組成黑色小隊——穿著黑衣，戴著黑色頭罩與面具——發動破壞商業財產的攻擊行動。[3]我當時不在現場，不過消息很快就傳開來。他們搗毀銀行、星巴克、麥當勞與Gap。有人想攔阻他們，但是徒勞無功。此一行動也成為西雅圖之役最具爭議的議題之一，引發暴力與非暴力的歷史性大辯論，並且促成抗爭戰術多樣化的興起……。不過這是在下一章的事情。

我和希拉瑞來到會議中心的外圍，我們看到一支封鎖隊伍正在攔阻想進入會場的一批代表。我們的人手臂相連，形成強大的鎖鍊，隨著代表的推擠前進後退，並且不斷喊著：「WTO打烊了！」我們加入他們，並與代表們展開交談，要他們認清WTO對人類與這個星球帶來的打擊。有些代表還繼續推擠，不過大部分都離開了。

我們轉身回到街上，發現情勢益趨緊張。到處都是警察，他們身著有防護背心的夾棉衣、戴著頭盔、手執警棍，或是各式各樣致命性與非致命性的武器。他們毫不手軟地用警棍揮擊人們。在一個街口，警察試圖把一批人驅趕到街邊，但是大家反而坐下來，並且高喊：「不要使用暴力，不要使用暴力！」警察拿出大型的紅色胡椒噴霧器，噴向坐下的所有人。大家轉頭想躲開噴霧，但是噴霧實在太多了，許多人痛苦地尖叫。

勞工團體的遊行即將展開，我趕過去與他們會合。他們在會議中心的西北側集結了大約四萬人，已準備開始出動。當天又冷又溼，但是大家士氣高昂。當他們接近行動區的時候，前方傳來一陣陣的閃光彈爆炸聲，使得主持遊行的領導有些害怕。接著我就發現領頭的遊行隊伍開始改變路線。媽的！我找到AFL-CIO的組織策劃主任，他告訴我由於前面街道太危險，因此他們決定撤退。但是我回頭發現有許多人根本不願意，仍然義無反顧地大步前進。

下午四時三十分左右，市長宣布西雅圖進入緊急狀態，實施宵禁，並且召來國民兵。隨著夜幕低垂，一整個下午的催淚彈、閃光彈與街上的燃燒物形成了一片灰霾。警方已用光了催淚彈，正從周邊其他城市補運過來，不過他們仍在發射閃光彈與橡膠子彈。街上一片混亂，有人點燃垃圾桶，發出熊熊火光與陣陣濃煙。這將是一個漫長的夜晚。

回到社區交流中心，醫療室忙得不可開交，又要清洗人們臉上的胡椒噴霧與身上的催淚瓦斯，又要照顧傷患。儘管當局攻勢凌厲，但是我們贏了。開幕儀式取消了，只有少數幾位代表進場，不知部長會議要怎麼開下去。

西雅圖監獄裡的不合作運動

第二天早上仍是又冷又溼。在社區交流中心的人有許多都遭到催淚彈、胡椒噴霧與警察警棍的攻擊，但是我們都對我們抗爭行動的成功感到驕傲。我們得知有許多與會代表今天早上都會待在旅館內。

市長已下達會議中心周邊二十五個街口不得進行抗議活動的命令，但是我們仍有五百人左右決定前往會議中心。我們仍是多彩多姿的一群，揮舞著旗幟與條幅。外面很安靜，街道上的行人很少，我們的遊行隊伍因此特別顯眼。我們甚至還沒有抵達二十五個街口的封鎖線，警察就過來了。

我們使出調虎離山計——一小批人脫隊去封鎖附近的街口，調離警方，其他人則繼續向禁止抗議區前進。大衛與我帶領了一支蛇形隊伍，意味我們並沒有事先規劃進入禁止抗議區的路線。由於四處都有警察，我們也只好隨時改變路線。情勢十分明顯，我們根本無法接近會議中心，於是我們轉向前往西湖中心（Westlake Center），這是前面有一座公園的商業區。

我們抵達時警方還沒趕過來，我們於是占領當地空間。當警方抵達時，我們大約有一百五十人坐在地上，有些人形成小圈子，其他人則是手臂相連形成一個巨大的球狀體。有些警察穿著鎮暴裝，我與朋友坐在一塊兒，我看到附近的街上停著幾輛城市巴士。

我們高呼口號，警察一擁而上。我步履蹣跚地被帶上巴士，巴士有兩截車廂，中間由一個像手風琴的裝置相連。他們把我們載到桑德波因特海軍基地（Sand Point Naval Base）的處理中心，將巴士停在前面。我們坐在車內等候，看到其他巴士陸續抵達。結果我們整整等了十五個小時。

幸運的是許多人能夠解脫手銬。我們相互介紹、唱歌與分享故事。警方不讓我們使用廁所，我們於是組成一個小便區，用被銬著的雙手舉起條幅，以防別人偷看。我們之中有些人就是為了小解帶著密封袋。

我常常懷疑是不是因為這樣，才使得警方以為我們向他們丟擲尿袋。

當警察上來，用胡椒噴霧對著彼得．藍希代一陣亂噴之際，我在一時之間產生了自我懷疑，這是我經常在公民不服從行動中出現的感覺。我為什麼會在這兒？他們會對我使用胡椒噴霧嗎？此時的我已筋疲力盡，亟需睡眠，根本沒有興趣找出答案。改變不合作的做法使我感到有些羞愧，但是我還沒有準備好接受化學攻擊。

進入處理中心後，我發現這是一間有如體育館的大房間，女性站在一邊，男性站在對面一邊。我看到對面的彼得痛苦地扭動身軀，持續了好幾個小時。處理的過程十分緩慢，因為我們數百人都拒絕合作。表格上都是珍．多與約翰．多，包括我在內。

不知經過多少時間之後，我們又被送上巴士，載往市內的主監獄，然後分批送進牢房。牢房的牆壁是亮白色，地板則是冷冰冰的灰色。獄卒丟進來一些床墊，但是你要運氣夠好才能找到睡覺的角落。我已至少二十四個小時沒有闔眼，睏極了，但是找不到地方躺下。牢房的一角是廁所——一個金屬水槽與一具飲水機。所有的監獄廁所都是這樣，我已十分熟悉。

我打量牢房，看到星鷹（Starhawk）坐在對面的一張床墊上。我們彼此並不認識，但是我立刻認出她來。一九八〇年代我曾參加她在華府的工作室，它在我腦中播下抗爭的種子，至今仍在成長之中。現在她就穿著橙色的囚犯連身褲坐在我對面。我有些驚訝——星鷹是一位法力高強的知名女巫，多年來一直以直接行動創造神奇。她是一位很有吸引力的女性，一頭波浪般的金色長髮，其間夾雜著一抹灰色。儘管她看來疲累，但是她的磁能與魅力依然四射。

我走過去自我介紹，才知道她其實在我於社區交流中心指導訓練時就注意到我。我們分享生命中的故事，發現有許多相同之處，包括我們為正義坐監的歷史。我們就此展開了長達數十年的友誼，直至今日仍持續不斷。

你想被捕嗎？

如果你決定承擔被捕的風險，你需要事先規劃。以下是安全坐監的一些竅門：

- 前一晚好好睡一覺，飽餐一頓。
- 在口袋裡放一根高蛋白營養棒，在被捕前吃掉。被捕後可能有很長一段時間看不到食物，這可不好過。
- 前一晚開始保溼。
- 不要戴任何首飾與珠寶。
- 根據計畫，不要攜帶身分證，或是什麼都不帶。
- 穿著要舒適，多穿幾件內衣或襯裡。
- 會遭到搜身，隨身物品會被拿走。
- 確保身上沒有任何會被認為是武器的物品。
- 除非是需要服用的藥品，否則不要攜帶任何藥物。攜帶的藥品要裝在處方瓶中。
- 別帶手機，如果要帶，確保密碼是鎖著的。
- 用無法洗掉的麥克筆在身上寫下法律支援電話號碼，我都是寫在腹部或腿部。
- 身上帶一些錢，你可能需要交通費用。
- 在監獄裡結交朋友、做伸展操、唱歌、大哭、冥想、玩遊戲，或是睡覺——你可能會在裡面待上一陣子。

- 自我支持與支持你的團體。有一次有位婦人需要衛生棉條，獄方卻拒絕給她，我們於是大喊：「沒有衛生棉條，就沒有和平！」
- 別讓他們把你罪犯化。要謹記在心，你是正義鬥士，你足以自豪。

不知什麼原因我被移至另一間牢房，好在我們到處都有志同道合的朋友。我們的組織奏效，數百人都拒絕說出名字，使得監獄爆滿。我們已教導大家如何拒絕和警方交談、被扣押後會是什麼情況，當然，還有那句神奇的話：「我會保持沉默，我要見律師。」

西雅圖的法律團隊非常傑出。我們知道我們的權利，因此具有信心與力量。是的，我們有美國憲法第一修正案的抗議權利。是的，如果你停在路邊，他們有權搜查你的車子。如果你被逮捕，他們並不需要向你宣讀你的米蘭達權利（Miranda rights），所以別指望他們。這是遭到逮捕最大的迷思之一。他們應該在偵訊你之前對你宣讀的。

監獄團結戰略的基本概念是我們利用人數與不合作的方式來抵制既有的體制。監獄通常都是人滿為患，因此如果又要把我們一大堆人關起來，壓力會更大。他們需要你的個人資訊好處理與起訴你，沒有你的姓名，他們只好認了。要把大家關在監獄裡可是一筆不小的開銷，尤其我們還是和平的抗議民眾，一定會吸引媒體的注意。

不論是在監獄裡面還是外面，我們都要求我們的律師進來。我們被帶到一個大房間與我們的律師會面，後者則向我們報告外面的情況。街頭戰鬥仍在持續，抗議仍未中斷，有些地方遭到警方攻擊，並且逮捕多人。群眾已包圍監獄，並且在前面設立全天候的營地，表明態度，除非我們獲釋，否則他們不會離開。但是地區檢察官並沒有提出任何和解條件，反而有意扣押我們直到我們說出姓名，然後起訴我們所有人。

到了這時候，我們必須決定還要堅持多久。我認為我們還可以再等一會兒。只要人數足夠，監獄團結戰略就能迫使既有體制願意進行集體談判。如果只有幾個人被捕，他們可能會採殺雞儆猴的策略，先是以無序行為與妨礙公務等罪名起訴，然後再視情況採取下一步行動。如果我們是許多人遭到逮捕，就可以迫使他們對我們以同一罪名集體起訴，最終使他們撤消起訴或是減輕罪名。

儘管有經過監獄團結的密集訓練，但監獄仍是一個令人害怕的地方，人們都希望趕快離開。我們對於決定說出自己姓名的人給予支持，不過大部分人都決定至少再堅持三天。

隨著一天天過去，雖然檢方態度仍未軟化，但是整個城市已陷入危機。第五天時，他們開始釋放我們，由於沒有我們的姓名，他們給我們每人一個囚犯號碼。他們終於叫到我的號碼——結果他們誤認我是男性。我獲釋出獄。

我去取回我的財產與衣服時，發現手機的用戶識別卡（Sim card）被取走了。我於是決定帶走尺寸過大的獄衣、超大號的內褲與一本監獄須知手冊做為紀念品。我將它們與我的條幅塞進背包，坐上巴士，離開監獄。我到現在仍保留這些東西。

在監獄外面，有一大群人熱烈歡迎我們。自由真是甜美。

最終他們撤消對我們大部分人的起訴，而且不需要我們親自上法庭。在六百位被捕的人當中，只有六位被告，一位定罪，被判社區服務與小額罰款。不合作的戰略大獲成功。

西雅圖之役代表美國與全世界社運組織規劃的轉型。就立即的效應來看，封鎖行動延遲了部長會議的召開，並且也替來自第三世界的代表壯大聲勢，有足夠的膽識撤消同意。因為如此，WTO達成協議的希望幻滅，談判也告破裂。更重要的是，西雅圖之役令WTO與世界各國的政府有所警惕：世人不會容許他們為所欲為。主流的非政府組織仍希望能在談判桌上取得一席之位，以爭取保護世人與地球，但是直接行動也贏得其應有的尊重，並且能在任何時間任何地點組織行動，建立關係。

西雅圖之役同時也標示著粗暴警察與和平抗議群眾間的關係進入一個新時代。警方開始使用令人膽寒的軍事化非致命武器，包括催淚彈、胡椒噴霧、投射器、閃光彈、震眩彈與武裝車輛。儘管警察暴力一直存在，但是益趨軍事化。

反WTO的運動也催生一批新的組織與團體，例如大陸直接行動網絡（Continental Direct Action Network）、獨立媒體中心（Independent Media Center），以及激進啦啦隊（Radical Cheerleaders），這一些只是鳳毛麟角而已。這場運動也促成卡車司機兄弟會、海龜保育組織、美國勞工聯合會與無政府主義者等不同性質的團體找到共同的立場，意味往後我們可以組織大型的整合行動。我們是攻擊的一方，我們的目標是WTO、國際貨幣基金與世界銀行內的資本家；八大工業國集團（G8）、二十國集團（G20）與世界經濟論壇（World Economic Forum）的高峰會議，以及如美洲自由易區（FTAA）之類的跨國貿易協定。

不過與此同時，也出現了有關這場運動中種族分裂情況的言論。其中一些辯論是受到一篇文章的激發，該篇題為〈西雅圖的有色人種在哪裡？〉的文章是由美國奇卡納（墨西哥裔）女性主義者伊莉莎白．馬丁尼茲（Elizabeth Martinez）所寫。此一早該出現的言論為我們試圖突破種族分裂的努力帶來機會與挑戰。馬丁尼茲在文章中指出西雅圖的抗議行動缺少有色人種的參與、DAN在社區交流中心的人與參與勞工聯盟遊行的人大都是白人。不過該篇文章也強調西雅圖的直接行動有許多有色人種的參與。

此一言論傳遍我們社運界的每個角落。隨著邁入新的千禧年，我們將反種族歧視的工作帶入由白人主導的空間，並且在白人社區與有色人種社區間建立誠信與結盟的關係。這些成果在二〇〇〇年洛杉磯的民主黨全國代表大會抗議行動中顯露無遺。

西雅圖直接行動的成果令所有人都感到驚訝。從州政府、聯邦政府到我們的盟友都無法相信我們竟然能夠封閉WTO。沒有一個人相信我們有這樣的力量。但是正如奇卡諾人（Chicano，墨裔美人）／總部在西雅圖的美國墨西哥族學生組織（Movimiento Estudiantil Chicano de Aztlán）的學生們經常傳唱的歌曲：人民的力量強大無比，因為人民的力量只進不退！

注釋　第四章

① 二〇〇五年五月六日，米格爾因心臟病去世。

② 一九八七年卡蒂雅闖進范登堡空軍基地破壞一部電腦主機，她認為這是屬於美國第一次核打擊系統的一部分。她因此被判五年有期徒刑。她在坐監期間準備法學院入學考試，後來為哈佛法學院錄取。

③ 黑群是全球抗爭行動所採取的一種戰術，人們通常都是身著黑色服裝，並且戴著面具以隱藏身分。黑群戰術是破壞財產，並且與警方強力對抗。

第五章
全球正義運動與創意非暴力的力量

西雅圖之役只是開端。新一代已經歷了以人民的力量和公民不服從的戰術為當權菁英製造危機。WTO在西雅圖的部長會議崩潰，反資本主義運動方興未艾，在全球撒下種子。從布拉格到魁北克，從卡加利到坎昆，民眾走上街頭反抗新興的新自由世界秩序。WTO、國際貨幣基金—世界銀行、世界經濟論壇與G8，只要集會尋求犧牲大部分人權益來造福一小撮人的機會時，我們就會走上街頭，高喊：「絕對不行，把它關閉！」新聞界把這運動視為「反全球化」，但是我們拒絕被這樣的框架限制，而稱之為「全球正義運動」。透過各方的串連，我們已是一股強大的力量，透過多元化的戰略所發動的抗爭行動規模之大，是過去幾十年來前所未見。

我有幸在新的十年參與大部分的全球高峰抗爭。有人稱之為高峰跳躍，我則寧願稱為運動的建立。高峰抗爭讓我們學到如何與不同國家、語言、戰術導向與政治理念的人合作。我們的社會運動走向全球化，一些爭議性議題的討論也益趨熱烈，包括種族歧視與父權思想的演進與影響、暴力與非暴力的問題、革命與改革、地方抗爭與全球抗爭，以及如何與影響力日趨強大的企業媒體和軍事化的警方互動。

在二〇〇一年九月十一日之後，美國總統喬治．布希（George W. Bush）對其所謂的邪惡軸心（Axis of Evil）發動反恐戰爭，對全球正義運動的發展軌跡造成重大影響。我們不再針對全球資本主義秩序進行攻擊，轉而防衛來自美國政府的野蠻軍事行動，美國利用這些駭人聽聞的軍事行動推翻了伊拉克與阿富汗政權，造成大量平民死亡與地域的動盪不安。這些不計後果的軍事行動反而促成了伊斯蘭國（ISIS）的興起，同時也在該地區催生了許多暴力的基本教義派組織。美國制定愛國者法案（Patriot Act）與創設國土安全部（Department of Homeland Security）——包括美國移民暨海關執法局（Bureau of Immigration and Customs Enforcement）——瞄準阿拉伯人與穆斯林強力打壓，並且嚴厲對待社會正義行動，對我們的運動造成寒蟬效應。

中東的戰爭與執法單位的軍事化，關係到全球正義運動所採行的非暴力戰術。我們大部分人認為，面對殘暴的國際戰爭與益趨嚴酷的警察，唯有靠創意非暴力來建立全球性的防衛聯盟。與此同時，其他人則是更加堅定支持以火攻火的立場。

此一有關戰術的辯論由來已久，至今仍在持續。對於此一爭議，我沒有解答，但是我希望分享我在全球正義運動成長時期的經驗，能夠拋磚引玉，為尋求建設性的解決之道鋪路。

洛杉磯與布拉格：警察與抗議者的對峙

全球正義運動的誕生促成我工作與事業生涯的轉型，我發現我在工會界的時間已經結束。我辭去洛杉磯郡勞工聯合會的工作，返回草根性的組織規劃工作——這裡有許多工作有待完成！緊隨西雅圖之後，有三項行動挑戰新興反資本主義運動的潛能。

第一項是在華府的國際貨幣基金—世銀會議，我們試圖複製西雅圖之役。儘管我們造成重大衝擊——有四萬人參與，迫使多個政府部門與商家關閉——但是並沒有阻止會議的舉行。此一行動的特殊之處在於凸顯警方以軍事化的行動來對付和平抗議群眾的模式，已經常規化。警方突擊檢查人民的住家、突襲與關閉我們的交流中心，甚至搜索並沒收我們的布偶。警方的攻勢十分嚇人，但是他們顯然沒有預料到我們接下來幾個月的行動，我們分別在二〇〇〇年七月與九月，於費城與洛杉磯的共和黨、民主黨全國代表大會發動抗爭。在共和黨全國代表大會期間，警方對我們發動突襲與滲透，造成逾四百人被捕，也迫使我們在洛杉磯的民主黨全國代表大會上由攻轉守。

我對我在洛杉磯民主黨全國代表大會的抗議行動備感驕傲。①我們是一個多種族的團體，深知在一座充滿弱勢與邊緣化人民的城市，進行非暴力抗爭的重要性。我們有一個法律團隊，我們奮力抵抗警方企圖控制的攻勢。②我們早在周四民主黨全國代表大會召開的壓軸戲上演幾天前就已展開行動。我們發動兩萬人的遊行活動，接著在民主黨全國代表大會會場斯台普斯中心（Staples Center）的外面舉行演唱會，領銜表演的是討伐體制樂團（Rage Against the Machine）。③

討伐體制樂團上台表演時，台下人山人海，群眾爆滿，心情激動，大家都感受到這一周來行動的激勵與力量。我待在後台，聽說接近斯台普斯中心的柵欄區有一些麻煩。我過去察看，發現那兒有幾名年輕的無政府主義份子，其中一名爬上柵欄，揮舞旗幟，以言語挑釁附近的執法人員。整個情況看來沒有什麼大不了，然而卻成為接下來所發生事情的導火線。我回到後台，當時奧祖馬特里樂團（Ozomatli）正在演唱。突然停電了，是警方幹的。接著我聽到擴音器宣布這是一場非法集會，大家趕快離開現場。搞什麼鬼！我們費盡九牛二虎之力才合法取得在這個場地集會的權利，現在卻是直升機在頭頂盤旋，要驅逐我們。

我們說服警方恢復擴音器的電力，好讓我們能夠在黑暗中安全疏散群眾前往出口。奧祖馬特里樂團打著鼓，指引大家離開——「請追隨鼓聲！」這一招非常有效，直到大家來到由警方以路障開闢通往出口的狹窄通道。群眾都擠在出口附近，就在這時，警方開火了，對群眾發射橡膠子彈，而在舞台區的另一邊，一批騎警在後面驅趕我們。為了躲避馬匹與警棍，我們一群人轉進奧林匹克大道，可是才到那兒，就有一批警察以「非致命」發射器攻擊我們。我們法律團隊的一位成員，一位傑出的律師卡羅．蘇貝爾（Carol Sobel）臉部被橡膠子彈擊中。

實在無法想像他們竟然會向我們開火。當天晚上有超過一百五十人受傷，有一些遭到馬蹄踐踏。一位剛從戰區返回的記者表示，他是從戰區返回家園後才遭到射傷。

民主黨全國代表大會的抗議行動是由強調合法抗議的D2K聯盟組織的，其中洛杉磯直接行動網絡（Los Angeles Direction Action Network, DAN-LA）更是主張非暴力直接行動與公民不服從，由此顯示警方的行動實在過分。我們使用的是與西雅圖之役同樣的非暴力行動準則（Action Guidelines），這套準則自一九七〇年代就開始流傳。該套準則多少會根據個別的行動有所修改，不過其主要內容並未改變。（請參考左側的行動準則）

行動準則

所有參與行動的人都會要求同意以下的行動準則。此一基本協議可以幫助來自不同背景、運動與信仰的人集體行動。這些準則並非對你施加哲學性或政治性的條件，也不是對行動戰略優劣的評判。行動準則是建立互信基礎的基本協議，在此協議下，我們可以共同行動，同時也理解相互間的期待。④

一、我們不會對任何人使用身體與口頭上的暴力。
二、我們不會攜帶武器。
三、我們不會攜帶與使用任何酒精及非法藥物。
四、我們不會破壞任何財產（除了阻攔我們的路障）。

儘管抗議群眾在洛杉磯當晚採取的是非暴力哲學，但實際上我們只是行使憲法賦予的權利就身陷危境。執法單位現在採用新方法來對付我們——以路障封鎖我們的抗議與遊行，讓大家難以進入出口，同時出動配有各種新武器的優勢警力。他們傳遞出一個訊息，現在已進入軍事化警力常規化的新時代。

我在二〇〇〇年九月經歷了一場執法方與示威群眾嚴重對立的國際抗爭。我當時是到布拉格支援抗議國際貨幣基金—世銀在當地召開會議的行動，這是我第一次在歐洲的重大行動。我的朋友星鷹在該月稍早已就此行動進行了一場緊急規劃會議，並告訴我整個會議經過。歐洲的社運人士比較富有哲理，善於使用政治話術，會花好幾個小時的時間進行各項議題的討論。然而美國的社運人士就比較實際，著重行動與相關細節的規劃。

不過歐洲漫長的討論事實上孵化出一項後來經常受到複製的完美計畫。布拉格行動的挑戰在於有來自全球各地，數以萬計的社運人士聚集此地，他們說的是不同的語言，所抱持的行動主義也互不相同。歐洲人比較傾向使用我稱之為黑群的破壞戰術，即是如破壞銀行自動櫃員機等財產、打破窗戶、燒毀汽車或是垃圾桶、將報箱當做敲打的戰鼓或是發射器、構築路障、在警方攻擊時以石塊、瓶子、木棍與汽油彈予以反擊。不過來到布拉格的抗議群眾大部分不願進入火線，於是問題就來了：如何讓這些滿腔熱血、期盼參與的群眾，能夠順利地避開風險，發動他們的抗爭？

結果產生了一個絕妙的解決之道：以顏色代表風險高低來劃分抗爭區域。在此一計畫下，黑群破壞集團行動的地區是藍色遊行區，他們要從這個地區闖入高峰會議的舉行地點，並且準備迎戰來自捷克警方的攻擊，一路承受水砲、催淚瓦斯等各式各樣武器的襲擊。此一集團主要是由德國人、波蘭人、希臘人與英國人組成。再來是黃色遊行區，是由來自義大利的雅巴斯塔組織（Ya Basta）領導，該組織的成員大部分都是男性，都身著白色的連身工作服。他們採行的是攻擊性非暴力（offensive nonviolence）戰略——意即他們在試圖推進的同時會以盾牌或其他裝置防衛警方的攻擊。此外，還有粉紅與銀色遊行區，大部分是由西班牙人所組成，採取的是創意非暴力行動。各集團會從不同的路線向國際貨幣基金—世銀的高峰會地點前進，目標是破壞會議、要求解散國際貨幣基金與世銀，以及警告世人要提防這些組織害人不淺的政策。會議地點是布拉格國會中心，一個大型的現代建築物，與當地美麗的歷史建築格格不入。

我與我的同伴瑪麗．安（Mary Anne）來到布拉格，在下榻的旅館安頓好之後，就前往行動總部，這是位於一座中世紀大橋下的大型倉庫，牆上滿是塗鴉。我一踏進去，就為內部來自不同國家的群體與散發的能量及熱情震撼。這兒有來自西班牙、義大利、希臘與英國的團體，還有一些較小的群體，包括波蘭、荷蘭、芬蘭、瑞典、比利時、德國、土耳其、奧地利、愛爾蘭與美國。我得知他們並沒有直接行動的訓練，於是我立刻自告奮勇擔任訓練講師。這真的很瘋狂，因為我的話需要同時翻譯成七種語言。⑤

行動日的第一天，九月二十六日（S26），我們先在和平廣場（Namesti Miru）的公園內舉行了一場大型的抗議活動，然後根據我們所劃分的顏色分頭前往國會中心。⑥採取攻擊性非暴力戰略的黃色集團使用以氣球編織、包著防油布的盾牌，與充氣皮管來突破警察防線，同時還以聲軌播放震耳欲聾的音樂。警察被充氣皮管打得很慘。要從這個方向到達國會中心的唯一路線必須橫跨一座橋樑，而鎮暴警察、鎮暴裝甲車與催淚彈就在那兒布防，同時還有巨大的標語牌，上面以多種文字發出警告，我們不得通過。看著雅巴斯塔組織成員手持充氣皮管與盾牌向前推進是一件挺有意思的事情，不過儘管他們努力不懈，奮勇衝鋒，就是無法過橋。

我們離開黃色集團，前往藍色集團所在，看到黑群拆下古老的人行道上的鵝卵石當武器使用。當地居民對他們破壞街道的行為氣壞了，我們也感到十分困擾。我們是這個社區的客人，卻破壞他們的家園，這樣的行為絕對無法贏得支持。警方以水砲、催淚彈與閃光彈展開攻擊，戰爭於是爆發，爆炸聲響連續而巨大，砰！砰！砰！迥異於美國的只有一聲巨響。有數輛救護車載著傷者呼嘯而去。

我看夠了，轉身前往粉紅與銀色遊行區，看到的景象美麗而振奮人心，大家都穿著巨大的粉紅色錐形體，戴著假髮與翅膀，沿著街道一路跳舞。結果只有粉紅色集團成功進入高峰會議區。

第二天我們得知世銀在前一天提前結束會議，並且取消第二天的會議。當天晚上我們分批來到舊城的旅遊景點查理大橋（Charles Bridge）。在那兒遊行、跳舞、歡唱。我們成功地展示喜慶式的非暴力行動，為世人帶來抗爭的新面貌，同時讓大家了解警方是如何粗暴地對待我們被抓走的同伴。那幾天的行動總共有約九百人被抓，三分之二都是捷克人。就和其他的抗爭行動一樣，我們聽說許多關於在監獄中遭到毒打與騷擾的可怕遭遇。在大型街頭抗爭行動中，警方既火大又沮喪，他們把氣全發在被他們逮捕的人身上。

我從布拉格回國，對黑群激進式的行動方式頗有感觸。就戰術上的角度來看，我看不出他們的行動有任何幫助。他們的石塊根本無法與警方的武力相比，因此行動本身顯得空洞無力。但是與此同時，成功封鎖這座城市與破壞國際貨幣基金—世銀會議必須歸功我們所有戰略的總合。

面對催淚彈、槍枝、鎮暴車與水砲，我們該怎麼取捨？布拉格的經驗讓我了解，在必須自衛以防受傷之際，還謹守「非暴力」法則根本毫無道理。我們教導群眾在抗議時不要奔跑，以免造成恐慌與混亂。但是當警方突然發動攻擊，奔跑可能是唯一能讓你免於受傷的方法。布拉格的行動也是我們首次記錄到警方滲透破壞財產的行為：一名身著黑群裝扮的人向麥當勞店面的窗戶丟擲石塊，然後迅速返回警方的封鎖線後面。我由此了解黑群如何輕易地就被滲透，我認為這是我們這次行動的一大敗筆。

魁北克與熱那亞：創意非暴力與戰術多樣化

在布拉格之後，我了解學習如何在國際層次上進行合作是一大挑戰。美國抗爭文化中的非暴力理論可以一直回溯至內戰時期，但是批判非暴力的聲浪也日趨高漲。下一場重頭戲是二〇〇一年四月在魁北克召開的FTAA會議，而在我們組織規劃該如何發動抗爭之際，出現一個名叫反資本主義聯盟（Le Convergence des Luttes Anti-Capitalistes, Le CLAC）的組織。他們發展出一套明確的反資本主義原則，包括戰術多樣化在內。反資本主義聯盟在二〇〇〇年四月發布公報，定義戰術多樣化（Diversity of Tactics, DoT），其中部分寫道：

> 我們認為最有效的抗議是每一團體根據其自主性採取行動，並且使用他們認為最適合他們情勢的戰術。我們不會主張任何一項特定的戰術，但是我們相信多樣化戰術是使用戰術最有效的方法。我們拒絕反對此一概念的言論。有鑑於此，我們不認為組織原則包括對一個團體設立抗議指導原則或是宣稱某一抗爭運動是其所有。

此一有關DoT的討論是植基於認識到現今國家機器益趨暴力，我們的戰術也應與時俱進，強調非暴力反而會使得採取相對激進手段的人邊緣化與罪犯化。也有人認為只有享有特權，對解放運動真諦抱持無知與幼稚想法的人才會僵硬地固守非暴力原則。

但是我對DoT觀念的興起頗感困擾。我曾親眼目睹砸窗戶和對抗警察的後果。這感覺好像我們行動的一部分就是為了破壞別人的財產，我也認為相對於DoT的原則，非暴力的指導原則更具戰略意義。它們允許我們就政治與歷史上的高度提出一個可以辯解的立場與運用多樣化的戰術。我要封鎖FTAA的會議，並且教導世人了解該組織破壞性的政策，而不是給予公眾我們只會砸玻璃打警察的形象。

不過我也知道一味地對黑群予以譴責與邊緣化並沒有用。我所做的就是在魁北克的街頭，使用我認為最好的抗爭方式。

二〇〇一年四月，數以萬計的人橫跨半個地球，來到魁北克。魁北克省是一個激進的省分，它並不願意在此舉行高峰會，同時也希望能夠防止這一新簽定的貿易協議——FTAA——所帶來的傷害。魁北克是一座美麗的城市，到處是石砌老建築，上城與下城之間有石階梯與一道蜿蜒曲折的石牆相連。來此之前，星鷹已對其維權女巫社群發出召喚，有約七十五位女巫響應這場抗爭行動。她們都是中年或年紀稍長的婦女，組成所謂的異教族（Pagan Cluster）。在魁北克登場亮相之後，異教族繼續在全球各地從事她們的活動。

我從來不是一個有宗教信仰的虔誠信徒，但是我相信鬼神，而我認為我的想法與異教族的說法相契合——地球本身就是一個神靈，與土地、空氣、火、水與精神等元素相連結。我們之所以來到魁北克，特別是為了水的緣故，因為當地的水資源會由於FTAA的貿易政策而進一步遭到汙染、私有化與攫取利益。我們的目的是將哥查班巴水資源宣言（Cochabamba Water Declaration）送交給FTAA的代表。該宣言是由玻利維亞的原住民首領在一年前擬定的，成功擊敗哥查班巴市將市區用水民營化，交給美國貝泰公司（Bechtel Corporation）經營的計畫。

在周五上午，也就是會議的第一天，我與異教族一起行動，我們穿著代表河川的藍色罩袍。在離我們不遠處是反資本主義聯盟，他們準備前往位於雷諾里維斯奎大道（Boulevard René-Lévesque）的圍欄，顯然打算拿下這座巨大的防衛工事。他們帶著工具來拆除圍欄，拉扯柵門。這座造價高達數百萬美元的圍欄，可能是加拿大有史來最大規模的國內防衛工事。它高達十英呎，長達二．五英里，是由用鐵鏈相連、設有柱子的混凝土路障所組成。這座圍欄將與會代表圈在裡面，試圖防止他們看到、感受到與聽到來自外面反對FTAA的力量。它也同時防備我們像西雅圖一樣攔阻與會代表。有一個團體以嬉笑怒罵的方式自稱解構者超現實拓樸學研究院（Deconstructionist Institute for Surreal Topology），製造了一座巨大的投石機，將一批泰迪熊發射到圍欄內，它們飛越圍欄，輕盈地落在鎮暴警察的腳邊。

泰迪熊攻勢可說是創意非暴力行動的完美典範，聲勢強大，儘管——或者是因為——與持槍的鎮暴警察形成強烈對比。網站美麗麻煩（Beautiful Trouble）的站主大衛．奧斯華．米契爾（Dave Oswald Mitchell）詮釋這些填充動物玩具如何在加拿大媒體界造成轟動。他寫道：

> 投石機行動並不只是一場精彩的表演，它同時也是一場充分發揮作用的抗議行動。它不僅是具體地，同時也象徵性地攻擊將公民社會阻隔於對所有人都會造成衝擊的貿易談判之外的圍欄。最終，此一抗議獲得成功：對加拿大政府而言，高峰會是公關的一大惡夢，社會大眾普遍同情抗議者，而這個範圍廣達半個地球的貿易協議也一直沒有簽署。

在泰迪熊攻勢之後不久，雷諾里維斯奎大道的柵門被扯開了，我大感興奮，心想這是我們闖進去的時機——但是卻沒有人移動腳步。我們這一大群人，都沒有準備這樣的情況。人們如果沒有經過建立共同的目標、計畫、訓練與準備，都不會願意承擔被捕的風險。戰術多樣化的框架使得這類組織行動更加困難，因為其中牽涉到保密的問題——沒有人會把自己要破壞財產的計畫告訴別人。相反地，集體的公民不服從行動本質在於開放、透明與合作，就和西雅圖之役一樣。

警方開始向雷諾里維斯奎大道的群眾施放催淚彈，異教族設法來到亞伯拉罕坡道（Côte d'Abraham），這是魁北克主幹道之一。我們手牽手形成一個巨大的圓圈，鼓手則在圓圈裡面擊鼓。我們隨著節拍開始跳螺旋舞，由星鷹帶頭，鬆開一隻手，在圈內旋轉。我們不斷旋轉，吟唱與鼓聲使我們的意念釋出——對水靈的祈禱——投入世界。有數百人加入我們的舞蹈，淚水流下我們的臉頰，這不僅是因為催淚瓦斯，同時也是來自我們對地球與世人的熱愛。

當天晚上，我用完晚餐返回街上。夜空中充滿化學氣體，我聽到一個奇特的聲音，是我從沒聽過的。我們追隨聲音走下石階，沿著類似古代城堡或要塞的石牆前行。我們來到一座地下通道，看到有數千人聚集在那兒。大家從不同方向敲打金屬護欄與柱子，聲音在石牆與上面的街道，以及我們的身體之間迴盪。我們立刻加入，用力敲打金屬護欄。我們是在敲打舊秩序的基石！我們吟唱：「我們是升起的月亮，我們是移動的大地，我們拆除城堡，播下種子！」一年之後，在加拿大的卡加利G8高峰會上，我們再度採取這種強而有力的吟唱抗爭方式。

第二天颳起強風，把催淚瓦斯都吹到安全區內，迫使FTAA舉行會議的大樓關閉通風系統，我們則在外面街道上持續發動抗議。根據了解，當時街上的抗議群眾達到六至八萬人。魁北克市有整整四十八小時成為一個反抗基地，對抗國家安全機器、數以千計的鎮暴警察、四千八百罐催淚瓦斯、水砲、橡膠子彈與多達數百起毫無公義可言的逮捕事件。我對我們行動中發揮的創意感到驕傲，同時也為當地居民提供的援助深受感動，他們自動提供清水來清洗我們的臉。我們的意志更為堅決，一心要展示這種歡樂式創意非暴力直接行動的威力。

全球的警察都會向眾人傳遞一個訊息：我們表達異議是不安全的。執法單位保護的是政府、經濟與地緣政治的議題，不是人民。二〇〇一年七月在義大利的熱那亞G8高峰會就完美詮釋了這樣的情形。這可能是我迄今所參與最為野蠻的抗爭行動。

就和魁北克一樣，義大利政府以G8會議地點為中心，將城市一大片地區設定為安全區，設立圍欄。然而與魁北克不同的是，這一回是由一個法西斯政府來主其事。義大利總理西爾維奧·貝魯斯柯尼（Silvio Berlusconi）的警力墮落到新低點，竟然邀請法西斯主義的黑衫隊滲透臥底黑群，警方即以這些人的破壞行動為理由大肆掃盪。有數百人遭到毒打。卡羅·朱利安尼（Carlo Giuliani），一位二十三歲的義大利年輕人，遭到警方近距離射殺。

在策劃行動時，主流派的非政府組織與勞工組織都主張採取直接行動，呼籲大家在安全圍欄的柵門前發動抗爭。他們人多勢眾，使得政府當局更加害怕。我相信義大利政府了解全球正義運動的發展是植基於誠信關係的建立，與對合作採取開放的態度。然而警方的應對之道卻是全副武裝，隨時準備發動攻勢。你可以感覺到這樣的肅殺氣氛。

行動的第一天，我們就看到義大利警方粗暴的回應方式，他們以催淚瓦斯與警棍逼退我們。在這場衝突中，卡羅·朱利安尼被殺，還有數以百計的人遭到痛毆。最令人害怕的場面出現在周六，也就是抗爭行動的第三天。朱利安尼遭到謀殺使得全市緊張異常。當天早上，我到抗議團體集合中心熱那亞社會論壇（Genoa Social Forum）喝咖啡。該處位於海灘，地方寬廣，有一座帳篷與一些野餐桌。突然頭頂傳來一聲轟鳴巨響，接著又一聲——警方向帳篷內發射催淚彈。我們唯一能夠逃出的路線就是逃向海邊。我跑到海邊，深吸口氣，感受到帶著鹹味的空氣。[7]

警察的工具

警察擁有許多工具用來發號司令與控制群眾。雖然有些工具聲稱不具致命性，但是我們知道有許多會導致人們受傷與死亡。

【聲音】警察首項用來控制人們的工具是其盛氣凌人、發號司令的聲音。在這樣的情況下，你應鎮靜地問道：「我被拘押了嗎？」如果沒有，緩步走開。

【警棍】如果警察是將警棍平舉要把你推開，你可以用雙手阻擋；如果你背了背包或是穿了外套，可以轉身背對警方。條幅與標語牌也有助於阻擋警察。就地坐下也是阻擋他們以警棍來推開你的好方法。如果警察以警棍來戳你，利用背包、標語牌與條幅來當做盾牌。如果他們揮舞警棍，你又沒有穿戴任何防護設備，最好離開現場或是舉起雙臂保護頭部。如果你受傷無法離開，將身子蜷縮成胎兒狀，以保護頭部、腹部與生殖器。從你右側躺下以保護肝臟。

【發射體】此類工具包括橡膠、塑膠與木質子彈、沙袋、漆彈、閃光彈等等。如果警方發射，轉過身來背對警方以保護你的臉、喉嚨與腹部。根據當時情況，你可以選擇走開、就地坐下或逃跑。這些非致命發射體其實具有致命性，已有一些抗議民眾受到重傷，尤其是被擊中臉部或眼部。有些甚至因此喪命。

【聲波武器】閃光彈爆炸聲震耳欲聾，令人膽寒，同時也可能對你的身體與聽力造成傷害。長距離揚聲裝置（Long Rang Acoustic Devices, LRAD）會發出大音量聲波來驅散群眾。使用耳塞有助防範這類工具，不過建築用耳套更有效。

【警馬】警馬是用來嚇唬與驅散群眾。警騎可能會跟在你身旁或是驅馬走進群眾之中。警馬又大又高，聲勢嚇人。如果你們是一個集體行動，並想堅守陣地的群體，有一種方法是大家坐下來，舉起雙手搖擺，好像正在移動的人肉地毯，警馬可能會因此害怕而後退。如果你們只是一小批人，在警騎出現時最好轉移陣地以免遭到踩踏。千萬別站在警馬後面，牠們會踢你。留意你的腳，如果被警馬踩到，很容易受傷。如果你是坐在地上，把雙腳縮起來以免遭到警馬踩踏。

【警犬】美國用警犬做許多事情。在街頭上，牠們用來嚇唬、逮捕與控制群眾。如果警察帶著警犬接近你，你最好保持雙手、雙臂與雙腳貼近身子，然後慢慢離開。千萬別給牠們任何可以咬住的東西或機會。警察套在牠們頸部的皮帶長度其實超過你的認知，足以讓牠們躍起攻擊。不要只注意警犬，要直視警察並且明確地告訴他，好好控制住這頭畜牲。

【製造疼痛】這是以類似折磨的身體技能來製造疼痛，迫使人們屈從。這類方式通常是使用在一批緊緊相連並且拒絕離開的群眾身上。警察會針對你接近皮膚表面的神經，例如你的耳朵下面或下顎。他們也會將你的手指往後扳或是朝相反的方向扳動你的身子。根據當時的情況，你可以放棄抵抗，或者選擇不計後果繼續留在現場。

【化學武器】警方最常使用的是催淚瓦斯與胡椒噴霧。這類工具有各種不同的強度與濃度，你無法預期會受到何種程度的攻擊。他們會以大型槍枝來發射催淚彈或是直接將催淚瓦斯罐扔過來。胡椒噴霧可能只是一個小型噴罐，也可能是類似大型滅火器的裝備，用來阻止群眾前進。這些工具都會對眼睛、皮膚與呼吸道造成傷害，並使你難以視物。催淚瓦斯會使你哭泣，胡椒噴霧則使你感受到如燃燒般地疼痛，連連呻吟。它們都會使你難以呼吸，感到焦躁不安與疼痛。面罩或護目鏡有助減輕傷害。遭到汙染的衣服要謹慎處理。

【水砲】這是用來阻止群眾前進，而高壓射出的水柱可能含有化學物質。如果你留意，往往可以觀察到水柱的彈道而預先躲避。油布製成的條幅可以減輕水柱的力量。要記住，在大冷天若是全身溼透，可能會導致你體溫過低。

【荷槍實彈】在今天這個時代，我對警察的提防就有若留心攜帶槍枝而情緒不穩的人。槍枝暴力是我們社會的一大禍害。如果你身處交火或聽到附近傳來槍聲的情況中，立刻趴在地上，尋找掩護。屏息注意四周環境。如果你看到某人拿著槍，要注意他的槍口指向何處。如果是指向空中，趕快移動尋找掩護——汽車、公用設施、牆壁，以及任何可能保護你的東西。如果槍口指向你，慢慢舉起雙手，緩步後退，並且強自鎮定地要他放下槍來。如果你附近還有別人，尋求援助。別人可能會造成持槍者的分神，為你製造出逃到安全地方或掩護的時間。

當時有一支規模盛大的遊行隊伍要來這兒，他們正從一座山坡下來，向海灘前進。警方應該不會攻擊他們——會嗎？這是主流派所發動，獲得有關當局准許的遊行活動，參與的都是勞工聯盟、非政府組織與抗議G8的一般民眾。星鷹和我仍然放心不下，於是抄近路爬上山坡觀察。我們看到遊行隊伍緩步前行，在轉角處停下腳步。他們看到下面的催淚瓦斯。他們拿出頭巾，戴上護目鏡，繼續前進。

卡羅．朱利安尼的犧牲並沒有把群眾嚇跑，反而有更多人站出來加入我們的抗爭。根據估計，遊行群眾高達三十萬人，場面盛大。星鷹與我加入遊行隊伍，一路走下山坡。警方發動攻擊，迫使我們更改既定的路線，轉入旁邊的巷弄。我們經過我們下榻的房子，於是進去喝口水。我們透過窗戶看到下面的鎮暴警察兇狠地攻擊遊行群眾。我們在他們施放催淚瓦斯時關上窗戶。

當天晚上，我們召開會議商討明天的計畫。午夜時分，我們聽到外面傳來尖叫聲。我從三樓窗戶看出去，看到數百名警察從大門衝進我們所在的房子。糟糕，我們無路可逃。

我們一批人躲進一個狹窄的空間。我們聽到頭頂上的直升機與下面的尖叫聲。我不懂他們的語言，不知道他們在說什麼，但是我知道我們之間充滿腎上腺素，大家都不想遭到血洗。我們靜悄悄地坐在那兒等待，耳中只聽到慘叫與呼喊聲。一名警察發現我們，我直視他的雙眼，用英語說道：「我們相信你。」我不知道他是否聽懂我說的話，但是我的本意是希望他不要傷害我們。謝天謝地，他沒有傷害我們，而是帶著我們下樓，與大廳的其他人坐在一起。

在我們這群人中有一位國會議員，還有律師與媒體從業人員。警察沒有再進一步的動作，最終離開了。但是對街的戴茲學校（Diaz School）就沒這麼幸運了。

戴茲學校是一棟三層樓的磚造建築物，是政府用來安置來自外地抗議者的地方。警方衝進去突擊正在睡夢中的九十三人，痛毆他們、打斷他們的手臂與肋骨、敲碎他們的牙齒與鼻子、毀壞攝影機與記錄警方行動的影片。我們驚恐地看著對街警察將人一個個拖出來。有一度我們以為看到屍袋，不過那是人們被裝在睡袋裡抬出來，因為他們傷得太重無法站立。絕望與無力感襲上我們心頭，傳遍全身，緊隨而來的就是精神受創。之後的幾個月，我對精神創傷了解更多，因為我正在接受精神治療。這也是我相信應把精神治療納入我們抗爭行動的原因。

我們後來知道義大利警方曾通知附近的一所醫院，預期會有許多傷患進來。這是驚心動魄的一天，許多人可能一輩子都不會忘記。最終有十五名警官因為在G8的行為而被送上義大利法院，但是經過多年的上訴之後，他們的罪行已過了法定起訴期限。二〇一五年，歐洲人權法庭判決義大利政府那天晚上犯下無端虐待與使用暴力的罪行。

非暴力直接行動的力量

每當別人問我對非暴力的態度時，我都會回答我致力於從事戰略性非暴力行動，因為我相信這是解構對我們不利的體制與創造美好世界的最佳途徑。我並不是和平主義者，我相信我們的行動有對抗性的一面，但是我同時也相信可以在避免造成身體、感情、精神或心靈上傷害的情況下進行對抗。有許多非暴力戰術能夠製造出難以想像的混亂並發揮作用，例如全球南方行動中以身體或石塊來封鎖高速公路。我也理解面對國家機器的暴力行為，使用非暴力戰略，需要無比的勇氣、周詳的策略，以及兼具創意與彈性的戰術。

我抱持這樣的立場，是因為我曾親身見證危險的激進行動主義者在街頭與警方對幹的場面。我觀察到自二〇〇一年九月十一日之後警方對付公眾抗議活動的態度益趨激進。我同時也發現美國政府已發展出與國土安全部和其他聯邦機構相互協調的一套劇本，以因應大型抗爭行動。在二〇〇三年邁阿密的反FTAA的抗議行動中，警方將槍口指向勞工組織的成員與年長的抗議人士。在二〇〇四年於喬治亞州非裔美人小鎮布朗史維克（Brunswick）發動的反G8抗議活動中，州長至少召來一萬名執法人員，包括國民兵，來對付這個小鎮的一萬五千名居民。在政府大規模的鎮壓下，只有大約三百名G8抗議者來到喬治亞。

由此充分顯示布希政府把那次高峰會當做國土安全部執行國內任務的訓練場。[8]從穿著令人發噱、走路時吱吱作響且過時的皮涼鞋的便衣人員，到在街上巡邏的悍馬，你不可能錯過此一具有壓倒性優勢的武力，只為了壓制布朗史維克的社區與屬於一般百姓的憲法第一修正案權利。美國當局軍事占領布朗史維克，共花費美國納稅人三千五百萬美元。與此同時，我們這些「令人害怕」的抗議者卻不過是舉辦了一場煮蝦餐會與一場燭光守夜來悼念因為G8政策而犧牲的人，同時告訴公眾有關布朗史維克二十二座有毒廢料處理廠的事情——這些有毒廢料處理廠在G8會議之前都已關閉，所以那些政客的鼻子也聞不到他們所制定政策的後果。

最終，我不能確定我們的行動到底該使用暴力還是非暴力的手段。在現實中，不論我們採取何種方式，執法單位或軍方往往都是暴力相向。我認為比較適合的方式是在面對政府的暴力行動時，我們需要採取自衛的手段，同時了解自衛是我們維護正義的選擇。在此一議題上，我寧願從自衛的觀點來看——我們如何透過訓練與預先的準備來保護自己可能受到暴力攻擊、發展我們的防衛意識、學習如何保護我們的身體，以及了解我們能夠忍受或不能忍受哪些壓力。有些社區會透過建立安全藏身所、設置路障、焚燒輪胎、丟擲石塊、封鎖道路、占據建築物、土地與工廠、發動大規模遊行、建立人肉圍牆與累積錢財和資源等手段來保護自己與成員。但有些人也會選擇武裝自己。還有其他組織，例如黑豹（Black Panthers）則是使用槍枝，不過他們是用來傳遞訊息，而不是子彈。

就全球而言，我們總會看到有色人種、窮苦之人與受到壓迫的人為了因應國家暴力而採取各種不同的抗爭方式。我已學會停止批判與從道德的觀點來強調非暴力是應對壓迫的唯一途徑。如果我沒有參與其中，又有什麼資格說三道四？事實上，防衛性與攻擊性行動之間的界線模糊不清，有灰色地帶。對以色列的坦克丟擲石塊是暴力嗎？拿起槍桿抵禦外敵入侵是暴力，還是自衛呢？

藉由訓練，我了解到每個人對非暴力都有不同的看法。某些情況被視為暴力的行為，別人卻不如此認為，也有些人認為是暴力的行為，在另一批人眼中卻是自衛。最後我決定堅守我的經驗所教導我的，同時聆聽別人的經驗，而我得到的結果是：光憑各種不同的非暴力方式，就能製造出許多混亂與改變。

在我內心深處，一直認為暴力是國家機器的工具，奧德烈．洛爾德（Audre Lorde）說得好：「用主人的工具，永遠無法拆解主人的城堡。」我曾看到全球的目光為建築物被燒與窗戶被砸的亂象所吸引，然而我同時也看到人們恐懼的眼神。解構壓迫性的體制是我們起而抗爭的目的之一，然而我們若是使用製造恐懼的方式，又如何能建造更美好的世界？

每當與想以激進方式進行抗爭的人共事時，我不會將他們邊緣化或是批評他們，而是嘗試向他們展示另一種抗爭方式。我會告訴他們，他們的行動可能帶來的後果，並且表達對他們所製造出的脆弱性的關切。我發現往往是年輕白人最容易受到使用激進手段的誘惑，而我會對他們說：「你真的要上鉤嗎？」過去二十年來，只要有人被逮到計劃採取激進的抗爭手段，幾乎每次都是受到政府滲透者的慫恿與鼓動。最惡名昭彰的事件發生在二〇〇八年針對共和黨全國代表大會的抗議活動上，有三名年輕白人在兩種不同的情況下被抓到製造汽油彈。他們受審時所顯露的情況非常明顯，他們其實根本無意使用汽油彈，最終卻是受到一名FBI探員挑釁的刺激。⑨

最近反法西斯主義運動團體「安提法」（Antifa）成為公眾議論的焦點。安提法是一個反種族歧視與反法西斯主義的好戰團體，在面對白人至上主義者與種族主義者時會採取多樣化的抗爭手段，包括在必要時訴諸武力。川普當選總統後，安提法是成為擁抱白人至上主義的主流派眼中釘。極右派媒體更是千方百計運用假新聞與圖像來攻擊安提法。

我們都知道媒體尤其熱衷黑衣抗議者的形象，不論他是否安提法或是黑群。我們無法控制這一點，但是我們必須警惕世人真的會吃它們抹黑我們的這一套。多年來我見證政府極力將我們的運動犯罪化，同時一些大公司也不斷地以媒體抹黑的手段來將我們消音或是詆毀我們。[10]然而也就是他們無所不用其極地攻擊社會正義運動，顯示我們的反抗真的威脅到他們的權勢。但是對他們威脅最大的不是黑群，而是充滿美麗、歡樂與愛的抗爭。

下台，WTO下台：在坎昆的創意力量

二〇〇三年九月十日下午又熱又溼，WTO在墨西哥的坎昆部長會議當天揭幕。數以千計反對WTO的抗議者正準備發動遊行，我們以鮮花、香草與種籽做了多座祭拜各個神靈的神壇。空氣中充滿椰子樹的香味，這是當地原住民傳統的焚香，鼓聲不斷傳入耳中。許多原住民，特別是馬雅人，虔誠祭拜，為大地與世人祈福。我感動不已，內心滿是愛意。

這群多達數千人的遊行隊伍將前往公路原點（Kilometer Zero），這是一個主要的交通匯集圓環，有一座噴水池與一塊草地，是通往坎昆飯店區道路的起點。墨西哥政府在公路原點設立一道圍欄，用以阻隔WTO的部長會議與反WTO的抗議群眾。我們大步向前，道路兩邊的景致也由綠意盎然的熱帶樹林、樹叢與草地逐漸變成餐館與商店。接近公路原點時，大家開始興奮起來。

安全圍欄高達八英呎，以鐵鏈相連，並且有鐵柱與四英呎的路障支撐，後面則是鎮暴警察。我不敢確定墨西哥警方會對我們採取什麼行動。二〇〇一年群眾在坎昆發動對世界經濟論壇的抗議行動，結果遭到警方殘暴鎮壓。

抗議群眾聚集在圍欄前高喊：「倒台，WTO倒台！」過去你常常會看到一批身著黑衣的年輕人一馬當先去破壞圍欄，但這回卻是一批來自韓國團體的人衝上前去，他們大部分是韓國農民，戴著大草帽，白色T恤外面穿著褐色背心。其中一名韓國人爬上圍欄，高舉條幅：「WTO殺害農民」。我看到他轉身向內張望，接著不知道發生什麼，他突然從圍欄摔下來，跌入下面同伴的手臂中。群眾尖叫聲不斷，他們把他抬出來時引起陣陣騷動。他被送至醫院，不久之後他因以刀子自刺胸口而亡。

我們很快就得知此人名叫李京海（Lee Kyung-hae），是韓國漁農業聯盟（Federation of Farmers and Fishermen of Korea）主席。他長期以來持續抗議WTO政策對韓國農民帶來的傷害，包括絕食與多次嘗試自殺。他鍥而不捨地揭露WTO是如何壓迫韓國對外國產品與跨國企業開放農業市場，導致韓國農產品大幅跌價、農民債台高築且失去土地。李京海的犧牲喚起了外界對韓國農民自殺潮的關注。

李弟兄去世的當天晚上，我們許多人加入韓國團體的行列，在醫院外的道路上舉行燭光守夜，哀悼他的生命，同時重申對抗WTO的決心。我們還有一個星期的行動需要策劃，但是內容顯然有所更動。從這天開始，我們將在公路原點，李弟兄摔落的地方，長期紮營駐守。我們以嚴肅與堅持的新態度來看待我們的行動。WTO所代表的世界秩序充滿貪婪，同時罔顧人權、尊嚴與地方自決。面對WTO，我們要發動一場激烈又滿懷愛心的抗爭。

在墨西哥坎昆的全球正義運動是較鮮為人知的故事，儘管部長會議失敗，就和西雅圖的一樣。當時美國相關人士正熱衷於一場當地對上全球行動主義的辯論，有人認為國際高峰會只屬於少數特權份子，大多數人都會選擇待在家中。若真是如此，實在遺憾，因為第三世界的社運組織者可自已開發國家得到許多實質性的支持，來自已開發國家的社運組織者則可以自原住民的抗爭智慧學到許多東西。

我得以參與在墨西哥的全球正義運動，是透過基層行動主義者訓練網絡（Root Activist Network of Trainers, RANT），這是星鷹、希拉瑞．麥奎與我在二〇〇〇年成立的一個小型訓練組織。二〇〇二年十一月，星鷹與我參加了在墨西哥市的一場國際策劃會議，與會者包括八十九個墨西哥組織與來自十六國的五十三個國際團體——墨西哥、薩爾瓦多、宏都拉斯、瓜地馬拉、哥斯大黎加、巴西、印度、泰國、菲律賓、荷蘭、英國、德國、法國、比利時與美國。⑪

大家達成一個共識，農業與環保政策，包括基因改造生物政策、森林的保護與石油的鑽探，都不應由WTO來主導。大家要求維護水資源、森林與糧食主權——亦即飲食、生產與農業政策決策權——的呼聲高漲。⑫由此產生一項整體性的策略，包括支持開發中國家對抗WTO、破壞歐盟與美國間在關鍵議題上的共識、發動國家公民社會的抗爭行動，以及大規模動員進行街頭抗議。⑬

星鷹與我密集旅行，尋求對動員的支持。⑭我們與墨西哥市的一群年輕人合作，他們組成了S9全球聯盟（Global Alliance S9）。他們的口號是「我們拒絕體制暴力」與「我們支持合法自衛」。我們嚴格訓練他們，星鷹與我至今還記得睡在體育館內滿是汗水的摔角墊上。RANT籌措了一萬美元僱巴士載他們到坎昆。這些學生都是能夠激勵人心、經驗老練，而且高明的社運組織者。我們也與坎昆當地的社運人士會面，其中有許多人都屬於非政府組織的一個全球網絡，稱做「我們的世界絕不出售」（Our World Is Not for Sale），還有坎昆之橋（Bridge to Cancún），這是由墨西哥、愛爾蘭與美國的社運人士合組的團體。此外，國際農民運動團體農民之路（La Vía Campesina）是動員大戶，共有多達數千人參與此次行動。

坎昆反映了新自由主義世界所帶來的許多問題與現實，尤其是貧富兩極化。這塊位於尤卡坦半島（Yucatán Peninsula）東北角的土地，自古就住著馬雅人，在一九七〇年代以前大部分都未經開發，直至墨西哥政府決定將這塊鬱鬱蔥蔥的熱帶地區開發成旅遊觀光勝地。今天這兒有坎昆市，還有沿著加勒比海興建的觀光區。過去，這兒是屬於貧苦勞工階級的城市，如今卻是有錢人的遊樂場。

在行動之前，我們先在坎昆市民公園附近租了一棟四層樓的白色建築，收容我們的藝術團隊、舉行會議、法律支援團隊。我們並利用這棟建築旁邊的房子當做醫療中心。此外，還有一塊很大的空間做為媒體中心。我們的另一個據點是在文化之家（Casa de Cultura），這兒有很大的集合空間，同時也是農民之路成員下榻的地方。我們與來自墨西哥市的一批龐克族年輕人合作，在文化之家北邊的空曠地區興建了一座生態村。[15]（在高峰會之前，他們先帶領我們參觀他們在墨西哥市南邊的永續生活計畫。）在這塊空地上，我們建了一間太陽能淋浴室、一座太陽能烤爐、一批教材，還有一套設計巧妙的洗手裝置，它是利用收集的雨水、一具腳踏車踏板、一個附有漏斗的水盆，回收用水澆灌土壤。這是一套實用的基礎設備，支持農民之路成員在坎昆的生活，同時也是示範教材，讓數以千計來到這兒的人，回去之後可以為自己的社區複製這套成本低廉、運作簡單的系統。[16]

李弟兄之死是發生在部長會議的頭一天。第二天我們發動了一場由年輕人打頭陣，激情四射、敲鍋打鐵的夜間大遊行。這種方式稱做敲鍋遊行（cacerolazo），首次出現於一九七一年智利抗議糧食短缺的遊行活動上。遊行隊伍接近公路原點時開始默哀，現場一片死寂，大家同時舉拳向天。

我們一心要進入飯店區，但是坎昆特殊的地形使得政府很容易就能阻攔我們，只有兩條路通往狹長的海灘，一條是從機場通往南邊，一條是由內地通往北邊。我們根本無法自南邊進入飯店區，然而政府又在北邊設置了圍欄，而且不是一道，是兩道。設置在公路原點的第一道，在頭一天就被我們突破了。但是位於公路三分之一公里處的第二道圍欄更為堅固與複雜，我們自忖可能無法闖過這道圍欄，也不可能接近部長會場。我們錯了。

——

我們要集體進入飯店區的想法看來不切實際，但是如果我們採取分散的方式就能夠進入該區進行破壞。我們不斷開會討論，不時出現一些主意，但是又因在技術上難以執行而遭到放棄。最後，終於有一項計畫浮出水面——球場行動（Operation Ballpark）！如果我們假扮成觀光客進入飯店區呢？我們可以兩三人一組，打扮成觀光客進去，然後在會議中心附近的硬石餐廳（Hard Rock Cafe）集合，封閉道路。我們會在晚上展開封路的行動，因為到時參加部長會議的官員與代表都會到附近餐館用餐。

當天傍晚，星鷹、喬尼伯、我，還有我的朋友布許駕著一輛租來的車子駛上庫庫爾坎大道（Boulevard Kukulcan），輕鬆通過檢查哨站。我們看到公路兩旁的景致先是美麗的樹林，接著就被飯店與旅館占據，先是零零星星，接著映入眼簾的全是觀光飯店。我們將車子停在硬石餐廳附近，到裡面吃冰淇淋——這是絕佳的偽裝，也是星鷹最喜歡的事情之一。我觀察四周，看到我們的人三三兩兩地在附近閒逛，或是從計程車出來，進入紀念品商店。到目前為止一切都很順利。

突然之間，正如當初計畫，一批年輕人衝上馬路，我們緊隨其後也走上街頭。我們從毫不起眼的觀光客背包取出鼓與種子包。有些人擊鼓吟唱、有些人坐在馬路上，還有一些人圍著兩棵果樹跳舞，召喚土地、空氣、火與水的神靈。我們召喚神靈幫我們治癒被產業全球化傷害的地球。我們將整條路封閉了。

我打電話給我們的媒體團隊告知我們已占領道路，他們則通知在部長會議內的友人，包括全球化國際論壇（International Forum on Globalization）的安東尼婭．朱哈斯（Antonia Juhasz），她隨後也加入我們。她和來自一些主流的非政府組織的代表都獲准參加會議。不一會兒各媒體也趕過來，人行道都是看熱鬧的人。警察就站在我們旁邊，不過沒有採取任何行動。天色漸暗，我們臨時召開輪輻會議，商討我們的下一步。來自加州的一位作家與社運組織者盧克．安德森（Luke Anderson）表示，我們已達成目標，而最好的做法就是明天展開新的行動以免被送進監獄。抗爭的藝術之一就是知道什麼時候見好就收，而對我來說，今天的行動已到結束的時候。令我們訝異的是警方竟然提供兩輛豪華大巴士，並且表示願意載我們到我們要去的每個地方。那些沒有車的人就搭乘這兩輛巴士返回公路原點。

當天晚上，我們與韓國團體商討如何將第二道圍欄拆掉的計畫。我有些猶豫，但是韓國弟兄們卻是自信滿滿。他們強硬不屈，氣勢凶猛，我只能說他們都受到李弟兄精神感召。他們提出的計畫是用繩索將圍欄拉倒，有一位墨西哥婦女提議女性同胞應該先上去剪斷連接圍欄的鐵絲，減弱圍欄的強度。我興奮異常。我們自來到墨西哥就一直為性別歧視的問題所困擾，這部分是因為墨西哥文化，但是同時也深植於一些男性國際社運組織人士之間，包括一些來自美國的。他們來到坎昆，自大傲慢，認為領導不需什麼技術。參與行動的女性同胞都感到十分挫折。

第二天早上，我們將計畫提交給在文化之家召開的代表大會，出乎我們意料之外，他們很快就同意了。我立刻就趕到離我們最近的五金店，買下所有的斷線鉗、鋼絲鉗與大型尖嘴鉗。

到了上午十點，我們已準備好了，數以千計的人向公路原點前進，其中包括數千名穿著美麗的編織衣服的原住民。韓國抗議隊伍都戴著草帽，穿著褐色背心，學生們則是打著鼓唱著歌，來自西雅圖的地獄噪音旅為遊行帶來極大的動力。有幾個人推著巨大的人偶前行，這是由我的朋友甘．戈蘭（Gan Golan）所製作的恰可（Chac），恰可是馬雅人的風雨雷電之神，我們祈求恰可庇佑我們的部長會議之行。

抵達公路原點後我們暫停哀悼李弟兄，然後我們就向豎立在距離飯店區僅一百公尺的第二道圍欄前進。我們一批婦女自組一隊，取出頭巾，綁在額頭或當做面具掩住鼻嘴。我們這招是學自薩帕塔民族解放軍，掩住臉孔的目的就是希望引起別人注意。在抵達圍欄前，我們相互攬著手臂，感受到快樂、興奮與自由的熱情。天空傳來震耳雷鳴，並且降下陣雨，讓我們冷靜下來。神明與我們同在！我們齊聲高唱義大利反法西斯的反抗歌曲「別了，姑娘」（Bella Ciao）。多年後我才了解這首歌當時有多麼適合自殺身亡的李弟兄。

一天清晨，我醒來
噢，姑娘別了，姑娘別了，姑娘別了，別了，別了！
一天清晨，我醒來
我發現敵人入侵

噢，游擊隊員，帶我走
噢，姑娘別了，姑娘別了，姑娘別了，別了，別了！
噢，游擊隊員，帶我走
因我感覺死亡已經迫近

如果我因做為游擊隊員而犧牲
姑娘別了，姑娘別了，姑娘別了，別了，別了！

如果我因做為游擊隊員而犧牲
你必須埋葬我

將我埋在山頂
姑娘別了，姑娘別了，姑娘別了，別了，別了！
將我埋在山頂
在鮮花之下

所有經過的人！
姑娘別了，姑娘別了，姑娘別了，別了，別了
所有經過的人
會對我說：「多美麗的花朵。」

這是游擊隊員之花
姑娘別了，姑娘別了，姑娘別了，別了，別了！
這是游擊隊員之花
他為自由而死。

圍欄就在眼前，看來高大堅固。這座圍欄是分做好幾段的金屬柱子，都以鐵鍊相連，後面有八英呎的鐵箱加固，頂部都有倒刺鐵絲網。圍欄後面是路障，然後是鎮暴警察。我將工具傳給其他婦女，大家一面高歌一面剪斷圍欄的鐵鍊。警察什麼事都沒做，大概是對圍欄的堅不可摧充滿信心。我們一點一點、一段一段地剪斷連接圍欄的鐵鍊。在我們努力破壞圍欄的同時，後面的人不斷擠過來，想在我們還未準備拉倒圍欄前就推倒它，幸而其他人趕忙攔阻這批沒有耐心的人，好讓我們完成工作。

接著是韓國弟兄們上場了。他們其中數人向前將繩索綁在鐵柱上，然後將繩索的另一端一直拉到人群之中。在繩索一端綁緊圍欄，另一端在群眾手中之後，在前面的男子大叫：「拉！」數百人一起行動，用力將繩索往後拉。我們停下來歇口氣，然後在「拉！」的指令下繼續。第三次嘗試時，一段圍欄鬆了，黑群衝過去將繩索解開，移走鬆動的圍欄。韓國弟兄們又把繩索綁在另一段圍欄上，再度吆喝：「拉！」就這樣，我們一段一段地破壞圍欄，而每當圍欄鬆動，黑群就衝過去把圍欄搬走。我暫停手中的工作，好奇地跟隨他們，發現他們將拆下來的圍欄搬到我們後面側邊的街道上充當路障，因為那兒有一批警察準備攻擊我們的側翼。這真是高招！我回到拉扯繩索的朋友那兒，不斷拉著繩索，直到圍欄倒下。

我們眼前的道路寬廣，等候我們的是數百名穿著達斯．維達（Darth Vader）裝的鎮暴警察、水砲與催淚瓦斯，同時還有一批被警方徵召前來壯大聲勢的未武裝農民。突然之間現場一陣靜默，好像警察與抗議群眾都不知道下一步該做什麼。我們一排排坐下，韓國弟兄們點上蠟燭。我們占據道路大約一小時，接著起身，在韓國弟兄們的領導下高呼：「下台，WTO下台！」不停地敲著鼓唱著歌。我們重整隊伍返回公路原點，心中充滿喜悅，因為我們已嚴正聲明：「不行，絕對不行，WTO必須下台。」

部長會議地點還在幾公里之外，我們根本就沒有抵達那裡，但是也不需要。我們已在封閉的國家政治空間打開一個缺口。

第二天上午，有新聞報導參與部長會議的肯亞代表團代表二十二個開發中國家集團拒絕接受WTO的農業協議。[17]他們中途離席，部長會議再次失敗，協議破裂。在公路原點的我們喜出望外，大家相擁、哭泣、歡唱、手舞足蹈，喜樂之情溢於言表。

我們在坎昆以人道、創意與我們的心靈展現了和平抗爭的力量。與布拉格和熱那亞不同的是，坎昆的警方並沒有發動攻擊，因此也就沒有暴力。我們透過行動來發出反對WTO的聲音，而在部長會議內的代表們則是拒絕接受可能會對他們人民與土地造成傷害的WTO協議。

幾個月後，也就是十一月，我們在邁阿密的FTAA高峰會期間再度發動抗爭。這次抗爭為我們當初在魁北克反對的協議敲響喪鐘。[18]在我們街頭行動與不斷壯大的全球正義運動力量感召下，在這場高峰會上，來自中美洲與南美洲的代表都拒絕接受協議。FTAA正式死亡。

我們今天更甚以往需要全球正義行動的教訓。在右翼民粹主義的興起下，許多人都害怕暴力，擔心會造成破壞與分裂。這正是這個帝國控制社會最有力的手段。我們也許害怕，但是仍然必須行動。我們也許不會有一個大家都同意的完美行動，但是可以相互尊重、建立共識與團結合作。正如薩帕塔民族解放軍所教導的：「一個搖頭，許多點頭。」我們也許沒有一個完美的方法，但是還有其他許多方法。儘管我們之間有所歧異，不過我們的團結、勇氣、創意與集體行動，正是創造改變最大可能性的利器。

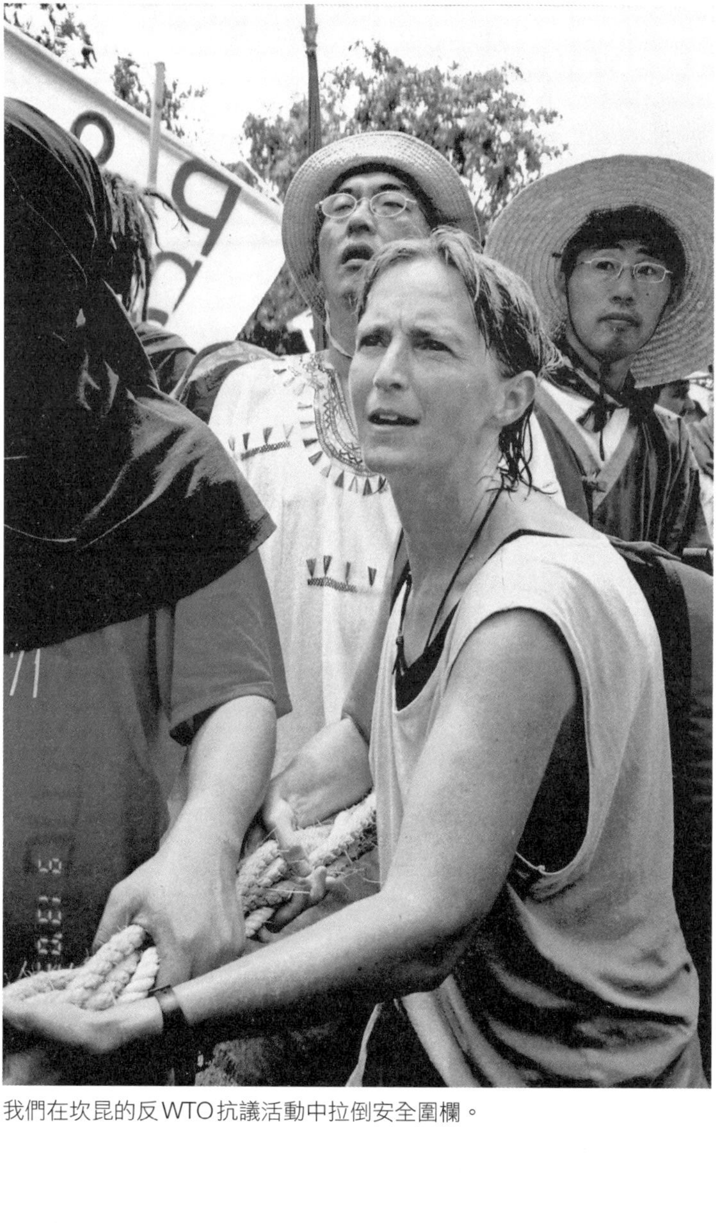

我們在坎昆的反WTO抗議活動中拉倒安全圍欄。

注釋　第五章

① 七月時我們曾與費城的社運人士合作，在共和黨全國代表大會發動抗議。該項行動在警察首長帝莫尼（Timoney）的命令下遭到警方強力鎮壓。帝莫尼後來擔任邁阿密的警察首長，針對二〇〇三年抗議美洲自由貿易區協議的行動再度下令強力鎮壓。

② 我們贏得法院禁制令，禁止他們突擊我們的空間。警方想將我們圍困在潘興公園，但是我們爭取到在會議中心附近集會的權利。我們採取不合作的入監策略，最終讓我們全體獲得減刑。

③ 我們的行動之一是有五十人以公民不服從的策略封閉蘭伯特（Rampart）警局的所有出入口。

④ 此套行動準則與我早期在中美洲抗爭運動中所學得的一樣。我相信它們的出處可能是來自蛤殼同盟為抗議新罕布夏州西布魯核電廠所發動的大型直接行動。此後這套行動準則就一直在主張自律性非暴力行動的社運人士之間流傳。不過有的時候「我們不會破壞財產」的準則會改為「我們不會破壞財產，除非形成我們的阻礙」。

⑤ 多年後我得知歐洲至少有三個直接行動訓練團體因此一行動而誕生。

⑥ 在該次遊行中，我的朋友大衛．羅維克斯（David Rovics）高唱「我們來封鎖他們」。他是一位無政府主義的作曲家與歌手，他的歌一向能衝擊我的心靈。

⑦ 空氣再一次地成為我們的盟友，我也因此了解順風而行的重要性，因為風會將催淚瓦斯吹走。

⑧ 一年後他們在二〇〇四年的共和黨全國代表大會實施國內拘禁，總共逮捕了一千八百人，拘禁於五十七號碼頭的公車總站內。我們將其稱為哈德遜的關塔那摩灣。不過後來大部分都被撤消起訴。

⑨ 這名滲透者，布蘭登．達比，我曾與他共事，但是我從來就不信任他。這個有厭女症的傢伙也曾為卡崔娜颶風後的共同援助網帶來許多問題。

⑩ 二〇〇四年在共和黨全國代表大會期間，美國電視節目「夜線」（*Nightline*）公布二十位最危險的無政府主義份子照片，我是其中之一。

⑪ 在這次會議上我結識了麥克．麥奎爾（Mike McGuire），他是來自巴爾的摩的社運組織者，與全球南方

（Global South）長期合作。我很幸運，因為他會說流利的西班牙語，在這次行動中擔任我的翻譯。我們的合作天衣無縫，我迄今仍把他視為我的兄弟。

⑫ 當時巴拿馬布埃布拉計畫（Plan Puebla Panama, PPP）也引發大家的關切，這是一項地區性的計畫，目的是建立一個生物走廊保護區，然後將其生物多樣化的獲利私有化與合法化。

⑬ 在初次集會中，菲律賓德高望重的社運領袖瓦爾登·貝羅（Walden Bello）提醒我們，WTO的共識基礎十分薄弱——所有的規定必須經過全體會員國的同意才能實施。他同時表示，WTO與其貿易自由化的政策就像自行車，必須前進，否則就會摔倒。

⑭ 在另一項國際會議上，我們同意發起以人民論壇來取代WTO的計畫，並且將九月七日至十四日定為全球行動周。九日是國際行動日、十日是農業論壇、十一日是為戰爭與經濟暴力犧牲者的國際哀悼日、十二日聚焦於服務業的私有化、十三日是反WTO大遊行。

⑮ 我在異教族曾多次進行將永續文化與政治動向結合的行動。我最喜歡的行動之一是在邁阿密抗議美洲自由貿易區協議的行動中設立堆肥式廁所，上面寫著：「Give A Shit For The Revolution」（給革命一些關切）。

⑯ 我搬到奧斯丁後與史科帝·凱洛格（Skotty Kellogg）以及他的夥伴史泰西·佩帝格魯（Stacy Pettigrew）成為朋友。他們是奧斯丁的根莖空間（Rhizome space）的創辦人。這是一個永續文化、政治與藝術空間。我深愛裡面美麗的花朵、果樹與延伸到街道的菜園。這兒有一家自行車店，一家焊接廠，還有一個洗衣區，將水自多個浴缸引進，先洗衣再用來灌溉花園。這兒還有一間托兒所、舞台、藝術空間與一座地下電台。

⑰ 二十二國集團是由開發中國家最近成立的組織，主要是合作來對抗WTO毀滅性的政策。

⑱ 邁阿密二〇〇三年反美洲自由貿易協議的抗議是我們運動的關鍵。我們由此訂定團結原則與實踐綱領，用以彌補行動戰術的分歧。我們不想陷入有關非暴力或戰術多元化的問題之中，而是聚焦於有容乃大的信念與行為，即使是我們並不贊同的行為也包括在內。我們在邁阿密召開輪輻會議，與會者包括主張直接行動的社運人士、非政府組織與AFL-CIO的代表，大家一致同意團結原則。自此也展開了團結的新篇章，儘管並不完美，但是也開啟了新的關係與理解。邁阿密的警方十分粗暴，當他們的槍口指向工運人士時，許多人終於了解我們並不是造成暴力的來源，媒體將我們罪犯化的報導其實都是謊言。

第六章
卡崔娜颶風與團結的力量

二〇〇五年八月二十九日，卡崔娜颶風肆虐路易斯安納州與密西西比州接近墨西哥沿岸的社區，當地災情慘重，即使在颶風過後幾個月仍滿目瘡痍。這場颶風造成一千三百人喪生，停水停電。醫院、學校、雜貨店與加油站不是遭到摧毀就是關門停業。街道上的交通號誌都被吹走，滿街散落著破瓦殘礫。我在颶風離開一個月後駕車通過當地城市，腦海中一再出現「世界末日」這個名詞。當地的情況就是如此。

這場天災先是造成潰堤的人禍，接著又引發一場人間悲劇，白人至上主義者，包括當地居民與執法人員，掀起種族仇恨，射殺撤離災區的黑人，然而眾多媒體與政府官員卻輕描淡寫地稱之為社會騷亂。在主要為白人社區的阿爾及爾角（Algiers Point），設有告示牌明白寫著：「我們射殺搶劫者」。圍繞這些告示牌的是謠傳黑人陳屍街頭，身上彈痕累累。這些謠傳後來都經證實而且證據確鑿。

面對一座被摧殘殆盡的城市，政府的回應卻是採取軍國主義的做法，而且在許多方面都不人道。各處都設有檢查哨站。這些哨站原本應是保護人民不致碰到掉落的電線與使用髒水，然而在許多情況下卻是阻攔救援者前往災區，或是防止災民返回他們的家園。

在這場颶風之後，我發現當地社區種族分裂的情勢惡劣，嚴重影響災後援助的工作。我所看到的情況大部分都沒有什麼道理，除非你能了解當地白人與有色人種社區間的矛盾。這個國家的歷史在在顯示當白人需要援助時，資源與協助會源源不絕地來到。然而當黑人與棕色人種生命危在旦夕時，卻難以獲得援助。我們在二〇一七年再度看到這樣的情況，政府對哈維颶風侵襲休士頓的回應，與波多黎各遭遇瑪莉亞颶風後的情況大相逕庭。[1]

儘管災後情勢恐怖，仍有一些人願意站出來提供援助，其中之一是由阿爾及爾黑人社區所建立的「共同援助」（Common Ground Relief and Collective）行動。共同援助是一項規模宏大的行動，不但要運送與分配數百萬美元的資源，同時還需要重建社會結構取代已分崩離析的既有結構。我們回應所有的需求——食物、醫療、清潔用品、飲用水、房屋修建、工具、鋪設屋頂、移開被吹倒的樹木、法律協助、使用電腦、自行車與運輸工具等等。

對颶風災民提供援助看來簡單，但是卡崔娜颶風後的軍事管制與種族仇恨，使得援助難以送到最需要的災民手中。後來可以明顯看出政府其實根本就不願意讓黑人災民返回他們的家園。這樣的情況使得共同援助行動更顯重要。這項行動的宗旨是協助災民重建家園而不是放棄他們。我們的理念是團結，不是慈善，共同援助行動也因此成為從下而上、人民自動自發提供救災援助的範例。

共同援助：人民的力量

卡崔娜颶風來襲之前，我是在德州克勞福德（Crawford）的壕溝裡與辛蒂．希恩一起為凱西營（Camp Casey）奮鬥。辛蒂是一位反戰鬥士，她的兒子，美國陸軍特種部隊隊員凱西．希恩（Casey Sheehan）在伊拉克戰爭中陣亡。卡崔娜颶風前夕，我在凱西營的工作正逐步轉變成規劃「現在就帶他們回家」的全國巡迴旅行。這是一項艱難但頗具影響力的行動，三輛旅行房車載著老兵與他們的家屬巡迴全國，然後在華府集合，參加全國反戰大遊行。[2]當我終於返回在奧斯丁的家時，我的伴侶喬尼伯正準備前往紐奧良。她已去過那兒兩次，在繼卡崔娜颶風幾周後麗塔颶風來襲時，與我們的一位朋友撤離當地。

喬尼伯，又名勞倫·羅絲（Lauren Ross），是一位水利環保工程師。我們是在二〇〇一年反FTAA的魁北克抗議行動中，滿是催淚瓦斯的街頭上陷入愛河，我在二〇〇二年由洛杉磯搬到她的家鄉奧斯丁與她同住。多年來喬尼伯一直從事反對核能與煤炭電廠、石油鑽探及興建輸油管的行動，並且揭發開發者的計畫。我視她為萬靈丹。在卡崔娜颶風之後，她奉命到災區收集水與土壤的樣品。紐奧良四周設有許多煉油與化學工廠，其中有幾座在潰堤時遭洪水淹沒，導致流進市區的洪水變成有毒的垃圾帶。喬尼伯最終將她的資料與美國國家環境保護局（EPA）的整合，為紐奧良的居民提供了一份說明有毒物質分布情況與濃度水準的地圖。

在「現在就帶他們回家」的活動之後，我累壞了，但是去紐奧良並不是一個很難的決定。這個決定完全合理。

十月四日一大早我們就離開奧斯丁，希望趕在休士頓的交通尖峰時間之前。我們租了一輛大型輕型卡車，後面裝載了取樣設備、一堆乾糧與露營裝備。當天天色陰鬱晦暗，什麼事情都感覺怪怪的。我們逐漸接近紐奧良，我可以感覺到我的胃部在痙攣。一路空無人煙。到十月時，卡崔娜颶風已造成一千二百人喪命，有超過一百萬人被迫撤離家園，有數以千計的人從此流離失所。在我抵達的前一天，有關當局結束了救災與尋找屍體的行動，但當地仍處於軍事管制的狀態。

我們駛過十號州際公路旁的機場沒多久，就看到前面有一個檢查哨站。哨站前的道路已用橘色三角錐劃分成兩線道，警車就停在其他的車道上，擋住通路，警車上紅藍相間的警示燈閃爍不定。我還看到道路邊上停了三輛軍車，附近還有幾名武裝士兵。警察手持霰彈槍，盤問駕駛。我們排在車隊中祈禱——放我們過去吧！

輪到我們了，喬尼伯拿出官方執照，並且說明我們要取樣水與土壤的計畫。我們費了一陣子時間，不過在幾個問題與有關宵禁的指示之後，警方放行了——謝謝你，白人特權。夜幕低垂，由於沒有電力，前方一片漆黑。我們進入美國九十號國道，向西岸駛去。此時此景令我不禁有一種奇怪的感覺——檢查哨站、宵禁與西岸——我到底是在哪裡，巴勒斯坦嗎？但是在我們左邊的超級圓頂（Superdome）將我拉回現實。我們開上一座大橋，一路沉默不語，橋下的密西西比河汙濁晦暗，水流湍急。我們進入阿爾及爾，這兒遭到卡崔娜颶風的強風襲擊，但是並沒受到洪水的肆虐。街道與旁邊的草地上都是垃圾，空氣中傳來有毒氣體的味道。當地的溼度與蚊蟲使得整個環境更為惡劣。

我們經過一排國民住宅，然後駛過一座大橋，來到一排排較小的住家，其中許多院子裡都放著兒童用自行車與玩具。我們轉入亞特蘭提街，我可以看到道路盡頭的堤防。這座堤防成功擋住了密西西比河的衝擊，保住了阿爾及爾居民的生命與財產。然而在紐奧良的其他地區，有五十座以上的堤防潰決。

我們終於抵目的地，來到馬利克．拉希姆（Malik Rahim）的住所，他是共同援助行動的創辦人。我們抵達時，這兒正忙得熱火朝天。

一輛大貨卡停在馬利克住所前面，一批年輕人排成一列忙著卸貨。③你知道你來對了地方，因為前廊掛了一個手寫大招牌，上面寫著共同援助，並且畫有握著鐵錘的一隻拳頭的標誌。我加入卸貨的行列，將紙箱搬到一個由帳篷搭建的區域，這兒是臨時的配送中心，兩邊堆放著捐贈的物品，中間則是走道。堆放的物品一邊是食物與飲用水，一邊則是清潔用品，例如高樂氏（Clorox）、拖把、海綿與毛巾和衛生紙等必需品。帳篷區後面是一個開放式的廚房，有一批人正在做晚飯——豆子飯。隔壁的後院都是帳篷，有許多志

願工作者在裡面睡覺休息。

卸貨完畢後，我聯絡我的朋友史考特・克勞（Scott Crow）。我是在二〇〇〇年洛杉磯的民主黨全國黨代表大會抗議行動中與他和他的夥伴安・哈克尼斯（Ann Harkness）結識，我們在我搬到奧斯丁後成為好友。[4]史考特領我參觀環境，並且介紹我認識馬利克與一些志工——桑席爾、尚恩、珍卡、布萊恩、托比、柯爾、泰勒、艾蜜莉、艾倫西與其他人——馬利克邀請我到他的家中，這兒是他從小生長的家園。廚房永遠是一棟房子的中心，這兒也是一樣，我們圍坐桌前，爐上煮著咖啡。廚房外有一個房間，當做志工追蹤與記錄捐贈物品的辦公室。志工擠滿了各個房間。馬利克的住所是公共援助行動的第一座配送中心，不過隨著行動擴大，配送中心也愈來愈多。

馬利克說話輕柔，但自有一股威嚴。他個性溫和，有一頭灰髮與鬍子，能夠立刻贏得別人的尊敬。他和許多貧窮的黑人一樣，年輕時從軍而被派往越南。他後來建立黑豹黨（Black Panther Party）的路易斯安納分會，曾參與惡名昭彰的欲望區住房計畫槍擊案。之後他從事監獄改革與住房計畫。馬利克視對社區提供服務為組織的基石，這也是他建立公共援助的出發點。

卡崔娜颶風來襲時，他與他的夥伴夏倫・強生（Sharon Johnson）待在他們在阿爾及爾的家中。颶風離開後，他們看到來自鄰近阿爾及爾角與格雷特納（Gretna）的白人種族主義者冷酷無情地對待黑人，甚至射殺黑人。馬利克親眼看到街頭的死屍，他認為都是遭到射殺的受害者。有一群白人經過他的住家，對他百般辱罵與威脅。

這些白人民兵的惡形惡狀不但有目擊者作證，並且還有影片紀錄。非營利調查機構「為了公民」（ProPublica）的記者A・C・湯普森（A.C. Thompson）針對阿爾及爾角的槍擊事件調查了十八個月，指責這些來自白人社區的民兵組織對待卡崔娜颶風的災民就像他們是罪犯一樣：

面對災民的湧入，阿爾及爾角的居民不但沒有對他們提供食物、飲水與醫療用品等援助，反而有一批白人認為犯罪會隨著災民出現，因而決定封閉該地區，以木材或倒塌的樹木來封鎖社區的進出。他們收集手槍、步槍、獵槍，而且至少還有一把烏茲衝鋒槍，開始駕著輕型卡車與休旅車巡邏街道。這支新成立的民兵組織大約有十五人到三十人，大部分是男性，都是白人。他們四處尋找小偷、歹徒，或是按照他們一位成員所說的，「任何一位不屬於這裡的人」。

在紀錄片《歡迎來到紐奧良》（*Welcome to New Orleans*）中，該民兵組織的一位成員韋恩．賈納克（Wayne Janak）甚至大言不慚地誇耀他們的行為。「真是太棒了！」賈納克對他們射殺黑人的行為如此表示。「就像南達科塔州的雉雞狩獵季。如果他動了，你就開槍。」

警察也在射殺災民。在颶風離開四天後，一批災民橫越丹茲格大橋（Danziger Bridge）——從黑人社區前往白人社區——然而警察來到後卻對他們開火，殺死兩人，另有四人受傷。十年之後，有五位警官因為掩蓋此惡行而認罪。

在卡崔娜颶風離開一周後，路易斯安納州長凱薩琳．布朗柯（Kathleen Blanco）聲稱政府努力「保護」真正需要食物、庇護所與飲用水的災民。她說道：「我有一句話要告訴那些不法之徒，這些軍隊懂得如何開槍與射殺，必要時他們一定會採取行動，而且我也期望他們這麼做。」在颶風離開兩周後，共有五萬一千名陸軍與空軍警衛隊布署在墨西哥灣沿岸。儘管其中有許多男女拯救生命，並且帶來食物等支援，但是其他人卻在附近鄰里守衛與巡邏。

面對如此的處境，馬利克與夏倫向全球社運人士尋求幫助。阿爾及爾的人民需要援助——不只是因為受到警方的威脅，幫助阿爾及爾災民重建家園的資源也一直未曾出現。響應此號召的社運人士之一是史考

從左至右，羅伯特・金、麗莎、馬利克・拉希姆與史考特・克勞，在金的住宅前合影。照片由安・哈克尼斯提供。

特・克勞。他、馬利克與夏倫開始商討提供援助的計畫。在羅伯特・金（Robert King）的建議下，他們決定將此計畫稱為「共同援助」。[5]羅伯特・金是安哥拉三人（Angola Three）（譯者註：安哥拉三人是三名非裔美人被單獨囚禁在路易斯安納監獄長達數十年，羅伯特・金是其中一位，被單獨監禁二十九年，另外兩人分別被單獨監禁長達四十五年與四十二年）中後來獲釋的一位。

馬利克與史考特將我納入行動之中。我們每天都要開會，並且有許多工作需要挨家挨戶拜訪才能完成，例如詢問這些居民需要什麼協助，提供補給、配合配送中心的工作、為屋頂鋪上防水布、清理垃圾、對居民提供醫療服務與準備食物。志工還設立了地下廣播電台，並且發起兩項政治性的活動，一項是幫助居民對抗警方的驅趕，一項是對遭到逮捕的人提供援助與記錄警方濫權的行為。到了晚上，我們會檢討當天的活動並且預測未來的需要。

當天稍晚，我與我新交的朋友及舊識道別，前往鄰近房子後院的帳篷，與受邀來到此地的異教族會合。這棟房子原本就是一間巫毒商店的倉庫。我們運氣不錯,發現屋內有一間功能正常的浴室,但是走進屋內需要一些勇氣。這兒沒有電力,整個房間擺滿了魔術用品、草藥與雕像。

和喬尼伯在帳篷內安頓妥當後,我才感受到過去兩周在凱西營工作所造成的筋疲力竭。眼下大相逕庭的景物令我感覺好像進入另一個世界,我很快就進入夢鄉。

第二天,我們一大早就起來,天氣仍然冷颼颼的。我們前往普拉克明郡(Plaquemines Parish)收集水與土壤的樣品,當地有數座小漁村,是遭到卡崔娜颶風肆虐最嚴重的地區之一。當地滿目瘡痍,情況之慘,我們根本無法形容看到的景象。房子不是倒塌就是殘破不全,居民的生活用品散落各處,上面都是泥巴。路邊有浮在積水中的棺木,電線桿都被狂風吹彎,電線掉落各處,而樹枝都被折斷有如牙籤一樣。我們盡可能前行,但是滿地的垃圾與破瓦殘礫擋住了道路,我們只好回頭。

往後的幾天裡,我們駕車走遍紐奧良,收集水與土壤的樣品。我們一個教區一個教區前進,然而經過的社區都遭到颶風摧毀,空無一人。我們偶爾會看到軍方所設的補給站,你可以在這兒拿到冰塊、飲水、食物與高樂氏清潔用品,這些物品有助於緩和災情。聯邦緊急事務管理署(FEMA)為軍隊、警方與援救人員提供可以立即食用的口糧(MREs),而一般居民有時也可從緊急救難中心拿到這些口糧。我畢生難忘我的第一頓口糧——烤雞、土豆泥、青豆與一塊水蜜桃蛋糕。這些食物都是裝在一個化學袋中,袋子有加熱功能,你只要將袋子密封,五分鐘後就熱好了。口糧看來儘管有些怪異,但是比救世軍供應的食物好吃,後者通常只有兩片吐司與一片火腿,或是一根熱狗與薯片。

有一天我們前往下九區（Lower Ninth Ward），我們不確定會看到什麼景象。這個地區，以及鄰近的沙爾米特（Chalmette）與聖伯納（St. Bernard），在潰堤時全都慘遭洪水淹沒。在卡崔娜颶風來襲前，下九區的居民百分之九十八都是非裔美人，這是一個世代居住、關係緊密的社區。亨利．艾文（Henry Irvin）是該地區的老住戶。他在二〇一五年回憶，「在卡崔娜之前，我從橋頭過來，一路上可以叫出所有人的名字。」在卡崔娜之後，有關下九區的故事都與事實不符。許多人都以為下九區是貧民窟，住的都是流氓。然而事實上這個地區住的都是辛勤工作的人，有許多居民的生活都是在貧窮線下，還有一些是中產階級與專業人士。這是一個相對具有財務安全的黑人社區，因為人們大都擁有自己的房子，可以傳給下一代。

附近的沙爾米特是一個白人社區，同樣也遭洪水肆虐，當地居民在颶風離開一個月後就獲准重返家園。那兒到處可見FEMA的拖車，然而在下九區卻不見蹤影。事實上，下九區的居民直到十二月才獲准返回家園，而且社區前有荷槍實彈的國民兵在「守衛」，防止居民回來。時間拖得愈久，居民也就愈難以重建家園。情況已經十分明顯，不久之後州長與其他政客就會設法將此處夷為平地，而不是重建，甚至進行開發——之後還會有更過分的行動。

要進入下九區，必須經過兩座大橋中的一座。克萊伯恩大道大橋（Claiborne Street Bridge）仍然封閉，因此我們橫跨聖克洛德大道大橋（St. Claude Street Bridge）來到該處。一路上經過好幾個檢查哨站，感謝我們的白人特權，加上放在前座的安全帽與我們所陳述的科學任務，因此得以進入下九區。我們很快就看到一些扭曲變形、殘破不堪的房子，都被推移到離開原有的位置，有一些甚至被推移到對街。我們看到各處都是泥漿、成堆的瓦礫與積水，彷佛有一道巨大的泥漿牆以雷霆萬鈞之勢一路衝過來，所到之處無不摧折。一群狗跑過來，但牠們又改變主意，轉頭跑開。

我們一個區一個區的前進，採集樣品，同時也對眼前的景象不敢置信。對我衝擊最大的不是天災，而是有如犯罪的人禍。當地的堤防理應由美國陸軍工兵部隊負責維護，然而他們多年來根本毫不理會堤防的系統性缺失，最終導致潰堤，釀成大禍。二〇〇六年的一份報告更是把當地有如迷宮的堤防視做「只是有名無實的防汛系統」。有關當局輕忽的結果是洪水在幾秒之內就吞沒了仍在睡夢中的居民與他們的住家。我看到成排房子的閣樓都被切割出一個大洞，每棟都塗有一個大大的紅色╳——這是代表搜救隊已經來過的標誌——旁邊還記載著日期與在屋內找到的屍體數目。我對當地喪生人數之多震驚不已。

經過連續十天收集樣品之後，我短暫返回奧斯丁，不過已打定主意我要回來。

互助合作，不是施捨

到了十月中旬，共同援助行動已吸收了大批能幹的志工，他們有許多都身懷對救災十分有用的技術，而且也都願意長期留在災區。我們在共同援助的首座保健室對街，以木板搭建了一座房子，在這兒開會討論未來的計畫。[6]有許多人都是來自全球正義運動、經驗豐富的行動組織者，我們將從全球正義運動中學得的經驗應用在救災上。我的朋友艾蜜莉．波斯納（Emily Posner）最近分享她對我在會議中所扮演角色的回憶：「你進來，聽了一會兒，問了幾個問題，接著就提出如何運作的計畫。」

這項計畫是在照顧居民需求的同時，建立工作小組，在各個社區進行預先規劃的工作。各地區的協調人每周會集會一次，分享資訊、調整工作輕重緩急的優先次序，以及確認志工的工作。我們將志工分為短期與長期的，後者設有小隊長，有明確的權責範圍。隨著志工增加，我們也將部分精力投入針對志工的訓練、供應三餐與住宿等方面的公共建設。對於短期志工，我們每天舉行晨會。到了晚上，我們還會舉辦訓練課程、文化活動、有關種族與性別議題的討論。我們每周都會舉行全體志工大會，相互討論、回饋、提問與表達關切。

共同援助的活動也進入上九區，在路易莎街（Louisa Street）設立據點。我們沒有水電供應，警方還在一旁監視，但我們卻是失去家園的居民的希望。我們設立了一座大型配送中心、一間合法的衛生所，並且利用我朋友伊麗莎白的貨車設立活動醫護室。我們從廢棄的洗衣機取下水泵，以進行生物修復的工作。我們以電鋸打通道路。公共援助的活動規模日益擴大，不過馬利克仍是負責人，他是此活動的引擎、主要組織人，他先知先覺，是大家的激勵者，也是啟發者。他同時也是東道主、廚師、清潔工與垃圾清理工。他的住所是公共援助的心靈所在。

隨著時間過去，墨西哥灣沿岸災區的需求依然無解。每天目睹當地災民發生悲劇實在讓人難以工作，我們盡可能加快腳步，但是我們需要更多的協助。眼看感恩節即將到來，我們發起一項活動呼籲志工前來災區，這項活動稱做「援助之旅」（Road Trip for Relief），要求志工十一月下旬來災區一周，提供勞力、物資與工具等協助。

感恩節

感恩節到來時，我們都很興奮，準備在上九區為路易莎街的居民舉辦一場餐會。我們清掃街道上看來永世存在的灰塵、泥巴與垃圾。對街有一座墓園，四周有圍牆保護，給予我們一些安全感。我們搬出一批長桌子用來擺放食物，並向一家旅館借了二十幾張圓桌和椅子，放在道路中央。我們的大廚克朗博（Grumble）是和平種子（Seeds of Peace）的創辦人之一，一直在忙著準備火雞、馬鈴薯泥、青豆、甜馬鈴薯、綠葉甘藍、餡料與肉汁。這將是一場盛宴。居民在下午陸續抵達，沒多久就大約有五十人。當盛著食物的餐盤擺滿桌子，大家的眼睛都睜大了，有的還噙著淚水。我們在餐前圍成一個大圓圈，表達感恩。我站在一旁靜靜地看著這個既甜蜜又痛心的時刻。共同援助常常是這樣的，在傷痛與苦難的同時，也與社區共度歡樂。

在沒有水電供應，而且缺少住屋的情況下，要安置即將到來的志工是一項嚴峻的挑戰。我們運氣不錯，認識幾位在拜華德（Bywater）社區公園工作的人，公園附近有一座稱為綠色計畫的兩層樓倉庫。這地區就在上九區旁邊，儘管遭到狂風襲擊，但是並未受到洪水肆虐。倉庫周邊有一些小房間，不過主要是分成上下兩層的大房間。我們在這裡設立廚房、工作室、休息區，並在門口設立登記室與存放捐贈物資的空間。異教族成立一支生物修復隊，製作堆肥，鋪撒在遭到有毒物質汙染的土壤上。

長期志工分成好幾個工作小組，包括伙食、即時救助站、住屋協調、運輸、通訊與補給等等。我們的工作小組任務是鋪設屋頂、電氣、房屋清理、房屋修繕與維護社區公園等。在幾周前，工作小組調派來一批滿載物資的卡車到侯馬（Houma），這兒是在紐奧良的東南部，當地居民都是侯馬印地安部落的原住民。隨著侯馬行動展開，我們的援助範圍也擴展到上九區。講實在話，有許多人都不看好我們在這兒的行動。我們的志工大部分都是白人，但是上九區的居民都是黑人，其中有許多都擔心會被我們帶走，或是帶有諸多條件的援助。不過我們每天不斷地清理、挖掘、修繕與傾聽，終於贏得該社區的信任。我們很快就在使徒保羅街（Pauline Street）的迦密山浸信會教堂（Mount Carmel Baptist Church）設立志工中心，並在對街成立一所醫護所。隨著規模逐漸擴大，我們進駐上九區的聖瑪麗學校，開始大量派遣工作小組前往上九區與下九區。

與此同時，公共援助也針對種族關係的議題進行公開對話。一天早晨，我在綠色計畫倉庫主持晨會，有兩位當地居民也加入會議。其中一位是名叫金柏莉·理查斯（Kimberly Richards）的婦女，住在密西西比州與紐奧良接壤的地方，她表示她的房子需要修理。另一位是泰隆·艾德華牧師（Reverend Tyrone Edwards），他問我們能否派遣一支工作小組幫他把位於普拉克明郡的錫安旅人浸信會教堂（Zion Travelers Baptist Church）打撈上來。我們當然都答應了。

我注意到他們都身穿人民生存學院的T恤。我一九八九年首次接受反種族主義訓練課程的地方就是人民生存學院，我立刻上前介紹自己，並且告訴他們，我永遠感激該學院改變了我的生命。接著我說道：「我需要你們的幫助。」公共援助的志工大都是白人，然而卻是一座黑人城市活動，其中許多志工都不了解紐奧良的歷史，也不知道如何與當地居民互動。我詢問人民生存學院是否願意與我們合作。

他們滿口答應，並且立刻排定課程與時間。理查斯小姐與艾德華牧師決定把人民生存學院原本兩天半的課程濃縮成幾個小時，主要是讓志工了解當地社區的歷史與文化，以及帶有種族主義色彩的機制是如何影響有色人種的社區。

紐奧良的街頭與公園到處可見種族關係的歷史與痕跡。紐奧良曾是美國最大的奴隸港之一。川梅（Tremé）的剛果廣場（Congo Square）原是黑奴拍賣的場所，後來川梅成為該市第一個自由黑人社區。然而此一種族隔離的遺緒在卡崔娜颶風的襲擊下，對災區獲得州政府援助的先後次序造成重大影響——我們必須讓志工了解這一點。共同援助總共有一千二百名志工接受了人民生存學院所謂「打倒種族主義」的訓練課程，我希望這些年輕人能和我一樣，在接受人民生存學院的教導後，開始以不同的眼光來看世界。

重啟下九區的學校

十二月下旬，下九區的居民終於獲准重返家園，然而跡象顯示他們重建家園的努力受到州政府的百般阻撓。結果真是如此。當權派已決定下九區不值得拯救。

打從一開始，政客、開發商與一些出於善意的慈善家就將下九區淘汰出局，他們告訴，也互相告誡，此地區災情太過嚴重已無法拯救。在卡崔娜颶風過去幾周後，小布希政府下的住房與城市發展部（Housing and Urban Development, HUD）部長阿方索·傑克森（Alphonso Jackson）就叮囑紐奧良市長雷·納金（Ray Nagin）：「重建下九區將是一項錯誤的政策。」納金則是回答：「我不認為它會回復，因為它是地勢最低的地區。」這並非事實。紐奧良還有一些地區——包括災後迅速重建的富人區湖景社區（Lakeview）——地勢甚至更低。也有人認為下九區擁有房子的居民不多，因此流離失所的人也有限。這都是謊話。

政府官員利用這些似是而非的理由來為他們阻撓下九區重建與攔阻當地居民重返家園的行為辯解。然而在這些贏得普遍支持的言論背後隱藏了一個真相：有些人可以有重返家園的尊嚴，有些人則沒有。美國眾議員理查·貝克（Richard Baker）在災後不久發表了一次惡名昭彰的談話，其內容最能反映這樣的態度。他說：「我們終於清理了紐奧良的公眾住屋。我們之前辦不到，但是上帝辦到了。」

下九區是最後恢復水電供應的社區。國民兵在此駐防四個月以阻攔居民回來，然而他們在其他大部分社區只待了一個月就撤防了。與此同時，市長納金推出一項計畫，名稱是頗具諷刺意味的「重新找回紐奧良」（Bring New Orleans Back）。在該計畫下，居民若未獲准重返他們的社區，該社區就暫停重建。另外，州長布朗柯也主持了一項重建計畫，名為「回家之路」（Road Home）。這項規模達一百億美元的計畫，各項規定繁瑣，使得相對貧窮的住房所有人根本無法重建。二〇〇六年初，HUD制定一套計畫，要拆除紐奧良四個人口最多的住宅區，並由混合收入住房取代原來的低收入住房。這是利用天災來進行當地居民層次的升級。

這些與其他類似的政策使得紐奧良最貧窮的居民難以重返家園。根據二〇一五年的一項調查顯示，紐奧良的黑人居民較卡崔娜颶風前減少十萬人左右，反觀白人的人口則已回到災前的水準。由此觀之，在卡崔娜颶風過後的幾年間，當地已進入一個殖民化的新時代，種族清洗再度興起。

儘管當地居民面對的阻力強大，共同援助仍奮力不懈地對抗來自掌權者的壓迫與重建住屋。我們在多方面促成變革，其中一大勝利果實是對付災難資本家（娜歐蜜・克萊恩（Naomi Klein）提出的概念與名詞），至今想來，暖流仍充滿我心。

來年一月，在國民兵已撤防幾個星期、居民獲准重返家園之後，市政府卻宣布要夷平下九區。此一政策引發多起訴訟，然而就在這些官司在司法體系內蝸步前行時，教育界的災難資本家又想出一套做法狠毒的計畫。這套由州長布朗柯領銜的計畫首先是要接管公共學校體系，撤消紐奧良多所學校資格。當地有七千五百名老師與雇員因此遭到集體開除，其中大部分都是屬於教師工會的成員。該計畫主要是整合紐奧良的公共學校體系成為公私合營的特許學校體系，美其名為「恢復學區」計畫。該計畫單方面獲得州議會的通過。

早在此計畫推出之前，共同援助在十月時就於下九區推出一項「小藍屋」（Little Blue House）的計畫。小藍屋是當地居民重建家園的希望，同時也點燃對抗一心想驅逐他們的迫害力量的火炬。⑦在接下來的幾個月間，小藍屋計畫又增添了一座配送中心、工具租借館與一間免費衣著商店。我們在每個街角設立用硬紙板做成的標誌。我們利用附近廢棄的房舍改裝成廚房，每天晚上都會供應熱食。我們也將兩間住屋改裝成臨時住宿所，可供當地居民在周末回來整理他們的住屋。

在二月一個冷冽的大晴天裡，大夥兒在小藍屋開會，當地居民對他們被趕出自己的社區紛紛表達他們的沮喪與憤怒。我心中充滿無力感。州長布朗柯顯然無意重啟下九區任何一所學校，參與會議的一位母親維拉表示，如果她的孩子無法在這兒上學，她也不會搬回來。她想知道為什麼沒有人設法重啟馬丁·路德·金恩小學（Martin Luther King Jr. Elementary School, MLK）。

其他幾位住戶也表達了相同的關切，最終大家都有一個共同的問題：我們要做什麼才能幫MLK重新開放？其中一位住戶坎迪瑞克表示，春假即將開始，我們可以招募志願者來清理學校。這是來自全國的年輕人幫助紐奧良的年輕人重回校園。

是的！我們又感覺到了力量與衝勁。

我們知道我們的行動是不會受到有關單位准許的。但是我們也不需要得到許可。這是直接行動的力量：在需要時作為，以促成改變。

我們去找該校的校長桃樂絲·希克斯（Doris Hicks），她告訴我們，她正在與州政府交涉，讓MLK成為特許學校，因此她儘管不會反對我們的行動，但是也不會公開參與。我們也得到其他多位校長的支持與祝福，但是他們同樣也不會公開參與。多年後，其中一位校長希爾達·楊格（Hilda Young）告訴《國家雜誌》（*The Nation*）的記者有關政府對重啟MLK的態度：「市長要把這兒改成開放空間。我們到這時才明白他們根本不想讓我們重啟MLK。我們到這時也才知道他們根本就不打算重啟下九區的任何一所學校。」

到三月時，我們展開行動。事先有數百名志工與當地居民接受我的訓練，而在行動的當天早晨，我們

共同援助的標誌

穿上防護衣、拿著護目鏡、推著裝滿工具的獨輪車，在校門口集合。幾位居民與母親先在校門一角激昂地發表演說，接著我們就走進校園。[8]

MLK是紐奧良市最成功的小學之一，充滿黑人歷史。看著成群的書籍與圖片被當成垃圾堆放在街邊，實在是一件痛苦的事情。學校裡有許多獎盃與獎狀，我們小心翼翼地擺放在校門口，留待處理。我們花了一整天的時間清理校園，但是還有許多事待做。然而到了第二天，也就是周五，警察突然出現，阻止我們進入學校。

我們堅持不懈，終於聯

絡到恢復學區計畫的主持人羅賓．賈維斯（Robin Jarvis），要求她向市議會提出准許當地居民與共同援助擁有清理學校權利的提案。我們運氣不錯，她同意了，市議會也通過議案，我們又重新回來清理校園。

但是很快又出現更多的阻礙。學校董事會告訴我們，我們必須為我們所移走的所有東西製作一份庫存清單，包括鉛筆在內。別鬧了，這不是當地學校在卡崔娜颶風前的董事會，而是恢復學區計畫的董事會，他們已控制了全市所有學校的董事會。聽來十分可笑，但是我們仍數了鉛筆的數量。接著他們又說學校的建築物不安全，希克斯校長於是找來結構工程師，證實校舍都很安全。

恢復學區的人好幾個月來一直在找我們的麻煩，但是我們植基於社區的行動持續深化。二〇〇六年九月新學年開始，下九區的小朋友卻須搭乘巴士到另一所尚未重建的學校就讀。家長們決定發動抗議，並且獲得南方基督教領袖會議（Southern Christian Leadership Conference）的協助。我們進入恢復學區全新的大樓內，予以占領，成年人並為年輕人上了一堂自由學校（Freedom School）教學。

這些行動與壓力終於迫使賈維斯女士同意重啟學校，她的承諾在二〇〇七年六月十日實現。這項成就並非來自主管當局的力量，以我親眼目睹的經過情況，我可以確定若非人民的力量，這所學校根本不可能重新開放。MLK 科學與科技特許學校迄今仍在。

支配政府反應的力量

現在回想起來，後卡崔娜的紐奧良提供了一個獨特的視角，顯示一個完全不同的力量模式填補了之前被颶風摧毀的權力結構所遺留下來的真空。一個是從下而上的分權結構，一個則是由上而下的統治結構，兩者反差之大，實屬罕見。

我早期對權力的理解是來自索爾．阿林斯基（Saul Alinsky）的經典著作《激進者守則》。接著我又從知名學者與非暴力公民防衛的先驅吉恩．夏普（Gene Sharp）的研究學到更多。夏普認為權力並非只是由特定少數人所有的單一與固定的力量，而是流動的，往往是在自稱擁有權力的人與沒有權力的人相互談判之間游移。權力就和能源一樣，不能創造與摧毀，只有行使。

前美國陸軍軍官羅伯特．海維爾（Robert Helvey）將夏普的理論進一步擴大。他主張權力的支配體系是植基於他所謂支柱上，包括教育系統、精神系統、經濟系統與軍事系統等等。如果我們砍斷、腐蝕或移除這些支柱，整個體系架構就會不穩，引發混亂或崩潰。這些支柱提醒我們，儘管統治體系看來巨大又難以摧毀，但是只要人們不斷削弱與毀損，確實有可能倒塌。⑨

我寧願削平這些支柱而不是推倒它們。是的，我們需要政治、經濟與社會體系——但是它們並不需要以階級制度的形式來運作。如果我們削平支柱，就能將它們與水平式的分權網絡相連，形成一個在各層面內部相連的支持網絡。我們由此也可看出階級制度與支配體系並非不能避免的。

這項工作最困難的部分不在於削平或損毀支柱，而是改變他們由此創造出來的文化基礎。此一基礎是由心智模式所形成，我則是以步驟視之。第一步是歷史，第二步是信念系統，第三步是價值，第四步是規範與實行。這些步驟形成我們現今社會的主導文化。

美國主導文化的歷史說的是一段建立「新」世界的英勇旅程。它包括開拓先驅、貿易商與逃避迫害的清教徒先民。它是有關發現原則（Doctrine if Discovery）與昭昭天命（Manifest Destiny）的故事，宣稱只要是沒有白人基督徒居住的土地都可以任意奪取。它也是讚揚暴力，視為愛國與必要手段的故事。它也是講述人們吃苦耐勞帶動快速成長的故事，這些人透過辛勤工作與自我犧牲，將這塊資源豐富的土地變成農業大國，接著成為工業大國，現在則是全球軍事超級強權。然而這部歷史往往不會告訴我們，美洲原住民如何慘遭種族滅絕，非裔美人如何受到慘無人道的奴役，以及如何藉由政治操作確保美國並不是真正的民主國家，而是由一批白人與財閥所控制的金權政治。歷史也不會教導我們有關抵抗社會秩序、開創我們今天仍在前行的自由之路的故事。

在此版本的美國歷史中蘊含一套特殊的信念，包括白人至上、父權、資本主義、基督教，以及支持個人主義、物質主義、仇恨、恐懼、競爭、家長式領導與暴力的文化價值。美國的主導文化是強調拳頭勝於道理、白人高於黑人與褐色人種、男人高於女人、財富高於貧窮、個人高於群體，以及基督教高於所有的信仰。

我的好友星鷹是一位行動家與精神領袖，她告訴我權力有四種不同形式：支配的權力、群體的權力、內部的權力與壓迫的權力。我發現紐奧良完全體現出這四種權力形式。

【支配的權力】是一人強將自己的意志加諸於別人的力量。這種強勢的力量已滲透進入我們的文化與體制之中。支配的權力孕育出家長式領導主義——即是我們自認知道什麼是對別人最好的信念。這是來自外部權威體制或是所謂專家的力量，不論是父母、老師、醫生、政治人物，或是宗教領袖，他們會囑咐我們應該做什麼與我們該有的本分。這樣的力量也使得我們相信我們可以為所欲為、提出要求，以及將我們的意志強加於他人身上。這樣的力量會造成我們的自大傲慢。支配權力文化下的社會，是透過獎勵與懲罰使得我們不會質疑當權者，並且接受他的指示，然而我們同時也因為要處處提防而生活在恐懼之中。

【群體的權力】是團結的力量。這是一種體認，我們了解大家需要互相扶持才能生存，我們是不能分開的，而且是相互依賴的。群體的權力是植基於愛、尊重與對所有生命都具有尊嚴的理解。群體的力量是透過如聯合組織、合作社、集會、食品合作社與議會等合作性的機制與網絡而相互連接、建立與運作。當今世上有許多大型的群體權力團體，例如恰帕斯（Chiapas）的自治社區、巴西的無土地鄉村勞動者運動（Movimiento Sin Tierra, MST）、玻利維亞的無土地農民運動（Landless Peasant Movement）與西班牙反緊縮政策的憤怒者運動（Indignados Movement）。從小處著眼，只要是大家以關懷之心共同合作邁向同一目標，或是透過由家庭、朋友與社區交織而成的網絡來撫育下一代，其中就存在著群體的權力關係。群體的權力關係其實就是反映人類群居的天性，但是我們已喪失了這樣的感覺──儘管它一直圍繞在我們身邊，每天如此。

【內部的權力】是我們本身的力量。當我們覺得要採取行動負起責任之時，就會產生這樣的權力。當我們敞開心懷、相信別人，以及任由我們的創意、想像與寬大為懷的心志飛翔之際，我們都可以成為促成改變的力量。只要我們能夠自由行使我們內在的權力，就會出現一些美妙的事情。內部的權力可以來自熱情、信念、節操與勇氣。當我們一批志同道合的人結合在一起，堅信我們可以帶來改變，內在的權力就會增強。內部的權力就是創造改變的力量。

【壓迫的權力】是造成我們因為害怕、喪失希望與自認微不足道而放棄的力量。這樣的力量存在於內化壓迫與沮喪所造成的創傷之中，使我們自怨自艾、總認為自己低人一等。壓迫的權力依賴壓迫性的信念與機制而成長茁壯，這樣的機制是以暴力與恐懼來做為控制的手段。壓迫的權力是在心智上使你相信挑戰權威是無用的，情勢是不可能改變的。它是要摧毀你的自信與存在感。它使我們隱藏自我，遵守規定，儘管這些規定空洞無物、毫無道理，甚至具有毀滅性。壓迫的權力鼓勵隔離、自我懷疑、評斷、批判，以及相信我們的挑戰是來自我們個人的缺點，不是體系上的問題。壓迫的權力是支配的權力、白人至上與異性戀父權主義文化的結果與工具。

美國政府在卡崔娜颶風後的救災工作，從紐奧良市政府與當地警方，一路到HUD、FEMA與國民兵，都是以支配權力的思維行事。在災民最需要撫慰與支援時，政府卻是在當地實施軍事管制。州政府則透過支配的權力，自封為主管與仲裁機構，決定災民在何時可以重返家園，阻攔災民的自救行動與民間的援助。

政府的許多作為看來都不合邏輯，我們只有提醒自己，他們是在一個階級嚴明、指揮與控制的官僚體系下運作。然而原本還能運作的水利系統卻被他們關掉，該市唯一的公共醫院仁愛醫院也被關閉，而且一直未再營運。州政府接收了公共學校系統，然後予以解散，絲毫不顧數以千計的老師與行政人員都想重回社區提供服務。志工駕著滿載醫藥品與其他物資的船舶來到災區支援救災，然而卻在槍口下被迫回頭，並被告知這兒太危險了。與此同時，警方與軍方則是視黑人與棕色人種為罪犯、搶匪與重大威脅，儘管災區情勢已經趨於緩和。街頭上不時可見四處巡邏的軍車。在紐奧良市，主管當局宣稱其目標是保護財產與人民的安全，然而在河對岸的阿爾及爾，儘管當地並未遭到洪水侵襲，政府卻以恫嚇與威逼的手段來迫使居民離開。

住在富人區的居民，儘管當地遭到洪水肆虐，主管當局卻准許他們依照自己意願決定是否重返家園。紐奧良的警方因為原有的監獄遭到洪水吞沒，設立了一座臨時監獄。這座新監獄完全暴露出主管當局令人作嘔的救災優先順序，因為被關在裡面的人大都是因搶劫而被捕，然而事實上其中有一些人是在學校與醫院都遭遺棄的情況下，為了保命才拿取食物與飲水。媒體更是以繪聲繪影的報導加深外界對當地災民已經瘋狂的歇斯底里印象。有些媒體報導超級圓頂內發生殺人與強姦案件的謠言，該處收容的大部分都是黑人災民。這條假資訊竟是來自市長納金，他宣稱「有數以百計的武裝匪徒」在超級圓頂內大開殺戒與強姦婦女。

然而後來事實證明超級圓頂內只有少數幾宗死亡案件，而且原因都是施毒過量與自殺。在官方紀錄中當地只有一件兇殺案，而且是在超級圓頂之外——不是在裡面發生的。死者名叫丹尼．布姆費爾德（Danny Brumfeld），是一名黑人，他是被紐奧良一名警官在背後射殺。

美國政府在瑪利亞颶風侵襲波多黎各後的救災行動，與卡崔娜颶風的狀況有驚人且令人作嘔的相似，只不過當地是一座島嶼，難以遷離居民。根據估計，大約有三千人因瑪利亞颶風而喪生。然而由聯邦政府官僚體系所主導的救災行動從未把食物與醫藥物資送抵災區，如醫師與電氣工程師等專業人員也從未出現在最需要的地方。在這場災難中，由上而下的階級制度尤其危險，因為在最上層的人物，美國總統川普，公開抱怨波多黎各「只想著什麼事都由別人來做」。

要擺脫支配權力的思維有其難處，因為它是在心智上促成我們社會化的主導因子——因為如此，在共同援助的行動中也自然會出現這樣的思維。災後情勢緊張，感覺上大家行動的出發點都是為了自己，在這樣的環境下，家長式領導的大男人主義、有錢人的特權意識、白人至上主義都浮現出來。影響所及，也出現性別歧視、厭女症與男性化的現象，組織內部女性的領導與聲音也遭到弱化。在某些情況下，女性感到不安全與受到騷擾。我還記得曾有一位黑人婦女在共同援助的辦公室大叫「種族歧視與性別歧視的狗屎」，然後氣沖沖地離開。此外，還有一些性騷擾的問題與已知至少有一件強姦案。為了解決這些問題，我們針對組織內部與志工，加強有關種族、性別歧視與同性戀恐慌症等議題的討論。我們還發出一封公開信，表示已了解問題所在，還有一些協調員自製警告性騷擾的標語與告示牌放在屋內各處。

二〇〇六年時，一個來自史丹佛大學的小組前來幫助評估共同援助的工作。他們建議我來擔任總協調員，然而後來卻是由布蘭登．達比擔任，他是一個刻薄的男人，上任後立刻在組織內發動整肅，首當其衝是大部分來自瑪利教堂的酷兒協調員。那是一段痛苦又難過的時光，在組織內部造成許多傷害。兩年後，也就是二〇〇八年，布蘭登才遭揭發是FBI的線民，其任務就是滲透進入社運團體。他現在是一家右翼新聞網站布萊巴特新聞網（Breitbart）的專欄作家。

不過我相信在大部分的時候，大家都是竭盡所能克服艱困的環境，而共同援助也讓許多人了解到濫用支配的權力會造成多大的傷害。痛苦帶來成長，但是面對各種不同的壓迫，我們在如何應對上還有許多需要學習。

團結的力量

共同援助的座右銘是「互助合作，不是施捨」（Solidarity, Not Charity），意義在於風雨同舟，而不是救濟。當主管機關的結構在卡崔娜颶風侵襲下崩潰後，人們站起來克服困境。當政府發動軍事力量時，我們以良心與愛心面對。在媒體大肆傳播不實傳聞時，我們維護真相。我們在一片廢墟中建立新世界，為數以萬計的人帶來希望。

發生災難時，人們總會伸出援手，捐錢給如紅十字會這樣的大型慈善組織。但是說句實在話，這麼做的效果並不大。我的朋友凱若琳娜曾在巴頓魯治（Baton Rouge）擔任他們的志工，但是目睹他們欠缺效率的工作情況，於是載了一卡車的物資加入共同援助。身為活動組織者，她深知自我組織會授權人們採取行動，然而在紅十字會卻看不到這樣的效能。共同援助在群體的權力思維下著重的是互助合作，不是指揮與控制，我們了解人民需要的是關懷與支持，不是命令與指示。在救災過程中，我們也成為居民的創傷與悲哀輔導人員。一個關懷的微笑、一頓熱騰騰的餐點，以及願意坐下來聆聽傾訴，都可以改變坐困愁城的抑鬱與絕望的情緒。

我們的價值觀與行動是植基於自我決定、志願服務、分享權力、共同協助與互助合作。我們並不想當救世主。我們也不會決定這些社區的命運。我們事實上就是訪客。我們的工作是在長期與短期的重建過程中配合與支持當地居民的利益與需求。我們不會下指導棋，也不會預設結果，我們是那些以紐奧良為家的居民的盟友與同伴。

在這樣的思維下，我們幫助那些遭到支配權力機制領導階層拋棄的人們。沒有人去幫助紐奧良東部的越南漁民村，但是共同援助過去了。沒有人去幫助侯馬與杜拉克（Dulac）的原住民，但是共同援助去了。沒有人願意進入普拉克明郡，但是共同援助進去了。我們帶來人手、食物、清潔用品、技術、資訊與關懷。我們設立配送區與電腦中心，我們修繕住屋、砍樹、清理垃圾、修理屋頂與提供醫療及法律服務，並且保護當地公共住屋。說起來沒有什麼活是我們不做的。根據估計，我們建立了一個擁有一萬兩千名志工的網絡，為七個郡區共十萬人提供服務。

今天，共同援助在阿爾及爾設立的醫護所仍在營運，還有一所法律診所、一項住屋興建計畫與一項溼地復原計畫。你仍然可以找到魯巴伯自行車店（Rhubarb Bike Shop）與我們在市內開闢的許多公共花園。當地許多土地都在我們的生物修復計畫下恢復生機。拜共同援助與當地居民共同努力之賜，當地許多教堂、學校與住屋依然健在。[10]包括具有歷史意義的聖奧古斯丁天主教堂（St. Augustine Church），今天依然對外開放，這要歸功於當地居民與共同援助的人們面對大主教區威脅關閉這座教堂時，發動長達三周的占領行動。[11]

在卡崔娜颶風後，一批曾在第九區參加救援的活動組織者來到阿巴拉契亞山（Appalachia），支援當地對抗礦業公司炸開山頭的行動，他們成立一個組織，名叫「維護高山與人民生存激進行動（Radical Action for Mountains' and People's Survial, RAMPS）。[12]還有一批人跑去支持德州的焦油砂封鎖行動（Tar Sands Blockade）。此外，還有數以千計的志工返家，他們繼續在全國各地從事維護種族與環境正義的活動，他們的生命也隨之改變。共同援助的志工後來成為各項社運組織與運動的中堅份子，包括占領華爾街、北卡羅萊納州的種族平等學院（Racial Equity Institute），以及紐約的占領桑迪（Occupy Sandy）。二〇〇二年，一批在共同援助共事的人成立互助救災（Mutual Aid Disaster Relief）組織，延續共同援助自主性、去中央化與反種族歧視的救災行動，積極參與馬修颶風、哈維颶風、瑪利亞颶風與其他災難的援助。[13]

共同援助的核心理念是人們在需要時相互幫助。對我們許多人來說，面對原本應該救援的組織卻見死不救的非人道回應，是一段痛苦難忘的經驗。今天地球暖化的情況日益嚴重，可以想見未來會有更多的超大型天災出現，共同援助在有關人道組織、愛與關懷、互助合作、辛勤工作與心靈治療等方面的寶貴經驗，有助於我們進行重建與開創新局。

注釋　第六章

①即使是在哈維颶風的救援行動，黑人與棕色人種社區所獲得的援助也最少。

②在全國反戰大遊行中，每輛休旅車都載有伊拉克退伍老兵、軍眷與我們所謂的金星家庭，這些家庭都有親人在戰場中犧牲。和平退伍老兵組織的巴士取道紐奧良的南方路線，在龐恰特雷恩湖（Lake Pontchartrain）以北的科溫頓（Covington）設立一座颶風援救中心。我們每天從他們那兒得到有關當地情況的消息。和平退伍軍人組織是率先支持共同援助網絡的組織之一，提供物資與金援。

③共同援助網絡是卡崔娜颶風後約一個月內所成立的三個救援組織之一。另外兩個中的一個是由柯帝斯．穆罕默德（Curtis Muhammad）成立的人民颶風救難基金（People's Hurricane Relief Fund），他是一位在紐奧良的長期社運人士，他與他的兒子和其他幾位民族主義導向的黑人社運人士合作建立物資與政治援助。另一個是狄嬤嬤（Mama D），這是一位黑人領袖，在颶風期間一直待在第七區。她在靈魂巡邏隊（Soul Patrol）的協助下組織對鄰里的救援行動。她曾多次與共同援助網絡、人民颶風救難基金發生衝突，指責他們搶她的功勞，因此籌得的資金也沒有分給她。狄嬤嬤多次單獨在其社區行動。

④我在二〇〇二年的艾克森美孚股東大會曾與史考特共事，後來又共同主持多項訓練營活動。我與他的友誼在他支持布蘭登．達比的父權主義後受到嚴重挑戰。當達比證實為FBI線民後，我們的友誼破裂，但是我們在了解自己都是受害人後又恢復友誼。

⑤儘管成立共同援助網絡的構想是來自史考特、馬利克與夏倫，不過羅伯特．金也提供了許多幫助。金是前黑豹成員，也是安哥拉三人之一。安哥拉三人是遭到陷害被單獨監禁長達數十年的三人。他們關在路易斯安納州的安哥拉州立監獄，該地前身是安哥拉種植園。卡崔娜颶風時，金與他的愛犬肯亞被困在第七區，因為他不願丟下肯亞而單獨撤離。金後來來到馬利克的住所，是他提議取名共同援助的。

⑥有些醫療物資在卡崔娜颶風來襲四天後就已送達，而在馬利克的幫助下得以在清真寺設立第一間民間醫療所。

⑦ 我們採行直接行動的策略。開放小藍屋違反主管當局的規定，沒有人可以在此區域逗留，但是我們根本不理警方的規定，依然在此睡覺過夜。我們發動抗議阻撓當局組織的媒體報導，並且訂定快速反應計畫以防止推土機前來摧毀遭颶風肆虐後的民房。我記得有一天我們接到通知，推土機已進入該區域。我們立刻扔下手邊工作趕過去。我們站在路邊，讓他們知道我們就在眼前，而且正在監視他們的行動。毫無疑問，遭到颶風破壞的住屋與破瓦殘礫確實需要清理，但是首先必須確保居民有機會回來查看損壞情況與收拾舊物。

⑧ 在二月時我們急切需要一個能容納志工的地方，他們會趁春假期間前來幫忙。一天，我駕車經過上九區看到一座叫做聖母天使的教堂與學校，並且碰巧看到有一人正站在停車場內。這人是巴特．派克斯牧師（Pastor Bart Pax），在卡崔娜來襲時他並沒有撤離，反而開放教堂與學校收容來不及撤離的災民。有兩百位居民被困在屋頂上，後來獲得直升機的搭救。我向牧師表示希望借用他的學校來做共同援助網絡的志工中心。他有些猶豫，因為他無法確定教區是否會同意。不過最後他儘管無法確定是否符合規定，仍同意開放校區——他是一位追隨心靈的人！經過一番辛苦的整理之後，包括二百人的排泄物，該所學校接納了數百名志工。

⑨ 最大的悲劇之一是美國政府暗中訓練與資助一些暴動，例如二〇〇〇年代的顏色革命與我們今天在委內瑞拉所看到的右翼叛軍。

⑩ 我們也支援外籍勞工，他們是民營企業藉由H-2B證引進來的，主要是從事清理與重建等粗重的工作，並且藉此對抗當地需要工作的黑人勞工。這些外籍勞工的生活條件很差，大部分自二〇〇五年秋季以來就住在城市公園或海灣沿岸附近的拖車內。凱若琳娜掌握全局。這些勞工後來提出訴訟，最終贏得數百美元的和解。黑人與棕色人種勞工在二〇〇六年的勞動節發動大遊行，凱若琳娜爭取到一筆二萬美元的經費，成立紐奧良種族正義勞工中心（New Orleans Work's Center for Racial Justice），該中心至今依然在持續運作之中。

⑪ 二〇〇六年三月，紐奧良教區宣布要關閉在川梅的聖奧古斯丁天主教堂，川梅是該市第一個自由黑人社區。更令教區居民驚訝的是主管當局計劃將該教堂與一座大都市白人信徒的教堂合併。當深受教區居民愛戴的傑若米神父在彌撒中途遭到撤換時，許多教區居民也都離開教堂。共同援助網絡的桑塞爾（Suncere）決定採取

行動。桑塞爾在颶風過後沒多久就來到災區，是我們救援工作的精神支柱之一，主持在侯馬的救濟中心，之後又在下九區以東設立稱為希望的救濟中心。桑塞爾聯合當地居民、共同援助志工占領教堂辦公室。此一行動獲得媒體披露，他們所表現的決心最終迫使教區撤回合併計畫。該座教堂在二〇〇六年四月恢復運作，直到今天仍在為社區提供服務。

⑫ 其他人後來加入原住民、地方領袖的行列反對洛斯阿拉摩斯（Los Alamos）的核子工業區擴張計畫，以及田納西州橡樹嶺（Oak Ridge）和密蘇里州堪薩斯市（Kansas City）類似的計畫。我們一起工作長達一年，組織夏日裁武行動（Disarmament Summer），其中包括訓練大約四十位年輕領袖，為期一周；在紐約針對聯合國高峰會議發動抗議；在奇馬約（Chimayo）紮營露宿兩周，以及在洛斯阿拉摩斯的核子工業區進行公民不服從的示威抗議。我們的負擔沉重，不過我們也贏得一些戰果，洛斯阿拉摩斯的化學與冶金研究所撤消擴張計畫。

⑬ 我們在波多黎各持續見證當地自我組織團體的重要性與力量，它們在外界沒有人能夠伸出援手的情況下自力救濟。一個名叫互助中心網絡的社區救濟中心因此誕生，提供災民糧食與物資。它們有許多都獲得美國草根性團體的協助，包括紐約的自立自強組織（UPROSE）、氣候正義網絡、草根性全球正義聯盟（Grassroots Global Justice Alliance）與互助救災網。

第七章
加薩自由大遊行與占領空間的力量

二〇〇九年十二月三十一日，開羅的警方高度警戒，友人打電話警告我：警方已封鎖在解放廣場（Tahrir Square）附近的蓮花飯店（Lotus Hotel），禁止我們的人員離開。我們是住在一個街口外的另一家旅館。我們必須趕快行動，於是急忙拿起我們的必需品——食物、飲水，手機，還有……別忘了旗幟！我們這一支小小的婦女雜牌軍出了旅館，走上街頭，經過開羅市區特有的褐色豪華建築與許多店家和餐館，包括我過去一周來經常光顧的一家小餐館與我每天來買報紙的報攤。

過去一周來大約有一千三百名國際人士抗議以色列對巴勒斯坦人民的軍事行動。事實上，我們現在應該是在巴勒斯坦——加薩——發動自由大遊行，但是在最後一刻，埃及政府卻拒絕我們通過邊境的拉法（Rafah）進入加薩。我們只好待在開羅，在埃及外交部門口發動示威、在聯合國辦公室前舉牌抗議、在各國大使館前露宿過夜，想盡各種辦法讓各界看到我們。

當時的埃及總統是胡斯尼．穆巴拉克（Hosni Mubarak），在他的統治下埃及法律嚴格限制抗議、言論與集會的權利，因此我們的行動就變成貓與老鼠的遊戲，警方拚命阻攔我們的行動，嚴防埃及人民看到我們。扮成市井小民的便衣警察時時跟蹤我們，而我們則是不斷地移動，在汽車間飛奔，占領公共空間，拒絕退讓。現在，就在新年前夕，我們決定去一個可以盡可能讓最多人看到我們的公共場所，而且這個地方可能也會使警方有所顧忌，不敢使用暴力對付我們。距離解放廣場一個街口的埃及博物館看來是一個理想的地點。

我們經過解放廣場對街的政府行政大樓莫加馬（Mogamma）。所謂廣場其實並不是真正的廣場，只是一座連接七條道路進出的大型交通圓環，中間則有一個圓形的綠地小公園。我難以想像真的會有人穿過混亂的交通來使用這座公園，不過在開羅要穿過任何一條街道都得提心吊膽。我們來到博物館入口附近，看到門口有一批警察，有人戴著有金色帽舌的帽子，並且披著肩帶，顯示是他們的長官，其他人則是戴著貝雷帽，有的穿著西裝，有的則是平民打扮。這樣的情況還算不錯，我們可以臨時展開行動。他們知道我們來了，但是不知道我們有什麼打算。我們占有奇襲的優勢。

我看到我們的人從街道兩邊聚攏，觀察、等待。當我們這一小群人向博物館入口處走去時，警察立刻走向我們——我們於是轉頭衝上街頭，從皮包、手提袋與背包裡拿出自製的旗幟與標語，高喊：「自由，解放加薩！」不過一會兒，數百人都站在街上，行動一致有如鳥群。我們高舉白底黑字的標語，大家都可以看到上面的訊息：英文與阿拉伯文的「解放加薩」。

解放廣場就在我們的正前方，我們能夠拿下廣場嗎？

我回頭轉向埃及博物館的方向，看到警察自我們的右後方追趕過來。不過我們現在已有一千人左右都在街頭上，一面吶喊一面前進。我們衝進繁忙的交通之中。一批身著化纖背心、戴著頭盔的警察，手持鎮暴器械迎面衝過來，想把我們的隊伍切斷。我們的左邊是人行道，都用開羅市區特有的綠色圍欄與街道隔開。我們無處可逃，走在前面的人有許多決定乾脆就在大街上坐下，而不遠處的街口，有一大批來自法國的抗議群眾也坐在大街上，他們都身著明亮的綠色襯衫，其中一人拿著一具擴音器，領頭高喊：「解放，解放巴勒斯坦！」

接著便衣警察就開始發動攻擊，粗暴地扯著人們的頭髮，把他們拖出隊伍，或是狠揍一頓，進行逮捕。每當他們出手時，群眾就高喊「不要！」我看到他們把拿著擴音器的法國佬拖走，然後就朝我衝過來。狗屎！他們抓住我，我摔倒了，成為拔河遊戲的目標，一邊是警察要把我拖出去，一邊是我的朋友緊緊拉住我不放。星鷹與其他人乾脆就以他們的身體壓住我，這一招叫做小狗疊羅漢，即是用他們柔軟的身體保護我。警察幾乎把每一個人都拖走了，除了奧利維亞・澤默爾（Olivia Zemor），她是一位強悍的法國社會活動組織者，仍在堅持抵抗。真是太精彩了。警察最後終於把我拖到路障後面，他們在人行道上所設的臨時監獄裡。

我知道警方真正怕的不是我們，而是聚集在人行道上看著這一切的埃及民眾。他們一星期來不讓我們被公眾看見的努力宣告失敗，而這只是才開始而已。

擋在門外，關在門內：巴勒斯坦解放組織的鬥爭

我第一次知道巴勒斯坦人民的鬥爭是在一九八〇年代，當時我和馬克・安德森（Mark Anderson）是華府的華盛頓和平中心（Washington Peace Center）共同協調員。一九八七年，第一次巴勒斯坦大起義（First Intifada）爆發，催生一項全球性的和平運動，我們在華府也發起抗議與示威。[1] 多年來，我與巴勒斯坦人民抗爭間的關係未曾中斷，我生命中有千絲萬縷的關係，這是其中之一。二〇〇一年，我的訓練員團隊幫助國際團結運動（International Solidarity Movement, ISM）發展出一套訓練協議。該組織是由巴勒斯坦主導成立的一個國際性團體，主張以非暴力行動來支持巴勒斯坦人民對抗以色列的軍事占領。

二〇〇二年七月，異教族組團配合 ISM 在西岸的工作前來巴勒斯坦。我們的行程包括在耶路撒冷（Jerusalem）為 ISM 提供訓練，然後到西岸的傑寧（Jenin），這是巴勒斯坦北邊的一座城市。直到今天，巴勒斯坦仍分成好幾個地區，分別由巴勒斯坦與以色列控制。在軍事占領下的生活幾乎天天都可能遭遇突擊，斷斷續續的衝突很有可能會演變成曠日持久的戰爭。在我們抵達前幾個月，以色列國防軍（Israeli Defense

Forces, IDF，又名以色列占領軍，Israeli Occupation Forces, IOF），在防禦盾牌行動（Operation Defense Shield）下攻擊巴勒斯坦的六座城市。該行動是一項大型的軍事攻勢，為的是報復二〇〇二年三月巴勒斯坦發起的多項自殺炸彈攻擊。

傑寧的巴勒斯坦人頑強抵抗。IDF在進城前先切斷當地的水電供應，然後以步兵、坦克、推土機與直升機發動攻擊，並以推土機夷平傑寧難民營，摧毀四百五十戶住屋。當戰鬥結束，IDF好幾天都禁止醫護人員與人道組織進城，引發傳言以色列是在搬移屍體以隱瞞有多少巴勒斯坦人被殺。人權觀察（Human Rights Watch）最終估計至少有五十二名巴勒斯坦人喪生，IDF則表示有二十三名以色列士兵陣亡。

我們七月抵達當地，被帶去見當地的巴勒斯坦領袖，他們明白表示現在正在打仗，他們不希望我們在一旁礙手礙腳。他們表示，「如果你們看到我們把小孩拉進巷子，就跟著他們。如果在街上逗留，我們不能保證你們的安全。」傑寧只有部分復原，並且受到IDF的嚴密監視。城市到處都有戰鬥的痕跡：殘破不堪的房子，上面布滿彈孔，以色列坦克在街上巡邏，阿帕契黑鷹直升機在頭頂上盤旋。從大街旁的褐色建築物走出來，可以發現腳下砂石路上的塵土在微風中飄浮。

ISM志工所扮演的角色是擔任見證與陪伴當地人民，同時在以色列人出現時充當現場證人，進而阻止他們進攻。我在傑寧時發現當地爆發戰爭的方式有許多種，不只是子彈與炸彈，還有心理層面的控制。如果以色列人表示今天是商家營業的日子，然而巴勒斯坦人卻沒有開店，IDF就會過來破壞門鎖，打開店門。在坦克的聲音逐漸逼近時，街上的茶攤會立刻消失，隱身於巷弄之中，直到坦克離開後才會重現街頭。西岸的檢查站既嚇人又令人感到羞辱，大家要在大太陽底下等候好幾個小時才能通過，所看到的景色只有圍欄與頂端附倒刺的鐵絲網。我開始了解戰爭如何在當地成為正常化，也學會在華氏一百二十六度的高溫與坦克就在窗外的狀況下如何生活。我來到設在西岸巴勒斯坦土地上的非法以色列屯墾區，看到的是簡陋的住屋、修剪整齊的草坪與街邊的垃圾桶，然而圍欄的另一邊就是被炸得面目全非的巴勒斯坦社區，這樣的感覺實在震撼。[2]

在巴勒斯坦的生活極端艱苦與危險。我目睹當地三十年來的抗爭，然而卻發現愈來愈多的土地被占領、設立非法的以色列屯墾區，以及在巴勒斯坦土地上設置分隔以色列與巴勒斯坦區域的種族隔離圍牆。巴勒斯坦的孩童不記得和平是什麼樣子——然而他們的父母也不能告訴他們，因為他們也不記得和平的樣子。今天，西岸大部分地區是由巴勒斯坦自治政府所管理，加薩自二〇〇七年起就在哈馬斯（Hamas）的手中，但是這兩個地區都仍在IDF的控制之下。加薩走廊是沿著地中海的二十二英哩狹長土地，住有大約兩百萬人，是全球最大的監獄，因為當地人民不得自由進出，也不能進出口貨物。以色列控制了該地區北邊與東邊的邊境，西邊是地中海（以色列也控制了當地水域），埃及則控制了通往南邊拉法邊境的通道。

受到壓迫的人民總會找到各種不同的方法來進行抗爭——政治、法律、非暴力行動，或是武力抵抗。加薩向來是頑強抵抗以色列占領的大本營，由此也發展出一場畸形的戰鬥，包括以土製火箭來對抗美國飛彈、炸彈與閃光彈。[3]認清一個國家的人民與其政府政策間的區別向來是一件重要的事情。許多以色列人並不贊同政府的占領行動，也有許多巴勒斯坦人並不認同其領袖的暴力手段，反而主張非暴力的抵抗行動，並且試圖找回尊嚴、自由與和平的生活。

二〇〇八年十二月，以色列與巴勒斯坦間的緊張情勢急劇升高，以色列政府在加薩發動了一場長達三周的軍事攻擊行動，名為鑄鉛行動（Operation Cast Lead）。這一攻擊行動導致約一千四百名巴勒斯坦人喪

生，大部分都是平民。在軍事行動結束幾個月後，加薩電力中斷、醫院被毀、漁民在合法水域遭到槍殺。由於沒有合法的進出管道，地道就成了當地人民的生命線，用以運送民生物資。但是現在這些地道也遭到攻擊，許多都被摧毀。

加薩船隊

二〇一〇年夏季，第一支國際自由船隊出發，希望突破加薩的封鎖。船上都是社運人士與國際援助員工，然而以色列國防軍卻發動攻擊，造成船隊中的土耳其船隻藍色馬馬拉號（Mavi Mamara）有九人死亡。此一事件引發國際憤慨，我在美國的朋友決定該是我們發動反抗的時候了。我們組織了第一波美國船隻前往加薩的行動，名叫無畏的希望（Audacity of Hope），計畫在二〇一一年夏天自希臘出發。然而我們的船隻遭到破壞，同時希臘政府在美國與以色列的壓力下也對我們的任務百般阻撓。〔希臘當時正面臨嚴重的經濟危機，人民群起抗議，占領了希臘國會大廈前的憲法廣場（Syntagma Square），我參與了那次占領行動，當地抗議群眾的組織與反抗之激烈，令我大開眼界。〕自那次船隊之後，我在二〇一六年與二〇一八年分別擔任婦女船隻前往加薩行動與國際自由船隊的非暴力訓練員。

二〇〇九年初，在巴勒斯坦人的推動下，成立了國際終結非法圍城加薩聯盟（International Coalition to

End the Illegal Seige of Gaza）。同時，由美國婦女為反對伊拉克戰爭而在二〇〇二年成立的粉紅方程式（Code Pink）也率領代表團前來加薩，該團的數百名國際人士親眼見證當地遭到戰火破壞的慘狀，並且承諾回去後會發起支援行動。就是在其中一次這樣的來訪中產生了發起加薩國際大遊行來紀念鑄鉛行動一周年的主意，最終有四十二國參與，每一國都規劃了各自的行動，並且招募人員前來埃及，然後在二〇〇九年前往加薩。

開羅與顯目的力量

在開羅之行的規劃階段，我仍和過往一樣忙碌於和平行動與組織一項新的氣候運動。我同時也在策劃一項反對大銀行的行動，這項行動後來成為占領華爾街運動的先聲——不過這都是後話！在二〇〇九年忙碌的秋天，我依然設法找到時間與我的友人聯絡，包括我最親愛的朋友安·懷特（Ann Wright）、星鷹、勞麗·阿貝特，商討有關加薩自由大遊行的事情。

我與安、勞麗是在二〇〇五年組織凱西營活動時結識的。安是一位廣受尊重的社運組織者，她之前是美國陸軍上校與國務院的外交官，但是後來由於反對喬治·布希的全球反恐戰爭而辭職。勞麗是「我們不會沉默」（We Will Not Be Quiet）運動的藝術家，這句話是引述納粹德國時代一批年輕學子所組反對團體「白玫瑰」的口號，這批學生最終都遭到殺害。勞麗所設計的黑白標誌與T恤傳達出強烈的訊息，在全球所有的抗爭行動中都可以看到，我毫不懷疑她會將這些訊息帶至加薩。當時我已計劃在十二月去歐洲參加有關哥本哈根氣候高峰會的抗爭行動，因此我決定從那裡到開羅與我的朋友會合。

原先的計畫是在十二月二十七日周一讓一千三百五十人全體搭上巴士，自開羅進入加薩，與當地社區領袖會面，然後在十二月三十一日與巴勒斯坦人，還有其他來支援的國際人士發動大遊行。我們花了好幾個月的時間與國際團體、埃及外交部，以及在加薩的各部門進行策劃與協調，然後埃及政府——一個受惠於美國與以色列的政府——了解加薩大遊行可能會促使國際輿論更加傾向於巴勒斯坦，於是他們決定封鎖所有的行動。

我與我的伴侶喬尼伯以及她的女兒在十二月二十六日周日飛抵開羅。坐在計程車裡駛往旅館的一路上，我對開羅的繁忙印象深刻，這是一座擁有二千五百萬人的大城市，街上車水馬龍，人車爭道。天際線有清真寺呼拜樓的點綴，幾乎所有的頂端都是圓形的。我們的車子在大道上前進，然而交通來自四面八方，汽車喇叭聲響個不停，人們則是穿梭於車陣之間。在計程車接近我們的旅館時，交通紓解許多，我瞥見較小的邊街上有許多市集。當天氣候溫和，大約華氏七十度左右，我們把窗戶打開。我已等不及要去逛市集了。

我們下榻的旅館是邊街內的一棟小型建築物。房間很簡單，四張單人床、一扇掛著紅色窗簾的大窗戶，天花板上有一具吊扇，嘎吱作響。另一家旅館名叫蓮花，距離我們大約十五分鐘的路程，比較靠近解放廣場，是遊行的核心組織團隊下榻的地方。在探訪旅館周遭後，我們前往蓮花，一到那兒就發現大夥氣氛熱烈，忙於策劃行動。大家圍著旅館的小圓桌，準備綁著粉紅布條的小卡片。我們計畫第二天把這些卡片繫在尼羅河宮殿大橋（Kasr al-Nil Bridge）上。這座八線道的大橋是尼羅河上的交通要道之一。

我們聽說埃及政府已撤消允許我們進入加薩的決定，現在我的好友安又告訴我，他們也取消了我們在耶穌會大學（Jesuit College）的大型聚會。現在這兒有一千三百五十位經驗豐富、熱情洋溢的國際社運人士，然而卻無處可去。可想而知，這一批特殊的群體絕不可能甘於就範，這不是結束，而是多項絕妙行動的開始。

翌日，周一，是鑄鉛行動一周年的首日，它提醒了我們來這裡的原因。當天清晨，我在晨禱聲中散步回來，很快吃完麵包、乳酪與水果的早餐，就前往蓮花參加會議。蓮花內已經爆滿，房間裡與走道上都是人。我們決定對埃及政府施壓，要求政府改變主意。我們也計畫按照國別組織小隊前往他們的大使館抗議。不過，首先要發動街頭行動，我們全體登上尼羅河宮殿大橋，保持沉默，繫上卡片，紀念在以色列攻擊下喪生的巴勒斯坦人民。沒過多久，警察就過來趕我們下橋，撕毀我們的小卡片。

我們回到蓮花，才得知政府也撤消了我們原訂在當天晚上於著名的尼羅河風帆上舉行的燭光守夜。他媽的！不過我們仍帶著一千四百根蠟燭前往碼頭，每一根蠟燭代表一位在鑄鉛行動中死去的生命。我們抵達碼頭時，警方已攔住通路，並在繁忙的馬路旁人行道設下閘道。我們的成員逐漸增加，警方在人行道對面設置路障，將我們圍在一個區域內，打算限制我們的行動範圍。我被擠得難以移動。我們高喊：「讓我們去加薩，讓我們去加薩！」在警方莫可奈何下，我們設法在人行道傳遞與點燃我們的蠟燭，光芒閃爍，形成一道美麗的風景線。

天色已暗，但是開羅這座城市仍喧囂繁忙。事實上，這座城市從沒有消停過。一個二千五百萬人的城市，總有人是在行動之中。我們前往政府行政大樓莫加馬，在那兒徘徊等候團隊中其他的人到來。這是一場快閃集會，我們先集結成不顯眼的小組，然後在大家到齊達到臨界質量後，蜂擁而起形成大集團。這招用在開羅非常完美，因為當地法令禁止公眾集會。

我們之前開會時曾經討論一整個星期在開羅的行動。情勢已經非常明顯，埃及當局的策略很簡單——封鎖我們，不讓外界看到。穆巴拉克政府下的埃及是一個警察國家，法律禁止五人以上在公共場所集會，同時已實施戒嚴法長達二十九年。埃及政府可不希望人民對自由的渴望與熱情成為火藥桶，引爆革命。事實上，當時埃及政府的恐懼在二年後成為了現實。

在這樣的情況下，我們必須要有創意。他們的策略是盡量阻止我們被公眾看到，那麼我們的策略就是盡量顯目與製造混亂。

周二一早，我前往法國大使館，我們的法國團隊已到那兒與他們的大使談判，法國大使原本同意提供巴士載他們到加薩，然而現在又反悔了。法國社運人士一向強硬，他們拒絕離開，乾脆躺在大使館前的馬路上，一躺就是好幾個小時，將交通阻絕，接著他們又繼續占領大使館旁的人行道。現在馬路的一邊是多輛軍用的綠皮大卡車，一邊是鎮暴警察組成的人牆，一直延伸至下一個街口，使得路人根本無法看到這兒發生什麼事情。

在與人談論當天稍晚要在聯合國辦公室前進行的活動之後，我返回蓮花，有人告訴我有一團隊在美國大使館遭到扣留。我一向走路很快，於是我提腳就走。

我先是直接經過大使館進行觀察，看到大門裡有三十幾人被警察包圍。我退到距離大門約二十英呎的地方繼續觀察，並在附近的人行道發現幾位同伴，他們和我一樣，也想搞清楚怎麼回事。我們聚集在一起商量，一批警察走過來問我們是不是美國人。我們承認了。他們表示我們必須進入大使館與其他人在一起。我們拒絕了。他們圍住我們，然後開始推擠我們向使館走去。媽的！他們這招我太熟了——每當某人想威脅我們的團隊，而我要他離開，我們就會將他圍住，帶他離開。

我不願進入使館區。任何國家都是一樣：法律的執行會在公眾看不見的地方展現出最壞的行為。我迅速對大家說道：「你們願意坐下來嗎？」大家都答應了。當我們走到大使館車道前的路障時，便組成一個圓圈，相互攬著手臂，全體就地坐下。警察不知道該怎麼辦，他們顯然沒有被教過如何應付這樣的情況。他

海迪・愛潑斯坦與我的好友簡・賀卜斯在開羅的記者協會大廈前的台階上發動絕食抗議。安琪拉・賽因（Angela Sevin）提供。

們召來更多的警察將我們團團圍住，顯然是想讓別人看不到我們。我們坐在地上，決定做幾個標語，上面用英文寫著解放加薩，然後舉起標語，讓經過的車子可以看到。我們其中有一人會說阿拉伯語，於是他寫了一個阿拉伯文的標語，可以讓經過的人看懂。

警察終於搞清楚是怎麼回事了，幾名警察衝過來，抓住那位會說阿拉伯語的男子，丟到路障後面。情勢減緩之後，我們站起來將標語高舉過頭，高喊：「自由，解放加薩！」當地警察試圖用身體擋住我們不被外界看到，但是他們又不敢做得太過分，我想這可能是因為我們都是白人婦女，而且拿的都是美國護照。一個多小時之後，他們釋放我們，還有原本在使館內的三十幾人。我們拔腿就跑，因為聯合國辦公室前的行動還有一個多小時就要啟動了。我們試圖透過談判進入加薩的努力失敗了，而我想召開輪輻會議的計畫也胎死腹中。雖然我們的首次聚會感覺不錯，不過一些關鍵性的社運組織者並不願意放棄控制。

到了周三，開羅緊張情勢升高。政府當局阻止我們被公眾看到的努力宣告失敗。當地報紙紛紛以頭版來報導我們的事情，而且還附有彩色圖片，包括有一批人連續三天爬上金字塔，展開一幅巨大的巴勒斯坦旗幟。總統府前都是軍車。埃及的社運人士呼籲在記者協會大樓前發動抗議。這些正是穆巴拉克政府極力想避免的事情：埃及人民的加入。

當天下午我坐在記者協會大樓的台階上，與一批社運人士進行絕食抗議，此一行動是由高齡八十五歲的納粹猶太人大屠殺倖存者海迪．愛潑斯坦（Hedy Epstein）所號召的。沒過多久，埃及當地的社運人士也出現了。儘管我們與他們之間事先已有溝通，仍然擔心會害他們身陷險境。這場抗議行動是屬於他們的，不過我覺得我們陪同他們一起占領公共場所，是為他們提供保護。在活動中，發言者一個接一個地站在擴音器前，有的以英文演講，有的則是阿拉伯語。

一則消息在群眾間引發議論，粉紅方程式的共同創辦人之一喬迪．埃文斯（Jodie Evans）曾與總統夫人蘇珊．穆巴拉克（Suzanne Mubarak）進行談判，後者說服穆巴拉克總統允許兩輛巴士進入加薩。許多國際社運人士聽到這個消息都頗為震驚。粉紅方程式是加薩自由大遊行的主要籌備單位與發起人，但是來自各國的社運人士在此一大架構下都各自為政，而且都認為自己應參與任何重大決策，比如說這一次的決定。

粉紅方程式是一個成員都為白人婦女的組織，擁有不少資源與特權，這是該組織在籌備這場大遊行的行動上如此具有效率的原因。該年稍早，她們爭取到蘇珊．穆巴拉克的同意，讓她們的一批成員帶著人道救助物資通過拉法進入巴勒斯坦。現在她們再次與蘇珊進行談判，只是這一回我們沒有人知道。大家對這消息的反應不一，有的人感到興奮，有的卻嗤之以鼻，尤其是來自南非的團體。粉紅方程式設法確保每個國家都有人能搭上巴士，但是在不滿聲中，有些國家拒絕加入。

工具箱：占領空間的戰術

占領空間能夠擾亂日常的業務，並且引起附近的注意。占領空間可以透過語言、文字與行動強而有力地傳達我們的訊息。

【人肉看板】我很喜歡將其稱為人肉看板。這是由兩個以上的人在街口或大門口高舉大型看板。它是吸引注意的絕佳工具，而且如果你能夠利用主題標籤來強調你的訊息，甚至可能吸引別人加入你的行列。這是最引人注意的行動之一，因為它是由兩個人配合演出看板上的訊息。

【代表團】這一招很高明，因為可以讓我們進入權力空間，直接面對真正的決策者或他的屬下。如果決策者拒絕與你見面，你要確保他們知道你曾來過，最好是留下一些東西，例如通知、便箋、請願書或信函。如果他們威脅要叫警察，你可以說：「拜託你去叫！你的辦公室有犯罪活動。」你可以在警察來到之時或之前離開。這一招用在銀行、政治人物的辦公室、企業辦公室與使館非常有效。

【占領】這是非常古老的戰術，人們會為了某些理由而占據土地與空間。此一戰術格外需要規劃與準備：如果你想長期占有，必須準備食物、飲水、衛生設施，以及針對警方與其他威脅的防護措施。

【罷工】這是終極的直接行動戰術之一，威力強大，因為你會發現當權者往往不遺餘力地百般阻撓。罷工是典型的不合作行動，因為人們自壓迫他們的機器退出。罷工者通常會以糾察線來阻斷入口。大罷工是製造危機的高招，我們以後還會多加利用。

【糾察隊】對於在建築物或入口處前面發動的任何抗爭行動，糾察隊都是一種絕佳戰術。糾察隊總是格外引人注意，而且也是在門口處占領空間的高招。他們也可使別人難以進入。一支強而有力的糾察隊不論是保持沉默、呼喊口號或是齊聲高歌，總能促成改變。

【占據路口】我人生中有許多時間都花在路口上，不僅是路過，而是在那兒靜坐、跳舞與占領空間。就技術層面而言，占據路口的行動可能很複雜，因為其中牽涉到團隊的規劃、發動的時間、進入的地點、戰術本身、把風守望的夥伴、如何傳遞你的訊息，以及遭到逮捕後在法律與監禁方面的協助。不過占據路口也可以很簡單，就是一批人走到街道中間，或坐或站，或是高舉標語，阻礙交通。

【阻斷橋樑與高速公路】這是力量強大但也很危險的戰術。你需要確保你的行動有足夠的人來執行，而且必須要有標語牌與傳單，好讓大家了解你的行動。利用難以移開的道具頗有幫助，你也可以指派一批駕駛人將車子停在你前面。如果你不想被捕，就需要脫身的計畫。以我的經驗，阻斷交流道出口是切斷高速公路交通較安全的做法，風險較低，但是效果不變。

我們聯盟間的裂痕因為埃及外交部而更為擴大。埃及外交部長不滿蘇珊·穆巴拉克破壞其不准我們進入加薩的決定，因而發動一項政治宣傳計畫，宣稱只有「好人」才准進入加薩，那些流氓惡棍與惹事生非的人都只能留下來。粉紅方程式因而製作一張名單並且交給政府審查，最終在我們全體一千三百五十人中只有約一百人能夠前往加薩。

憤怒具有毀滅性，但是同時也可以具有創造性。當天晚上我們在蓮花舉行了一場大型的聯盟會議，商討該怎麼辦。我不知道我是如何得到會議通行卡的，不過顯然並不容易。會議氣氛高昂熱烈。粉紅方程式所安排的兩輛巴士明天一早就要出發，已是鐵板釘釘，不容討論。南非的團隊強烈呼籲對以色列採取抵制、撤資與制裁（Boycott, Divestment, and Sanctions, BDS）的策略，並且提議我們就此發布一份宣言來支持這項策略。我們後來達成共識，許多人都簽署了這份文件——迄今依然有效——加強國際合作與實施BDS策略。

（幾乎）攻占解放廣場與占領空間的力量

翌日清晨，我決定睡個懶覺。我的名字在獲准進入加薩的名單之中，但是我決定不去。這趟行程已使我們分裂，而我不想參與其中。不過我仍為我們的人道援助可以進入加薩感到高興。

我被房間的電話鈴聲吵醒。我的朋友告訴我，必須來巴士這兒，情況有些混亂。呃！我趕忙穿上衣服過去，途中經過記者協會大樓，還有幾位埃及抗議者自昨晚就待在這兒。我轉過街角看到兩輛巴士停靠在七月二十六日街（26 of July Street）的路邊。我也看到警方在人行道上設置了大型路障，將我們的人分成兩邊，一邊是拿著行李準備搭乘巴士的人，另一邊則是挑釁與嘲弄對方的人。這批人高喊：「要不全部，要不都不走，要不全部，要不都不走！」與「滾下巴士！」埃及警方站在一旁，看著他們分而治之策略的成果。

看到我們的同伴相互叫囂，實在難受。緊接著有大約十幾人從巴士下來，群眾間傳來一陣歡呼。下車的人中有一位巴勒斯坦婦人，淚流滿面。

安問我能否幫助舒緩情勢。我走進人群，然而卻無法確定我能幫上忙。這兒有來自所有參與國家的群體——我看到以各國不同文字寫的「加薩」的T恤，包括西班牙文、義大利文、法文、德文、英文與其他語言，街道上的路障也掛滿了各種不同語言的標語。我拍手高喊：「朋友，大家來這兒，圍成一個圓圈。」

大家逐漸形成一個圓圈，焦點也由巴士轉移到這兒。那名自巴士下來的巴勒斯坦婦人坐在中間，我問她是否想發言。她哭著告訴我們，這是她唯一能回去見家人的機會，但是她並不同意只有少數經過挑選的人才能過去。她覺得與國際聯盟團結在一起更為重要。

一個接一個，其他人也開始講述他們在加薩所經歷的苦難，並且表達他們無法返回加薩的失望之情。我們開始唱歌，再次將精力由憤怒轉移到關懷與團結。過了一會兒，我問大家是否願意離開這裡，返回旅館參加會議。還有許多工作要做。明天是除夕，雖然我們想在加薩進行五萬人的大遊行，不過我們也可以在開羅為加薩發動遊行。

於是在第二天，我們大約有一千人左右湧上解放廣場旁邊的街道。四周都是警察，一個星期來他們一直在與我們鬥智。儘管政府當局的動作連連，但我們是在最醒目與最受公眾注意的地方發動抗議，迫使警方必須使用暴力來驅趕我們。

在警方驅散群眾，把我和我的同伴丟進在人行道上的臨時監獄後，現場逐漸安靜下來。我的肋骨很痛，他們對我十分粗暴，不過我覺得我的情況還算不錯。我們有數百人被關在人行道尾端的臨時監獄裡，四周則是鎮暴警察排成的人牆。他們的舉動有兩個目的，一是把我們關在裡面，一是避免路人看到我們。我們既然無處可去，於是決定仿效在聯合國辦公室與記者協會大樓前的做法，高舉標語與唱歌。一些在外面的同伴設法遞給我們食物。我們稍後聚在一起討論下一步該怎麼做。最後決定乾脆就留在原地直到午夜。今天是新年除夕，我們知道我們一定會引起全球媒體的注意。

但是隨著時間的流逝，大家留下來的意願也開始減弱。有人提出到政府行政大樓莫加馬跨年，受到眾人支持。但是我不願意，別去，我們就在這裡！

我很不爽。每次我們決定發動占領，就會有一些政治問題來攪局。前一天在聯合國辦公室外面就發生過同樣的情況。如果我們放棄據點又如何製造危機？不過有幾個人仍站在我這一邊，包括肯．梅爾斯（Ken Mayers），一位體貼的紳士，來自美國退伍軍人爭取和平協會（Veterans for Peace），他能體會到我的失望。但是我們已無能為力。我們的人數不足以造成任何實質上的影響，於是我們也離開了，心中帶著遺憾與惆悵。

我們返回旅館，吃了一些東西，開始準備除夕夜在莫加馬的集會。我們提前到那兒，用蠟燭拼出「解放加薩」的字樣。點燃蠟燭時，許多埃及人也加入我們。再一次地，便衣警察走過來將那些埃及人趕走。由此看來開羅的警察是無所不在，跟蹤我們、與我們交談，監視我們的每一個動作。事實就是如此。

返回旅館途中，我的手機響了。是我的一位朋友自旅館打過來的，「麗莎，別回來，祕密警察已來找你兩次了。」好吧，媽的！我筋疲力竭，全身痠痛，一心只想躺在床上。然而現在我只能到另外一家旅館，睡在朋友的房間。

第二天晚上，喬尼伯收拾好我們的行李，搭了一輛計程車到我所在地方的幾個街口外，然後走過來接我。我們已買了到盧克索（Luxor）的夜車車票。我們上了一輛計程車，司機說：「二十埃及鎊（geneih）。」我說：

「什麼？通常都是五鎊。」前座的星鷹轉過頭來說道：「麗莎，你現在是要擺脫祕密警察，別和司機爭執。」

好吧！二十鎊就二十鎊。

每一次起義都有許多根由，我想到開羅在我們行動後不過一年多時間所發生的事情，解放廣場遭到埃及人民占領，我心中油然升起敬畏之情。許多埃及社運人士都對加薩自由大遊行期間要與蘇珊．穆巴拉克進行談判感到不滿，認為此舉反而使得穆巴拉克擁有撤消此一行動的合法性。我們許多人也都了解與同意他們的看法。我相信我們持續不斷的創意行動為埃及的社運人士帶來一些啟發，他們已奮鬥多年，現在正朝著推動改變的道路前進。

從總統府、聯合國、美國與法國大使館，一直到開羅之珠埃及博物館，我們不斷採取行動占領空間。警察想阻止我們但是失敗了，因為不論他們多麼努力想限制我們，不讓我們被群眾看到，社會大眾依然看到所發生的事情。許多埃及的行動人士都支持我們，並且想加入我們的行動周。但是幾乎每次他們這麼做的時候，警方就會將他們趕走，使得他們對政府當局更加不滿。

我想到了由星星之火點燃的阿拉伯之春，恰恰是複雜性科學的反映，這門學問講的是成長與改變的過程不是線性的，而是周期性且向前移動的。通常沒有明顯的徵兆或端由，但是一些細微的行動、擾動與波動，卻能導致整個系統發生改變。當突尼西亞的街頭小販穆罕默德．布瓦吉吉（Mohamed Bouazizi）自焚時，誰會想到這個獨裁政權會因此垮台？這就是創發作用，由一個事件引領出另一新事件的發生。然而這樣的過程也可能會造成負面的結果，尤其是當一些微小的行動逐漸擴大，衝擊原本就不穩定的體系，促成激烈而又無法預測的改變。在阿拉伯之春的火焰之下，我們也看到埃及發生的暴行與經歷的痛苦，還有最終演變成敘利亞內戰的因子。

工具箱：蜂擁與群眾戰術

蜂擁是一種自然現象，例如蟻群、鳥群、魚群、獸群與蜂群。這是在一個大群體中的分散互動形態。

蜂擁戰術是一批各自分散的人突然集合在一起，在特定的時間與地點展開某項行動，類似我們在坎昆的「球場」戰術。蜂擁戰術可以是自發性地在最後一刻發動，像是快閃行動或快閃集會。

與蜂擁戰術類似的是分散戰術，即是一群人突然解散，各奔東西。這樣的戰術會讓對方猝不及防。當大家被警方包圍或受困於一角時也可以使用這樣的戰術。當你開始行動時，也就創造出新機會。這種隨機性的群眾戰術，概念是不斷地移動，由此創造出難以預見的可能性。千萬別坐下來或站著不動，儘管對方擋住你的去路，或者你心中根本沒有下一步的計畫。重點在於一旦出現機會，就要立即掌握。你該如何就這種隨機性的計畫與團體聯絡：旗幟？文字？簡訊？隨機性的戰術其實可以利用許多類似嘉年華會的招術。

蜂擁戰術的要點

▼記住蜂擁戰術沒有統一的控制體系，而是一個領先與追隨的分散行動過程。

▼蜂擁戰術要成功，必須利用我們的判斷力，並且根據當時取得的資訊來做下抉擇。我們必須避免

遭到隔離，因為這樣就無法與別人聯絡，也不知道對方的想法與做法。我們需要與每一個人建立信任關係，讓大家都覺得是團體的一份子。

▼發動蜂擁戰術時，要先觀察各種選擇與可能性，然後由此縮小選擇，根據當時最適合的情況展開行動。

▼大家集合在一起，但是不要太過緊密。避免擁擠與碰撞，向同一方向移動。

▼如果受到攻擊，立刻解散。你也可以包圍攻擊者，或是分解成多個小組，待威脅解除後再回來集合。

身處一個複雜的世界之中，我們可以採取行動讓情勢的發展順應自己的希望，但是同時也應了解我們並不能控制結果。

在開羅的國際行動中，我們擁有許多特權保護我們——但是儘管如此，政府當局依然想要打擊我們。這就是人民在獨裁政權下害怕直接面對政府的原因：後果可能十分悲慘。我們的特權能夠減輕我們的擔心，向公眾展示可能的行動。我們的行動大都只是單純的占領公共場所、讓大眾看見我們與表達我們的不滿，向公眾展示人民取得、占有與轉換政府控制的空間，將其轉變為自由與反抗區的力量。

人民的占領——主要就是取得與持有空間（公共場所）——這是最古老的戰略之一。（政府也會採行占領的戰略，並且由此製造傷害，例如過去殖民地開拓者占領美洲大陸，今天的巴勒斯坦也是如此。）政府想出無數的法律來防止人民爭取他們的生活、權利與需要，但是沒有法律能阻止人民在公共場所出現。有時這樣的做法會造成嚴重的後果，但是主管當局在防止人們於公共場所出現與被人看見上，所能做的並不多。

為自由而發動占領允許我們占據、改變、解放、通過與轉換原本為壓迫者把持的空間。占領空間是一種關於身體、情緒、心理與精神上的行動。占領代表我們堅守立場，準備為我們所愛奮鬥。抵抗有許多種形式，不過基本上就是揭露與改變壓迫者的行為，拒絕讓他們逃過他們所做所為造成的後果——哪怕這個後果只是讓他們直接面對他們所傷害的人民。我們也許寡不敵眾、經費不足，又沒有武器，但光是我們的存在就意味著我們不同意。

在開羅時，我經常為我們無法持續性的占有空間——延長占領的時間——感到失望。但是如今想來，即使只是短暫的占領某一空間，也可造成很大的影響，因為這些空間原本都是長期在政府控制之下，政府已習以為常。

有些占領空間行動的時間很短暫，但是影響之深遠與宏大，卻是難以量化與想像。二〇一一年，阿拉伯之春的民眾占領行動激發威斯康辛州首府的抗議行動，主要是反對州長史考特．華克（Scott Walker）的反工會法案與偏向企業的預算案。此一行動在全美掀起占領空間的熱潮，儘管我們輸掉了一些戰役，但是我們的想像力也因此受到啟發，使得占領華爾街的行動能夠實現。占領華爾街又激發二〇一三年土耳其的蓋齊公園（Gezi Park）占領行動與二〇一四年香港的雨傘革命。

像解放廣場這樣的長期占有，可以永久改變當權者的地位。開羅市已成為一個自由解放的地方與空間，儘管政府當局進行報復，可是最終仍然不敵敗北。

整體而言，全球正義運動下對G8、WTO，以及FTAA的抗議行動導致當權者只因為人民走上街頭就大費周章地在全市或部分市區設立圍欄。然而這些行動的目標並不在於某一特定政府，而是資本主義、新自由主義與引發人民抗議的政府間貿易協議。透過占領實際的空間，我們同時也侵入世界領袖們的心理空間，他們原本相信他們的政策是理所當然的。

當掌權者需要躲在圍欄後面或是不為人知的地方，會為他們造成精神效應。他們的氣勢會因此折損，可能會感到憤怒、羞辱，或者只是覺得不方便——不論他們的感覺如何，他們都會被迫重新思考他們的行動。他們堅持他們所做所為是對的信念也會因此受到打擊，哪怕只是些微受挫。

當我們選擇發動抗爭的地點時，不容對手忽視我們，或者至少不讓他們忽視太久。抗議G8在德國北海岸小城海利根達姆（Heiligendamm）的高峰會議就是一個絕佳的例子。

德國二〇〇七年：在海利根達姆的占領空間

全球針對德國海利根達姆G8高峰會的抗議，所顯示的能量是自西雅圖之後未再見過的。我們可以這麼說，群眾二〇〇七年在德國所展現的憤怒，足以匹敵一九九九年大家在西雅圖的感受。西歐的勞工、雇主與政府間的合約與法定權利義務關係向來堅固、勞工福利相對較好、社會安全網也相對穩固，然而美國自一九七〇年代即開始的新自由政策此時開始在西歐逐漸風行。在美國盛行多時的企業操作如今開始殘害歐洲社會，例如企業透過兼職、合約與臨時性的工作安排來躲避本該給予雇員的福利。他們將其稱為不穩定性。

如G8之類的大型全球高峰會議過去向來是在大城市舉行，但是全球正義運動迫使這群資本家四處躲藏，選擇較為偏遠的鄉間城鎮來舉行會議，以躲避他們宣稱由他們代表的民眾。二〇〇七年的G8高峰會就是這樣，德國總理安格拉·梅克爾（Angela Merkel）選擇遠在德國北海岸的度假小鎮海利根達姆做為會議地點。高峰會預定在海利根達姆大飯店（Grand Hotel Heiligendamm）召開，這間豪華大飯店十分僻靜，四周被森林、田野與沼澤所包圍。

德國當局花了一千七百萬美元在飯店周圍設立圍欄。政府當局認為此地點易守難攻，但是他們顯然低估了抗議群眾的力量與創意。

這次反G8的行動擁有一套非常棒的基礎架構。在高峰會地點還是未知數的時候，大家就已在多座城市設立集合中心，包括羅斯托克（Rostock，距離海利根達姆大飯店只有二十五英哩）、漢堡與柏林。與此同時，也在公園和街角設立與行動相關的情報站。

大家在靠近高峰會的地方設了兩座營地，一座是羅斯托克營，由主流派的非政府組織與阻止G8（Block G8）行動人士所組成。另一個是雷德利希營（Camp Reddelich），距離海利根達姆大飯店只有五公里，營內大都是較為軍事化的直接行動者。我是待在雷德利希營，該營地令我嘆為觀止，可能是我所見過設施最完善的營地，這要感謝德國的熟手匠人，他們建了浴室、淋浴間、一座舞台、一間酒吧、一個遊樂場與一座瞭望台。帳篷則是整齊排列，中間有一座大帳篷，裡面呈幾何形地擺上乾草綑當做座椅。另外還設有一座獨立媒體中心、一座地下廣播電台，並且有一批攝影師自稱G8電視台（G8 TV），不但記錄每天發生的事情，並且還在晚間播放給大家觀賞。

六月二日，高峰會預定在六月八日召開的前幾天，有數以萬計的群眾聚集在羅斯托克，發動「讓資本主義成為歷史」（Make Capitalism History）的大遊行，抗議G8在如貧窮、戰爭與氣候等重大議題上缺少作為。④這場遊行充滿喜慶的氣氛，然而也不難看出其中警方與抗議群眾間的緊張關係。德國警方發動一次掃蕩攻勢，突襲住家、辦公室，以及漢堡與柏林的集合中心。警方無端指控抗議群眾間藏有恐怖份子，而媒體則是藉此加油添醋地大肆報導。這些指控都毫無證據，但是警方利用這種嚇唬公眾的伎倆來為自己設立禁行區、取消許可、禁止旅遊等防止國際抗議人士加入的措施合理化。

隨著高峰會召開日期迫近，羅斯托克與雷德利希兩座營地已聚集了數千人。我們的目標是設法阻斷通往大飯店的兩條主要道路。兩條都是鄉間道路，一條是通往雷德利希自治市的西邊，一條則是自羅斯托克與巴特多博蘭（Bad Doberan）通往東邊。在大飯店與這兩條道路之間是開闊的田野與樹林。

我在雷德利希營教導有關直接行動的課程，同時也參加別人的課程。隨著高峰會開幕日接近，這些訓練也轉變成一項由德國反核人士所提出的計畫行動，叫做阻止G8行動：他們主張公民不服從與實施五指戰略。此一戰略是我所見過最高明的占領空間行動。

海利根達姆的五指戰略目標是阻斷通往大飯店的道路。這些偏遠的道路兩邊都是空曠潮溼的沼澤地，我們知道就算沒有上千，至少也有幾百名鎮暴警察會來保衛道路。

在訓練時我驚訝地發現德國人對付警方的陣勢不是橫行排列，而是以多支縱隊來接近警方防線。當縱隊逼近警方防線時，他們開始四散擺開，有如手指慢慢張開。這些張開的手指，或是分支，會繼續分裂成更小的分支，當他們到達警方面前時，站在每分支最前面的人就會躍起跳至兩名警察中間的位置。當這兩名警察試圖阻止他時，下一個人就會衝進已被打開的警察防線空間，如此這般持續不斷地發動攻勢。

德國人認為此一戰略可以讓我們突破警方防線，成功地和平占領道路。

我們這批來自美國的抗議人士組成了一個親和團體，不過在行動展開首日，我們還未決定要參加哪一場行動。最終我們決定分開來加入不同的行動，我和另外三人決定趕上五指戰略行動的行軍隊伍。我們走過一段泥巴路，來到一片田野，四周都是常青大樹，我們看到在右邊一百碼沿著樹木的地方，有群眾排成好幾支縱隊，如河流般湧上山坡。場面真是壯觀。

我們跑過去加入其中一支縱隊。我們的背包裝滿了食物、備用的衣服與主辦方發給每個人的太空毯。我們還有一個網狀的黃色袋子，裡面塞滿了乾草，這也是主辦方所發的。我不知道這些袋子有什麼用，直到我們來到一處高地，必須越過一條小溪。這些袋子可以堆疊起來當做小橋，這樣就不必弄溼我們的腳。真是高明！

越過下一個高地之後，我們的行軍隊伍分成五支縱隊，每一支都繼續向前，不過相互間的空間也逐漸擴大。沒過多久，道路就在我們眼前。不出所料，道路上站滿警察，而且全都是面對田野。我們逐漸接近道路，每支縱隊也開始分裂成彼此間保持平行的支流。我們開始發動占領空間的攻勢。每一個站在最前排的人跳入兩個警察中間，而當警察閃身要抓住他時，後面的人立刻接著跳進去。

我們意志堅定，行動迅速。大家這邊也跳，那邊也跳，數以千計的人一個接一個突襲警察的防線。我們就像流水，滲透進入每一個空間，漫過警方，流到路上。我們成功了！我們完全擊敗他們，不一會兒我們就占領了道路。

警方放棄防線，撤退到圍欄後面，這也是現在唯一阻隔我們與大飯店間的障礙。不過我們並不需要進一步對圍欄發動攻勢，因為我們已經占領道路，截斷了通往大飯店的道路。

當天風和日麗。我們的占領在大肆慶祝下已變成嘉年華會。我們分享食物、熱烈交談，狂歡作樂。有一批打扮成超級英雄的人到處走動，表演街頭戲劇，展現他們的超人力量。還有一批小丑來到圍欄前面，對著裡面吹泡泡。有些人砍下路邊的綠色欄網，在旁邊的樹林裡做成吊床。沒過多久，附近營地的行動廚房卡車就出現在我們眼前，開始分發食物。那些裝滿乾草的袋子現在成為我們的座椅。我們一面吃，一面看著警方的直升機降落，更多的警察自直升機下來。

夜幕低垂，冷冽的空氣隨之而來，乾草袋現在又成了我們的枕頭，太空毯則讓我們得以保持溫暖。太空毯在月光下有如閃閃發光的星海。在寧靜如海的月色下我們沉沉睡去，準備迎接明天的惡水。

翌日清晨我們得知企圖阻斷另一條道路的隊伍，也就是自巴特多博蘭向東的道路，遭到警方重擊，這些警察由直升機搭載來到田野，然後痛打抗議群眾。我們也得知在維登貝克小鎮（Wittenbeck）附近有一條小路直通西南方，用來做為G8官員的通道，我們於是擬定了一項新策略。有些人想留下來，其他人則是要前往另一條道路。我有一輛租來的車子，於是我們決定過去。到了那兒，我發現警方已設了一座檢查站。我假裝是觀光客，問警察是怎麼一回事。他表示到處都是抗議的人。說時遲，那時快，就在這時數百名民眾衝出樹林，越過道路，衝進對面的樹林。我們也快步加入其中。

樹林的後面是一片田野，田野的另一邊就是我們要找的便道所在，而那兒已設立圍欄，並且布署了水砲。這一天變成群魔亂舞挑戰圍欄的攻防戰，我們使用油布製成的標語看板來防衛水砲的攻擊。一群變裝皇后拿著五顏六色的海灘傘加入我們的行列。到處都是小丑，還有一批赤身裸體的人組隊向警方衝過去，然而卻遭到警方以胡椒噴霧攻擊他們最重要的部位，這實在是太無趣。

最終，通往大飯店的道路在為期三天的高峰會期間都被阻斷或是遭到抗議群眾的占領。G8領袖們進出都必須搭乘直升機或船舶。在我們揭露他們受人唾棄的政策與反民主的作為之際，不論他們多麼努力，都無處可藏。

有些占領行動會持續多年，有些可能只維持數小時或數天。不論是哪一種，我們都得以創造空間來進行自我組織、建立基礎架構、規劃策略行動與互相關切。從這些空間，可以發動各種行動來製造混亂與推

動解放。就我的經驗，占領空間容易獲得成功，因為它是在公眾可見的情況下進行的。它們能激發想像、建立社區，以及改變國家的政策走向。

我們現在常常可以看到占領空間的行動。二〇一八年二月，西維琴尼亞的老師在罷工行動中占領議會，最終帶來百分之五的加薪。此一結果也激勵奧克拉荷馬、亞歷桑那、科羅拉多與洛杉磯的老師們發動同樣的抗議。與此同時，來自全國的一些社運團體曾試圖占領美國移民暨海關執法局的設施，儘管成果有限，不過確實曾迫使若干設施與場地關閉。這些行動的意義不言可喻，重點在於維持抗爭。我們現在也可以看到愈來愈多的學生、移民與氣候行動人士的占領行動。二〇一八年十二月在托尼洛（Tornillo）兒童拘留營外的占領行動，激發全國反對人士發揮創意，抗議移民拘留。

每到選舉時，有許多人就會將焦點放在投票表決，認為這是促成改變的最佳途徑。但是占領與其他占有空間的戰略提醒我們這並不是真的。這其實是一個潛藏危險的主張。民主不是每兩年按鍵一次，而是攸關我們的生活與未來。它需要我們的參與、介入、承諾與風險。不論我們是如何看待自己，我們都是促進改變的因子。但是改變需要行動、創意，而且有的時候也需要犧牲——為了一些更偉大的事情而甘願冒險。我們每天都會面臨抉擇，可能是壓迫，也可能是解放。我們可以繼續苟活於滿是負能量的現狀，也可以選擇我們所要的生活——介入、集會結社、自我組織與行動。你會怎麼選擇？

注釋　第七章

① 馬克是此一行動的主要推動者，當時我正專注於中美洲戰爭的議題，不過我們後來共同主持了多項重大活動，包括「與夏楠·阿什拉維（Hanan Ashrawi）的共同教學」。她現在是，將來也是巴勒斯坦反抗運動中一位重要領袖。她幫助美國人民了解占領區的生活，包括年輕人的石頭與原始武器難以對抗坦克、戰鬥機與突擊步槍。

② 我的朋友查理在其中一座屯墾區遭到逮捕入獄。

③ 最近一次抵抗行動始於二〇一八年三月三十日，巴勒斯坦人民每周在邊境發動一次遊行，稱做返鄉大遊行（March of the Great Return）。自此之後以色列狙擊手共射殺二百一十人，並且多達一萬八千人受傷，其中包括醫護人員與記者。

④ 我們在海利根達姆高峰會前夕發動多項行動。例如在六月一日，有七百人左右來到龐波當（Bombodrom）的軍事基地，已有數百人在當地紮營露宿。我最鍾愛的回憶之一是，當軍警與和平示威民眾對峙時，一批祕密起義叛軍小丑軍（Clandestine Insurgent Rebel Clown Army, CIRCA）打斷民眾的祈禱，以羽毛撣子清掃軍警的靴子。

第八章
五月十二日、占領華爾街，以及我們多重策略與戰術的力量

二〇一一年九月十七日清晨，我在曼哈頓三十三街跳上地鐵，然後在華爾街下車，來百老匯大街。當天秋高氣爽，是占領華爾街運動發動的第一天。該運動後來橫掃全美與世界——不過當時完全是在我的想像之外。我們的團體最初只有幾十人，下午則有幾百人，然而到了晚上已達數千人，使得祖克提公園（Zuccotti Park）人滿為患。我們成為那百分之九十九的人。

我在幾天前就飛抵紐約，主要是幫助訓練一批大約五十人的團體，他們準備響應加拿大反消費主義團體廣告克星（Adbusters）在七月所發布的一則廣告訴求。此一廣告的圖像頗為震撼，是一名女芭蕾舞者站在象徵華爾街的銅牛上，下面寫著「#占領華爾街．九月十七日．請攜帶帳篷」。

此一主張占領行動的公開呼籲，往往被人視為占領華爾街運動的源起，但我說的是，占領華爾街乃是多年來持續孕育所產生的有機體，是我們無從預期卻美麗豐碩的成果。事實真相是，占領華爾街並不是始於占領祖克提公園，也不是結束於紐約警方關閉公園。此一運動的種籽早在二〇〇八年與二〇〇九年的金融危機時就已撒下，當時全國的社運人士逐漸形成一個統一的觀念，銀行在搶劫人民。今天，政客驕傲地宣稱自己是社會主義者；主張大學與兒童照護免費已成社會主流訴求，各州出現要求最低薪資為十五美元的聲浪，這些現象在在顯示占領華爾街運動的精神一直流傳至今。

當我回顧占領華爾街的那段時間，我看的不是紐約市某一公園的抗議行動。我看到的是發自人民力量的運動、計畫與抗議在全美與全球緊密結合。

其中一項行動早在占領華爾街開始前四個月就已展開，而就某一方面來說，此行動也促成了占領華爾街的實現。二〇一一年初，我與一個由勞工團體、草根性組織，以及社區組織組成的聯盟合作，規劃發動一個行動周，名為五月十二日，其目的是在華爾街進行人數高達兩萬人的大遊行。五月十二日所採用的模式後來很快就被一個叫做新底線（New Bottom Line）的組織所複製，在二〇一一年秋天一口氣於十座城市發動類似的行動——同期占領行動的營地也在全國如雨後春筍般冒出。

讓我高興的是，這些在新底線的人開始與占領行動人士合作：發動占領奧克蘭、占領洛杉磯、占領芝加哥、占領波士頓等行動。當時的情況是如新底線這樣的主流組織與草根性、直接行動人士相互合作，這是一段主流與邊緣組織相擁共舞的美好時光。

在戰術方面，我向來是主張多多益善。策略與戰術增加，也代表我們的力量增強。我們不必在公民不服從，或是主流派所主張的合法遊行之間做選擇。我們可以將它們結合在一起，使我們的反抗更加強大。

抗爭運動並不只是在於贏得政策上的勝利，它們同時也激發人民的力量。它們會創造出新的體驗，它們是將具有同一目標的不同力量結合在一起的交會點。二〇一一年的秋天，就是各項抗爭運動的大會師，號角響起，要求企業退出政治，讓民主重回我們的生活。在大約十年後的今天，此一使命變得更加緊迫，而當年的創意、熱情與承諾為今天的政治現實提供了寶貴的教訓。

條條大路通華爾街

二〇一一年冬天，我接到一通來自朋友史蒂芬·勒拿的電話，他是一位長期的工運組織者，我們九〇年代中期曾在維護工友正義運動中共事。只要是他打電話來求助，我義不容辭。他和我一樣，都是中間工作者，也就是與來自各個不同背景的人或團體共事，尋求讓所有人都上得了檯面——工會、政策研究者、社區團體、非營利組織、律師、藝術家，當然，還有直接行動人士。

當史蒂芬問我能否就紐約的預算危機製造一些迴響，當時紐約的億萬富豪市長麥克・彭博（Michael Bloomberg）提案針對一些重大計畫削減經費九千一百萬美元，例如老師薪資、學前教育、圖書館、老人中心、遊民收容計畫與消防站等。與此同時，彭博的房地產開發計畫使得紐約的房租在二〇〇五到二〇一一年間上漲了百分之十，同期的家庭中間所得卻告下降。史蒂芬表示，主流派的勞工團體聯合教師聯合會（United Teachers Federation）已和多個社區團體建立聯盟，決心介入紐約的預算案。

好在我當時正準備到紐約參加美國船隻去加薩的行動，我爽快的答應了，沒問題，再多告訴我一些！

紐約就和全美其他的城市一樣，受到次貸危機的重創，預算嚴重短缺。放寬管制、法規鬆散、掠奪式放貸，加上準政府機構房利美（Fannie Mae）與房地美（Freddie Mac）放貸浮濫，使得數以萬計的中、低收入家庭買下他們無力負擔的住屋。這些劣質貸款又被包裝成品質優良的投資產品賣給投資人。然而隨著人們無法償還貸款，此一超大型騙局終於曝光，在二〇〇八年引發房市泡沫破滅。

人們本來以為那些釀成這場大禍的人會付出代價，然而卻是銀行獲得紓困，人們遭到出賣。美國政府為銀行提供了高達七千億美元的紓困金，然而勞動人民卻慘遭掃地出門，住屋也被強制拍賣。到了二〇一〇年，美國失業率躍升至百分之十，無家可歸、自殺與破產比率也節節升高。人們生活痛苦，內心怒火中燒。

在美國經濟陷入衰退的頭幾年，多個全國性的社區組織網絡如全國人民行動（National People's Action）、正義社會聯盟（Alliance for a Just Society）、PICO國家網絡（PICO National Network）與都市權（Right to the City）等等，主張應制定政策與法規對銀行追究責任。他們的目標是追究銀行責任、爭取政策改變，透過如降低貸款本金等措施來減輕房屋所有人的損害。他們針對摩根大通（JPMorgan Chase）、美國銀行（Bank of America）、富國銀行（Wells Fargo），還有一些關鍵性的商業團體如美國銀行家協會（American Bankers Association）、全美抵押貸款銀行家協會（Mortgage Bankers Association）採取行動。二〇一一年，這些團體組織決定結盟，自稱新底線。

當時大家普遍有一種預感，認為這些行動最終會產生一個重大結果。我記得我還寫了一封電子郵件給我在直接行動網絡的朋友，表示此一運動日益茁壯，我們的積極參與對其會大有助益。

我們當時根本無從想像這一爭取經濟正義與民主的鬥爭竟會在全球掀起熱潮。二〇一〇年十二月七日，突尼西亞的一名街頭小販穆罕默德．布瓦吉吉引火自焚，抗議經濟情況與警察的迫害。他的自焚引爆了一場推翻突尼西亞總統的革命，並為阿拉伯其他國家帶來改革希望。二〇一一年一月，埃及人民奮起，占領解放廣場，造成穆巴拉克的獨裁政權垮台。在美國方面，威斯康辛州的學生占領議會大廈。令人感動的是埃及社運人士大老遠地從解放廣場訂購披薩送給這些學生，你可以感受到其中的關懷與團結。我們親眼目睹相信可以改造世界的信念透過社交媒體將全球社區網絡不分語言地結合在一起。

五月十二日行動就是在這樣的氛圍中誕生。史蒂芬與另外三人——紐約社區尋求改變（New York Communities for Change）的喬恩．凱斯特（Jon Kest）、全民強勁經濟（Strong Economy for All）的麥可．金克（Michael Kink）以及教師聯合會（United Federation of Teachers）的麥可．馬格魯（Michael Mulgrew）——結盟，計畫在曼哈頓發動行動周。①他們的目的是改變紐約對貧富不均的認知，將矛頭從貧窮轉變為稅賦危機。在此一說法下，人民不是問題，億萬富豪與各家銀行才是問題所在，他們利用手續費、利率與稅賦減免優惠掏空紐約的財庫，迫使政治人物必須刪減如教育與保健等基本公共服務的支出。政治人物應該補償

我們被偷走的錢財，而不是縮減福利計畫。

教師聯合會主席麥可．馬格魯所領導的是一個代表紐約市大部分公立學校老師的大型工會組織。該工會之所以關心，是因為六千名老師的工作可能都危在旦夕，更別提教育與兒童福利計畫。該工會擁有強大的政治與財務後盾，足以在紐約製造危機。我們提出一項行動周的方案，將紐約數百個組織與團體結合在一起，包括教育宣導集團、社區組織、宗教團體與反貧窮組織等等，我們都有參與此一戰役的理由。我們在教師聯合會總部大樓的全民強勁經濟聯盟辦公室工作達數月之久，該總部位於百老匯，正是華爾街的中心。但是馬格魯對於是否要支持此一規模龐大的高風險行動，仍心存猶豫。

大家計畫在四月初舉行會議，我認為我必須與會。之前的幾次會議都沒有邀請我參加，可能因為我是女性，或者因為我是一個率性的街頭女孩。不管是什麼原因，我現在必須參加。當天上午，我在華爾街站跳下地鐵，慢慢向辦公室走去。我向來對當權派把我排除在外感到憤怒，不過我也知道面對這樣的情況，我若是保持耐心與鎮靜，就可以成為一個穩定的力量，在眾家參與者之間打開僵局。

我搭乘電梯到辦公室，進入會議室，麥可．金克、喬恩、史蒂芬與我先討論了一下策略。我說道：「聽著，我要參加會議，我認為我可以幫得上忙。」

他們都同意了，看來比我想的要容易多了！

我們前往會議區，喬恩將我介紹給馬格魯，稱我為此次行動的協調人，他立刻問我有何計畫。我的回應就和我訓練社運行動組織者時一樣，將複雜的情況簡化。

我解釋我們的目標是使市長無法對我們置之不理。我們要重新制定公共論述的方向：這座城市並不缺錢，是大銀行把錢偷走了，現在需要藉由增稅與減少稅賦漏洞來讓他們還錢。我們的政策專家已準備了一份報告，指出紐約市只要更改與銀行間的合約就可以回收十五億美元。

與此同時，我們也可以對銀行施加壓力。我們已選定了數十個在華爾街、曼哈頓中城與上東區的目標，包括大銀行的總部、代表這些銀行的法律事務所、如美國國際集團（American Insurance Group）這類與銀行共事的公司、私募基金公司，當然，還有紐約證交所。我們將在行動周以一連串的辦公室代表團、傳單、抗議等活動來對付這些大戶，為五月十二日的大遊行與可能的公民不服從熱場。

我要馬格魯想像有數以千計的人自四面八方湧進華爾街的景象是何等壯觀。五月十二日的行動將由數支圍繞核心議題群的遊行隊伍開場，這些議題包括公共教育、住屋、交通、移民、保健與和平運動。他們會在預定的時間同時向華爾街出發。我們的人群一旦淹沒華爾街，就會展開現場教學，讓公眾了解我們遊行的意義——銀行對教育、保健與其他方面的衝擊。事實上，旅行團一直在這麼做，只不過他們介紹的是建築，我們的則是有關預算危機的教育旅行團。

已有數十個組織承諾會派遣代表擔任領導的角色，五月十二日行動將可為這些來自紐約各地的工會與非營利組織領袖提供絕佳的現場訓練，包括馬格魯自己的組織。所以……您覺得怎麼樣？

會場一陣寂靜。最後馬格魯表示他挺喜歡他所聽到的，不過他堅持老師的遊行隊伍——到目前為止是最大規模的——必須先獲得核准。他很喜歡現場教學的活動，並且預測會有多少志願的參與者。他不喜歡公民不服從的行動，但是對此也保持開放的態度。總體上，他支持我們的計畫，並且打算承諾資助我們。

多重戰術與製作地圖

接下來的一個月，我們為了規劃與協調行動周忙得熱火朝天，因為參與組織之多，超過百個。我是住在曼哈頓中城三十四街的萊克辛頓（Lexington），沿著綠線直接向北一小段路程就可抵達華爾街。這間公寓屬於喬哈娜．勞倫森，她是艾比．霍夫曼的終身伴侶與社運健將。他們兩人沒有小孩，不過我們有六個人自認是他們的孩子。[②]住在他們家裡讓我每天想到前人為我們鋪下的道路。一九六七年，艾比和其他幾位無政府主義抗議夥伴將紙鈔撒到紐約證交所的地上，看著那些西裝筆挺的人搶成一團。如今，在近五十年後，我又準備在華爾街製造一場不同的混亂……我希望能夠成功。

我們決定使這場行動饒富趣味、熱力四射，充分發揮影響力。我們最終的策略範圍廣泛，凸顯我們對參與團體的多樣性抱持開放態度。參與的團體包括工會、社區組織、社會服務機構（這類機構很少參與社會運動，但是如果參與，總是令人驚豔）、非營利組織、學生團體、草根性團體與藝術工作者。

在社運中，藝術往往被視為陪襯或是額外的點綴，但是實際上藝術是基本條件。你能想像沒有五彩繽紛的海報、招牌、條幅與音樂的大型群眾運動嗎？更別說這些藝術作品還具有占領空間的功能。我請我的朋友大衛．索尼特來幫忙，他是一位藝術與革命大師。我將我的直接行動朋友一個個叫過來。藝術工作的策略性合作需要大量的資源。你需要很多材料、空間、藝術工作者與想像力。

我們在遊民聯合會（Coalition for the Homeless）找到一塊室內場地做為藝術工作空間，請當地的藝術工作者在這兒製作海報、招牌、貼紙、傳單等等。我們在行動周幾個星期之前就已展開街頭藝術的活動，包括推廣資料與媒體宣傳。在接近行動周時我們開始張貼海報與貼紙，並且展開一項社交媒體的活動，以創造可見度與帶動氣勢。

我們的策略與史蒂芬和我在近二十年前於維護工友正義運動中所採用的大同小異——一個一再證明成功的模式。策略的概念就是我們在第二章針對行動周所討論的持續強化我們的行動，為當權者製造危機感，包括研究的重要性、廣泛而深層的目標，以及藉由連續多天的行動來增強衝擊力。

我們根據我們的主題規劃了十支遊行隊伍，必須先招募這些隊伍的領導人並且予以訓練。不過其中最重要的決策之一是這些遊行是否要經過核准。經過核准的遊行，市政府與警方都會限制其活動範圍與行為，大幅縮減創造不可預測性與進行公民不服從的能力。[3]我們最後決定除了教師聯合會的隊伍之外，其他的都不必經過核准。光是這項決定就足以帶來刺激感。

我們計劃以華爾街的各座公園做為集合點。根據紐約的法律，在人行道集會與遊行是合法的，不必經過核准，因此我們決定在離開集合點後於人行道上遊行，然後占領街道。沒有經過核准帶來的不便是我們無法使用擴音器。二〇〇〇年代初期，警方開始要求使用擴音器必須經過核准，然而這

五月十二日華爾街行動海報。塞斯・托伯曼（Seth Tobocman）提供。

項工具對於引導高達千人的遊行與抗議群眾非常有用。不過我們還可以使用「人民麥克風」，這是由群眾重複發話者所說的話，擴大他講話的聲量。在幾個月後的占領華爾街行動中，此一戰術聲名遠播。

在我們的規劃中，地圖、行事曆與行動計畫表的使用非常重要。以下是我們的介紹。

針對目標繪製地圖

在規劃與執行策略性行動時，繪製地圖具有不可或缺的重要性。我一向喜愛繪製地圖。地圖不僅是一項工具或導引，而且是你行動所在的地勢圖。地圖可以讓群眾對其所在地區與行動計畫有共通的認識。地圖可以顯示入口、出口、交通流量、單行道與交流道等等。地圖同時也是你在陌生地區的安全工具，因為它可以顯示醫院、教堂與其他安全地區的位置。地圖也可以幫助我們決定應該在什麼地方集中我們的資源。

在規劃階段，繪製地圖的重點是顯示我們行動目標的所在與我們發起行動的地點。第一步是研究與列出潛在的目標——我們在第二章已詳細說明。基本的概念是針對有權做出你所希望改變的企業、企業主與政治人物製作資料庫，同時製作各個組織（工業團體、宗教團隊與運動俱樂部）與相互從屬關係的權力關係圖。我們為五月十二日行動設定了大約三十個目標。

設定行動可能目標之後，將你的試算表上傳至測繪程式，就算大功告成了。我曾經同時規劃多個行動，不過只有待我們分析地圖的工作完成後才會出現中心策略，五月十二日的行動也是如此。我們的行動集中區已經確定——在曼哈頓中城的目標多於華爾街的目標。我們根據這些目標決定上午的行動是集中在曼哈頓中城，下午再去華爾街。集中在某一地區展開行動，可以擴大對當地人們的影響力。

我們使用谷歌地圖來繪製行動目標所在的地圖，並且以「pins」來標示它們的相關位置。有一些目標是在相當知名的大型地點，例如摩根大通總部，不過也有一些較小型的目標，例如對沖基金。對於這些較小型的目標，我們可能會採取較小規模的行動，例如辦公室代表團。我們也會標示出高級餐廳、私人俱樂部，以及政治或文化社團等支持或娛樂當權者的地點所在。

我們使用這些地圖來規劃行程表，力求我們的行動在短時間內發揮最大的影響力。我們在上午的代表團有一支會選擇對公園大道的目標群展開行動，而另一支則會到第五大道與五十一街發動攻勢。如此一來，我們就可以在一段壓縮的時間內同時展開多起行動，因為這些目標的所在位置相互間的距離只有幾個街口而已。

地圖可以用來規劃與組織各種行動，不只是代表團的行動而已。今天的線上地圖非常有用，尤其是可以了解交通流量與交通壅塞的地點。不論你是懸掛條幅、規劃遊行，或是組織阻斷道路，地圖都能夠幫助每一個人了解該去哪裡。行動領袖可能需要更為精密的地圖，包括其他團體在任何特定時間點的所在位置。我已自多年的經驗學到，只要每一個人對所要發生的事情、地點與原因有共通的認識，我們成功的機會也就愈大。

製作行事曆

利用網際網路、報紙，或是旅遊中心所發放的簡介，你可以製作包括市議會、企業團體、私人俱樂部、企業、文化中心、旅館與公眾的聚會和活動行事曆。每一項活動都有可能幫助你擴大行動的衝擊與製造社會混亂。我們可能會走入群眾進行公共教育與吸引注意，或是去那些由目標當權者擔任董事或捐獻者的交響樂團、歌劇院、博物館與戲院。我們也可能會走進旅館參加會議。擁有一份完善的行事曆，你就可以決定哪些活動是行動策略最能發揮作用的地方。

行動計畫表

在完成設定目標、繪製地圖與製作行事曆之後，你可以設計行動計畫表，將這些資訊全放在裡面，由此來規劃你的戰術。行動計畫表能夠幫助你瞄準目標，並且讓你知道行動所需的資源有哪些與在哪裡。你可以在幾周前就開始製作一周與每日的行動計畫表，然後隨著時間的迫近進行修正。理想狀況是你每天要發動數十項行動，而且還有時間用餐、訓練與簡報。

我們五月十二日的行動計劃的是連續四天不斷加溫，最終在五月十二日進行大會師與遊行。每一支行動小隊——大約五到十五人，發動較小規模的行動——都需要一位隊長、一項計畫、增加可見度與製造噪音的材料，以及與目標進行接觸的工具，如信函與請願書。我們每天會發動一次公共行動，參與的人數會比較多，並且會對媒體宣布。這些公共行動有助於累積能量與吸引媒體注意，並且製造出有大事將要發生的氣氛。

表格就是一周的行動計畫表，幫助大家對這連續四天的行動有一整體性的了解。每一天都是先由行動小隊的隊長協調會議展開，接著是登記與參與人員的行動和法律說明會。到了早上八點，行動小隊出動，正好趕上早上的尖峰時間。

除了一周的行程之外，每項行動也應有各自較為詳細的計畫表。每天的上午與下午，我們的代表團行動小隊就會在華爾街與曼哈頓中城分頭行動，前往各個目標，包括企業辦公室、銀行大廳、私人俱樂部、餐廳與政治人物的辦事處。這些代表團的成員包括來自各參與組織的職員、會員、志願者，以及草根行動人士與學生。

周一是我們行動周的第一天，有十支行動小組，先是在地鐵發送傳單，然後每支要對五個目標發動攻擊。這些小隊接著會集合在一起，在一些關鍵性的辦公室前面發動抗議——這代表我們在這一周行動的頭

5/11 週三	5/12 週四	5/13 週五
協調會議	協調會議	
登記／咖啡	登記／咖啡	
說明會	說明會	
各隊出發	各隊出發／CCA行動	
	美國矯正公司行動	行動周簡報
中城大廳（兩隊）	摩根大通歐洲中型股會議（麥迪遜大道三八三號）	
	維生工資集會，市政廳	
休息		
美國銀行（西四二街一一五號）	準備特別行動	
午餐		
簡報		
	行動前會議	
下城大廳（兩隊）	道具分發	
	全員大會	
簡報	華爾街遊行	
志願者訓練	街頭教學	
行動協調會議	全員大會與晚餐	
結束		

行動計畫表

五月九到十三日：紐約行動周行程計畫表		
時間	5/9 週一	5/10 週二
7:00	協調會議	協調會議
7:30	登記／咖啡	登記／咖啡
7:45	說明會	說明會
8:15	十小隊出發	
8:30	大樓、地鐵散發傳單	私募股權與對沖基金稅務活動 普林斯頓俱樂部 （西四三街十五號）
9:00		
9:30	中城代表團（十隊） 遞交抗議信	中城街口，卡內基大廳 （第七大道八八一號）
11:00	休息	行進
11:30	銀行會議，逸林飯店 （萊克辛頓大道五六九號）	世界金融中心
12:00	REBNY （萊克辛頓大道五七〇號）	高盛（百老匯街八五號）
1:00	午餐	午餐
1:30	簡報	簡報
2:00	說明會	
3:00	ATM行動 （華爾街代表團，六隊）	華爾街遊行， 針對各目標的快閃行動
4:00	人肉看板／傳單	
5:00	行進	簡報
5:30	貝納在希爾頓大飯店 經濟俱樂部論壇演說 （第六大道一三三五號）	
6:00		
6:30	老師訓練	
7:00		行動／法律訓練
8:00		科氏（KOCH）兄弟行動

幾個小時就已對五十個以上的目標發動攻擊！然後，下午還會有二十項行動。

行動周的頭一天就以在眾多地方展開行動的方式向公眾自我介紹，是一個很好的開始，例如在地鐵站散發傳單，在街角製造噪音。我們必須讓公眾覺得有什麼特別的事情將要發生。在公共行動之後，我們將向辦公室發動代表團攻勢。接著我們的攻勢可能會升級至封鎖線、人肉看板、大廳行動、占領辦公室與街頭抗議等等，這些攻勢將在周四終極行動前夕將緊張氣氛與張力帶到最高點。

根據了解，光是周一我們就對美國企業界發動多達七十五次左右的行動，的確是一個先聲奪人的開場。

五月十二日：走上街頭

五月十二日行動周的第一天是風和日麗的星期一，空氣清新，溫度適中，是春夏之交的一個好日子。我們的十支小隊已遍布曼哈頓中城，散發傳單，並且派遣代表團前往金融業目標。有五支小隊在摩根大通前集合，設立糾察隊，另外五支則選擇在美國銀行門口集合。接著這十支小隊又在美國銀行另一個據點集合。美國銀行可說是美國最腐敗的企業之一。接著大家會前往附近街口的一家旅館。

我們最近才得知逸林酒店（DoubleTree）有一場會議，許多金融業界的大老都會參加。我們從邊門進去，搭乘載貨電梯直達會場，發現沒有人在使用講台與麥克風。④這看來是教導銀行家了解他們的貪婪是如何造成教育與保健經費削減的好機會，於是我們走上講台，拿起麥克風，向在場人士解釋我們如何厭惡銀行拿走我們的錢與房子。我們呼籲他們給予支持，但是他們卻叫來安全人員。我們離開會場，一路高喊口號。

接著我們來到對街的紐約房地產委員會（Real Estate Board of New York, REBNY），該組織熱衷於搶走租戶權益與占據可負擔住房。我們設立糾察線，然後利用人民麥克風講述REBNY的作為。就在這時警方發動

工具箱：行動周的材料

以下只是部分材料，不過已能讓你嘗到成功的滋味。

【宣傳材料】傳單、電子郵件群發、社交媒體活動、海報、貼紙、線上廣告、報紙廣告、活動行程，與你的政治、媒體策略相關的材料，例如報告、資訊傳單、公開信、現場教學教材、公共服務聲明（PSAs）、新聞發布、評論、讀者投書。

【藝術空間材料】大紙板、布匹與床單、油漆、遮蔽膠帶、布膠帶、金屬線、旗幟所用的竹竿、木材、麥克筆、束線帶、繩子、膠水、油漆刷、裝油漆與刷子的罐子與杯子、破布、美工刀、錘子、螺絲起子、釘書機、電鑽、熱熔鎗、帆布罩、液晶顯示投影機、工作桌……，以及其他材料。一般的藝術行動材料包括標語牌、旗幟、條幅、人偶、行動相關道具、霓虹燈等等。

【遊行材料】路線圖、旗幟、條幅、噪音製造器具如哨子、鼓（五加侖水桶、木棍與繩子），或是裝了玉米粒的罐頭、相機、歌譜、擴音器、粉筆（可在離開時留下訊息）、身分標誌（背心、臂章、飾帶、補丁）。

【食物與飲料】集會、訓練與每日活動所需的供應品。考慮的事項包括由誰負責飲食、每日需要多少數量的食物、可能捐贈餐點的餐廳、需要批量採購的物品，如飲水、杯子與燕麥棒。

【戰術性通訊材料】自行車、跑者、通訊員、電話、無線電、聲音系統（固定與機動）、建立通訊群組、電話會議、擴音器、社交媒體、旗幟與哨子。

逮捕，第一位被逮捕的人是一位年輕的非裔美人酷兒，由此也再次顯示紐約警方的種族主義色彩。我們派遣了一個法律小組到警局幫忙，在結束REBNY的行動之後，我們返回集合地點午餐與簡報。

我們稍後得知美國眾院議長約翰·貝納（John Boehner）將在第六大道希爾頓大飯店的經濟俱樂部發表演說，於是我們在行動計畫表中臨時增加一個項目。我們計劃做一群不速之客，在飯店大廳為這些有錢人舉行一場派對。我們準備了氣球、派對帽、喇叭，並且還穿了西裝外套，著實打扮了一番。我們抵達飯店後，有一半的人衝上二樓破壞貝納的演講，另外一半則是以氣球、派對帽與喇叭大鬧大廳。我們的派對十分熱鬧，大家在水晶吊燈下圍成一圈，高喊：「銀行獲得紓困，我們有錢了！」飯店的保安人員衝過來，我趕忙上樓警告我們的同伴，不過他們並不需要警告，因為保安人員已在驅趕他們。就在這時，警察出現了。我已走到門口，卻被警察抓住了，媽的！

我當晚並沒有遭到逮捕的打算，也認為我應該很快就被釋放，然而警察告訴我，他們的長官指示他們要對我起訴，而不是當做一般開張罰單的民事案件處理。我看著他們為了替我安個罪名絞盡腦汁，畢竟這只是一次做做樣子的假逮捕。沒有多久，我被送進二樓的監獄過夜。他們稍後發給我一個已冷掉的麥當勞漢堡。原來麥當勞與紐約市簽有為監獄供應食物的合約。沒想到吧……

到了周四我已筋疲力盡，但是也為所有的活動感到高興。我們的壓軸大戲——遊行、會師與現場教學——將在下午四時展開，這樣可以讓老師在下課後有充裕的時間到市議會附近的集合點。

曼哈頓南城總共有八個遊行集合點。我在下午兩點左右來到我們的藝術空間場地，確定分發作業進展順利。我看到大家都在忙著把條幅、旗幟、標語牌與各種製造噪音的工具裝進小貨車。與此同時，各隊的領隊也都各自抵達他們的集合點，迎接與組織他們的遊行隊伍。

我跨上自行車巡視各個集合點。南街碼頭的宣導隊已集結了一千人左右。華爾街廣場，各工會都已集合準備發動以工作保障為主訴求的遊行。越戰紀念碑前，一批反戰的和平人士也在集合之中。史泰登島渡輪碼頭（Staten Island Ferry），以住房權益為主訴求的遊行隊伍已集結了二千人左右。我又跳上自行車，趕往巴特里公園（Battery Park）查看移民遊行隊，發現他們也準備好了。在他們附近是美國運輸工人工會（Transport Workers Union, TWU）的遊行隊伍，他們都集合在紐約大都會運輸署（MTA）對面的草地滾球場。最後我前往青年遊行隊伍所在，他們正圍著華爾街銅牛敲鑼打鼓，手舞足蹈。

遊行的協調員全體舉行電話會議，因此大家都知道其他遊行隊伍的出發時間。[5]我跟著青年團隊一起遊行，然後跳上自行車，穿過華爾街區狹窄曲折的道路，看到其他的遊行隊伍。我沿著狹窄的道路來到華爾街，我們計劃現場教學的地方。我看到遊行群眾自兩邊湧進。華爾街已被塞滿了，而且還有一萬名老師大軍正要過來。

我記得我看到肯．瑟札克（Ken Srdjak），他是一位從華府過來幫忙的藝術家。他踩著高蹺，站在華爾街正中央，揮舞著我們明亮的黃色旗幟，上面寫著「叫銀行家還錢」。我們的黃色條幅與旗幟已自四面八方包圍華爾街，為這個經濟強權的金融中心增色不少。不一會兒，粗魯的機械樂團（Rude Mechanical Orchestra）進入華爾街，群眾歡聲雷動。我們是一個大家庭，占領街道、唱歌跳舞，大家心連心為人民爭取經濟正義。

五月十二日行動周大獲成功，迫使議員在紐約市預算上讓步。這次的行動與後續行動避免了四千二百位老師遭到解僱，並且迫使市議會恢復對學校、兒童、圖書館與消防站所提供的一億美元經費。紐約州長也改變了他對富人課稅的立場，轉而選擇對百萬富豪增稅。

五月十二日運動的長期效應是激勵後續的抗爭行動，同時也鼓勵許多人參加占領華爾街行動，並且成為行動的組織規劃者。

攻占華爾街與銅牛

五月十二日之後的首輪抗爭行動是在市政府前長達三周的紮營行動，營地稱做彭博村（Bloombergville）。這項行動是由無政府主義團體自由社會組織（Organization for a Free Society）與社會主義團體反預算削減的紐約客（New Yorkers Against Budget Cuts）聯手發動的。這兩個組織都是五月十二日行動的主要參與者。彭博村行動包括每日的現場教學與晚間集會，這些做法與相關架構後來都為占領華爾街所採用。

七月，在彭博村解散兩周後，廣告克星公開呼籲占領華爾街，反預算削減的紐約客於是繼續進行規劃，他們計劃的是傳統的遊行與公眾集會等戰術。與此同時，另外一個大部分為無政府主義人士組成的人民團體，受到阿拉伯之春與希臘、西班牙人民抗爭的啟發，開始討論全員大會（General Assemblies，歐洲使用的策略）的概念，計劃以此做為抗爭的主模式，這樣可以有較大的行動空間，也可允許有較多的民眾參與。[6]於是他們與反預算削減的紐約客合作，在八月二日舉行會議，討論全員大會的策略，並將此一行動命名為「人民的全員大會」。但是所得的結論不過是傳統的公眾集會，令無政府主義人士大為不滿，他們對全員大會自有一套看法。吉奧基．薩格里（Georgia Sagri），一位藝術家，曾參與希臘最近的街頭抗議行動，他叫道：「全員大會不是這樣的，這只是公眾集會！」

於是薩格里與其他人，包括著名的人類學家與社運健將大衛．格雷伯（David Graeber），成立了一個新組織，叫做紐約市全員大會（New York City General Assembly, NYCGA）。他們九月十七日在華爾街發動了多項行動，使得氣勢大增。大家來看啊！占領華爾街的願景與組織已逐漸成形。

這段期間，我正忙著與新底線合作，將五月十二日的行動模式運用在國內十座城市上，名為秋季攻勢。

二〇一二年三月十七日，麗莎參加占領華爾街運動的抗議警察暴力行動。照片由艾瑞克·麥可奎格（Erik McGregor）提供。

我火力全開，運用行動周的戰術來繼續打擊那些大銀行。[7]

就在我忙得熱火朝天之際，我的朋友瑪麗莎·賀姆斯向我敘述了紐約市全員大會有關九月十七日行動的近況。瑪麗莎是一位社運組織者、製片人與媒體工作者，很早就參與NYCGA的工作。我在新底線共事的組織——大部分是工會與非營利組織——對於占領華爾街的計畫感到好奇，然而同時也抱持懷疑的態度。我只好拚命告訴他們，這項計畫是玩真的。說來有些諷刺，我們在奧克蘭展開新底線行動周的攻勢時，占領華爾街的運動已是如火如荼，而且還對我們的行動給予支持。

九月十七日的前幾天，我自我與新底線的工作請了一個星期的假，飛抵紐約訓練紐約市全員大會的成員。參加受訓的人大約有五十位，比我預期的人數要少，但是大家都很熱誠。我的訓練就和以前其他的一樣，聚焦於培養關係、探討心理、操練對警察暴力的回應，以及以角色扮演的方式來演練我們的戰術。我要他們圍成一個圓圈，然後提出一連串問題。這是你第一次參加抗爭行動嗎？你的家庭是否受到金融危機的影響？有誰曾因為主張公義而坐牢？我們並沒有採行公民不服從的計畫，不過我們仍提供每一個人相關的法律資訊與法律熱線電話號碼。

占領行動的首選目標是派恩街（Pine Street）的大通曼哈頓廣場（Chase Plaza），距離紐約證交所只有一個街口。但是警方事先已知道這一計畫，在九月十七日當天將廣場封鎖。我們的目標於是改為祖克提公園，因為這兒空間寬敞，而且二十四小時對外開放。

我們完全不知道接下來會發生什麼事情，不過我們已準備好了。

十七日的清晨，我漫步百老匯，感覺像在家裡一樣，因為在準備五月十二日的行動時，我曾多次來到這兒。我來到華爾街銅牛旁邊，看到我的朋友，同時也是我今天的搭檔，麥克．麥奎爾（Mike McGuire）。我和他相互安慰一番，因為在場的人不多。我環視四周，發現來的人有各個年齡層，包括一批練瑜伽的年輕人。

人們陸續過來，不一會兒我們的人數就由數十位增至數百位。有些人開始繞著華爾街銅牛遊行。我們有一個媒體小組在拍攝影片，還有一個法律小組，大家都戴著綠帽子站在一旁，以備不時之需。我們的隊伍零散，被身著西裝、腳踏真皮皮鞋、快步行走的華爾街生意人所包圍。

我們終於開始遊行，向紐約證交所前進，口中喊著：「銀行獲得紓困，我們卻被出賣！」證交所已被

工具箱：斥候與偵察

繪製地圖對了解行動的機會點至關重要，但光是繪製地圖並不足夠。我們必須能夠進行戰術性的偵察，就是要當一名斥候。如果你留心觀察，建築物與街道就能告訴你想要知道的事情。谷歌地圖是不錯，不過沒有什麼比得上親眼看見實際的情況。出發偵察之前，先用線上地圖製作平面圖或是取得大型建築物內的租戶名單，繪製你行動區的地圖。多次到場觀察，尤其是在你們計劃行動的白天時間。一旦觀察與了解目標空間，一些行動的構想就會由此產生。用照相機來彌補你記性的不足。

建築物偵察重點

保安：桌子、攝影機、安全人員
入口、出口、裝卸區、逃生門
適合懸掛條幅的地方
停車場與適合停車的地方
零售區與用餐區
人行道空間、四周景觀、長凳
窗戶：考慮裡面與外面的可見度
門房與員工的排班時間表
廁所
無線網路服務

城市偵察重點

高速公路（交流道）、道路與街道，標示出道路的線道數量與交通流量

適合懸掛條幅的橋樑

單行道：與其對向前進是一種很好的抗爭方式，警方也很難阻止

警局、監獄與法院，你的人很可能會被帶到這些地方

可供訓練與補給的集合空間與社區中心

可供集合與安全空間的公園，人們可以快速聚集的市中心

建築工地，會有許多可用的材料

停車場：可以停車、攝影與懸掛條幅

旅遊景點與文化中心，如博物館、劇院與交響樂廳

可供大家參加或離開行動的大眾交通工具

醫院

公共建築物、車站與圖書館，遭警方攻擊時可供躲避的場所

警方封鎖，我們於是改道前往祖克提公園。我們蜂擁進入公園，走下台階，穿過一座巨大的紅色拱門，後然四散擺開，填滿空間。大家開始吶喊：「這是誰的街？我們的街！」沒過多久，行動主辦方告訴大家晚餐——花生醬三明治與水果——將在六點左右送過來，接著會舉行一場全員大會。

群眾人數不斷增加，行動協調員為了把召開全員大會的事告訴大家，忙成一團。我們後來決定站在公

園東北區的大理石長凳上。我們雖然有麥克風，但是聲音仍然傳得不夠遠，於是我們再度使用人民麥克風，即由群眾重複發話者所說的話。結果成功了。眼前有一個立即的問題：我們要留下來占領公園嗎？我們進行分組討論。現在已有兩千人左右在公園內，而且許多人都打算留下來。

我們的工作小組已經就位，提供食物、法律支援與媒體宣傳等服務。我們再度召開全員大會，我告訴群眾有關自我組織的程序。我站在長凳上，觸目所及是一片人海。直到此刻，我才真正體認這場運動的張力。天色漸暗，天氣開始變冷，但現場的氣氛卻是一片火熱，溫暖我的心靈。我呼籲大家自我組織，效法我們在埃及、西班牙、希臘與威斯康辛的兄弟姐妹，這是我們的時代。我表示架構已經建立，但是我們需要組織起來讓這些架構發揮作用。而最基本的是使用硬紙板，我們需要大量的硬紙板。晚上會很冷，躺在硬紙板上可以隔離寒氣，更不用說硬紙板是製作標語招牌的最佳材料。

我們在發起行動的第一個晚上，將公園重新命名為自由廣場。

第二天一早的第一項行動是在華爾街發動抗議。各家媒體對我們不感興趣，但是現場有不少警力。我們高喊「我們就是那百分之九十九的人」，聲音傳遍整條華爾街。自這天開始，我們每天在華爾街發動抗議，並在紐約證交所的開盤鈴聲響起的同時敲響人民鐘。媒體仍然對我們不理不睬，但是我們的行動已引起很多人的注意，有人特地來紐約參加我們的行動。

兩項行動的大會師

在占領華爾街行動展開幾天後，我返回新底線的工作崗位，組織奧克蘭、洛杉磯與芝加哥的抗爭行動。我當時根本沒有想到占領華爾街的行動會擴展到這些城市。看到兩項運動相互結合，發揮協同作用，實在敬畏有加。這兩項運動儘管在理論上與戰術上截然不同，但是卻擁有一致的信念，我們要令資本家與大銀行為經濟衰退與其所造成的痛苦負起責任。

新底線成立於二〇一一年，是一個高度組織化的聯盟團體，透過策略性的政策研究來揭露銀行與抵押貸款業者如何引爆次貸危機，市政預算短缺為何不在於短缺（資金不足），而是我們的城市付給銀行的費用太過昂貴。企業害得我們的城市破產，現在我們要把錢拿回來。

新底線秋季攻勢的行動周先是在丹佛展開行動，接著是奧克蘭、波士頓、洛杉磯與芝加哥。加州的次貸危機最嚴重。加州人民社區授權聯盟（Alliance of Californians for Community Empowerment, ACCE）在全州推動立法改革，為全州的勞動人民爭取權益。他們的行動，錢還加州（Re-Fund California），目標就是那些奪走州資金並導致數以千計的屋主無家可歸的億萬富豪與銀行。

我在規劃洛杉磯的行動周時結識羅絲·庫代爾（Rose Gudiel），她是ACCE的成員，也是服務業雇員國際工會（Service Employees International Union, SEIU）的會員，SEIU是美國最大的工會組織之一。二〇〇九年，羅絲錯過了一筆房貸付款，當時她才經歷了兩場重大的人生打擊，其中之一是一場悲劇，她的兄弟麥可去世。與此同時，她在加州經濟發展部（California Economic Development Department）的工作也因預算危機而放無薪假。

在羅絲下個月付款時，她的銀行第一西部銀行（OneWest）拒絕她的償款，表示她的貸款合約必須修改，而且需要獲得房利美的通過，因為該筆貸款已為房利美擁有。修改合約的過程冗長、手續繁瑣，作業也不透明，最終該銀行在毫無解釋的情況下否決了羅絲的房貸合約修改。

二〇一一年九月，羅絲收到一封驅逐通知。她就是在這時決定站出來對抗貸款方。房利美與房地美總共自聯邦政府收到一千八百七十億美元的紓困金，然而像羅絲這樣的工作人民卻喪失家園。

與此同時，占領洛杉磯的行動已在十月一日揭開序幕，對市政廳發動占領。我決定當天晚上參加他們的全員大會，我問羅絲是否願意一起參加，並且分享她的經驗。我們來到市政廳前面，大家都在閒逛，要不就是躺在草地上。我遇到幾位我住在洛杉磯時結識的朋友，他們教我如何讓羅絲登上講台發言。

羅絲有些緊張。群眾廣大，與她平日所接觸的社區完全不同。我說：「羅絲，這些人會愛你的，並且會支持你。他們甚至可能會幫助你拿回你的家。」

羅絲上台發言時，聲音堅強。她告訴大家有關兄弟去世的事，眼淚流下她的雙頰。她說她絕不容許他們搶走她的住家！群眾轟然歡呼。就在此時刻，兩股不同的力量——占領華爾街與新底線——結合成一體。我們的行動周兩天後就會展開，而占領行動現在就過來為我們助威打氣。

我們那周在洛杉磯最具創意的行動，是在史蒂芬．梅努欽（Steve Mnuchin）位於比佛利山莊、價值二千六百萬美元的豪宅外面紮營露宿。梅努欽當時是第一西部銀行的董事長暨執行長（梅努欽後來擔任川普內閣的財政部長）。我們將車子停在路邊，然後以單一縱隊爬上貝萊爾（Bel Air）陡峭的山頭，向梅努欽的豪宅前進。我們裝備齊全，帶了褥墊、毛毯、枕頭、茶几、床頭燈、地毯，還有一些標語牌。從這些山頭可以鳥瞰整座城市美麗的夜景。我們抵達梅努欽豪宅的大門口，就在他的車道設置我們的「臥室」，豎立標語，上面寫著：「你拿走羅絲的房子，我們就拿走你的！」

各家媒體很快就過來了，接著警察也來了。我們的警方聯絡員跟警官商量，給羅絲一些發言的時間。隨後我們收拾東西，開始下山，一路享受眼前的美景。

我們在周三又發動一場頗具創意的行動。我們先在房利美辦公室附近的帕薩迪納（Pasadena）停車場集合，然後一起從前門衝進去，在大廳快速安置我們的道具：一張桌子、幾張椅子，桌上有一個牌子，寫著「談判桌」。我們的打算是與房利美的代表談談他們任意取消房屋贖回權的不道德行為。畢竟我們是客戶，如果他們是合法生意，難道他們不應該與我們談談嗎？

羅絲、她的八十歲老母親，以及教區牧師坐在桌前。我們詢問房利美能否派出一位代表來談有關羅絲房貸的問題，然而他們卻把警察叫來，並且後面還跟了一堆媒體記者。房利美的大廳人員打電話給樓上辦公室，使得我們一度認為他們真的會派人下來。但是他們並沒有這麼做，結果演變成警察逮捕了羅絲、她的母親、牧師與另外兩人。這項逮捕也提高了我們行動在媒體的曝光度。

第二天是我們在洛杉磯市區的大遊行，此一行動是由SEIU與占領洛杉磯（Occupy LA）兩大組織聯手主辦。在短短一個星期之內，占領行動組織就成為重要的盟友。占領行動人士對於遊行與街頭行動的戰術都比較陌生，不過ACCE與SEIU都是箇中老手。這些工會的人可以趁機教導占領行動人士一兩招街戰術。

這一天風和日麗，街頭就是我們的地盤。我們分成好幾支隊伍，有兩支遊行隊伍朝不同的方向前進，他們都有各自的戰術小組與一路要拜訪的目標。我們到達第七街與菲格羅亞街（Figueroa）的街口附近時，第三支遊行隊伍衝進美國銀行的大廳，高舉一幅巨大的條幅，要求美國銀行歸還屬於美國人民的幾十億美元。

我們在美國銀行的行動在街角引發混亂，我趁勢打電話給我們的聲波卡車司機——他已將車子停在路邊等候——說道：「就是現在！」他緩緩將卡車移到街口，同時我們的人也愈來愈多，阻斷了所有進來的交通。一批工會成員與占領行動人士開始靜坐，占據街口。我們同時占領了街口與銀行。

就在這時，喬諾·薛佛（Jono Shaffer）——一位高明的策略師，與我在維護工友正義運動時結識的朋友

工具箱：行動周的後勤作業

行動周同時會有許多工作要做，最好的方法之一就是成立工作小組。此方式通常應用在較大規模的行動上。工作小組包括後勤、研究、行動、媒體、宣傳、訓練、藝術等等。讓每個工作小組負責一項工作，有助於強化後勤作業的管理。以下是我們五月十二日行動周工作小組所協調的部分工作。

【空間】尋找可供訓練和集會的空間、電話銀行空間、可以容納大量成員的行動周組織空間、供成員居住的空間等等。

【宣傳與招募】透過電話銀行、傳單、電子郵件、社交媒體與街頭海報，盡可能爭取組織團體與個人的參與。

【炒作氣氛】提供經過審慎研究的報告來揭露問題所在與罪魁禍首。高可見度的行動也有助於炒高氣氛。

【行動】行動的規劃包括目標地點的偵察、建立情境或行動框架，分配職務如戰術人員、交通管制員、發傳單的人、警方聯絡員、條幅人員、口號領導員、法律觀察員、攝影人員、推特人員（負責推特與其他社交媒體）、媒體聯絡員等等。

【訓練】此一工作小組要確保大家都了解行動計畫，得到所需要的相關資訊，並在事先進行演練。訓練可以建立自信、紀律與凝聚力。

【藝術空間】確保每周七天，每天二十四小時都能用的大型空間。他們需要許多桌子、大型牆壁、大型地板空間，以及寬廣的大門以利大型道具的進出。

【食物】為集會、訓練、志工與行動人員提供食物。
【法律】招募律師與法律觀察員，設立法律熱線與配置相關人員，建立追蹤被捕人的系統。準備車輛與駕駛以支援坐監成員、為坐監成員準備食物與飲水，籌集保釋金、設立法律辯護基金。
【醫療】建立醫療團隊、組織街頭醫護訓練、編輯與分發有關附近醫院的清單，並且準備第一時間緊急醫護的用品。

——從聲波卡車後面通知我：「銀行已打電話給羅絲，他們將與她重新談判貸款條件，驅逐令與取消房屋贖回權的強制令都已撤消。」

老天，我們成功了，我們做到了！我們在鎮暴警察眼前互相擁抱慶祝，並且很快的把羅絲送到卡車上，告訴大家這個好消息。四周群眾爆出一陣歡呼聲，接著就在街口舉行慶祝舞會。警察退到一邊讓我們大肆慶祝，十分鐘後我們整理隊伍繼續占據街口，並且呼籲大家留下來繼續抗爭。我們才剛開始而已。

要合作，不要競爭

羅絲為她的住屋奮鬥，也催生了一項由工會、社區組織與占領行動人士聯手發動的抗爭運動，叫做占領家園（Occupy Homes）。占領家園的運動在全國快速發展、快速擴張，並且與其他類似的團體串連，例如家園防護者聯盟（Home Defenders League）與拿回土地（Take Back the Land）。占領家園與拿回土地走的是軍事化行動、占領住屋與土地的路線，家園防護者聯盟走的則是推動立法的路線。在大家的努力下，成果斐然，包括在二〇一三年通過的加州屋主權利法（California Homeowner Bill of Right）。

占領家園並非既有的組織與占領行動人士唯一的合作結晶。其他的合作成果包括占領學貸（Occupy Student Debt）、羅賓漢稅行動（Robin Hood Tax，直到今天仍在繼續爭取中）、多項氣候行動，包括人民氣候大遊行（Peoloe's Climate March）與淹沒華爾街（Flood Wall Street）。

回想起來，這些合作其實是大勢所趨——隨著經濟危機的不斷擴大，既有的主流組織需要注入新血，占領行動正是他們所需要的。這些團體都很關切經濟危機，不過方式互有不同。占領行動人士認為既有體制必須重新改造。他們支持自我組織網絡、直接行動，以及以人民大會來進行自我治理，反觀大多數的主流組織則是相信政策性的改革就能解決體制上的問題。

二〇一一年夏天，占領華爾街仍在規劃階段，與我在新底線共事的一些傢伙都瞧不起這場行動。他們都是來自勞工團體或社區組織的全國性組織者，然而當我告訴他們有關九月十七日占領華爾街行動的進展時，不只一次聽到的反應是：「他們有資源嗎？」或是：「我們不確定是否應該與他們結盟。」

我發現大型組織往往會低估草根性運動。由此所反映的是主導文化、階級制度的思想、白人至上的優越感、父權思想與資本主義。在這樣的體制下，決策者通常是在高位的掌權者，然後是經理、幹部與在底層的成員。即使是標榜由會員所領導的團體，也會有許多階級制度團體的弊病，包括缺乏透明性、惡劣的工作環境、爭奪資源、擔心對權威的挑戰，以及保護品牌的掌控權。在這樣的思維下，似乎只有那些已經組織化，或擁有資源的團體才具有力量與價值。

我們在占領行動中所經歷的是主流組織支持，有時甚至強迫性地使用占領行動的能量與語言。這是一個不斷重複的歷史現象，主流組織要不是將邊緣組織排除在外，要不就是企圖吸收我們成為他們策略的一部分。這樣的情況也反映在二〇一二年百分之九十九之春（99% Spring）的訓練上，一些全國性的團體一開始還擁抱公民不服從的策略，但是之後熱度降低，最後完全將公民不服從摒棄於訓練之外。

我曾與雙方共事，對他們都十分了解與尊重。高度組織化的團體力量強大，但是他們不應無視未經組織的群眾在危機時自我組織的潛力。自我組織的行動充滿張力，具有創造性與彈性。他們也許無法持續長久，但是可以創造快速與激烈的改變。我認為儘管立場不同，但是大家可以相互合作，為對方增加價值，而這是需要相互尊重與支持的。

占領華爾街運動有一件美妙的事情是，參與的人並不會將他們的組織關係帶進來。因為如此，占領華爾街就擁有廣納百川的彈性，讓如新底線這類已有自己的計畫與行動的團體加入。

在占領行動展開大約一個月後，新底線拋棄了對該行動質疑的態度，並且寫了一封公開信鼓勵繼續合作。這封信的部分內容是這樣的：

> 親愛的朋友們：
>
> 新底線支持自華爾街所發動的占領行動，此運動現在已遍及全國數以百計的城市……我們對你們的能量、創意與熱誠表示欽佩，並且深受啟發……新底線與占領團體在波士頓、洛杉磯、芝加哥、愛荷華市、聖路易、西雅圖與其他城市都有合作經驗，我們期望繼續合作，向我們要求華爾街負起責任的共同目標邁進。

像五月十二日，新底線與占領華爾街的行動都是來自不同的策略導向，但是可以結合在一起，共同對抗銀行業與全球資本主義的衝擊。五月十二日受助於支領薪資的員工、充沛的預算，以及對於改革與需要改變的政策具有充分的策略性理解，再加上草根性直接行動人士的創意與勇氣，因而成功地創造改變。占領行動則是受助於創造力、年輕人的動力與勇氣、無政府主義原則，以及受危機重創而憤怒難平的全國人民。它深知自我組織與直接行動創造改變的力量。占領行動不受法律或委員會的限制，深具彈性，其結構可以隨著社區需要的改變而演進。⑧

這兩種組織型態都可以複製，我們看見占領行動的營地在全球各地如雨後春筍般出現，而五月十二日的模式則由新底線承接，在全國十座城市複製。這兩種模式沒有優劣之分，都能為人民帶來勝利。其實，我不認為能將他們視為兩種不同的運動，我曾親眼目睹並親身參與兩者之間的合作，雙方相互支持，力量增倍。例如在占領行動期間，我曾以我在五月十二日所使用的策略與戰術訓練他們的行動小組，包括繪製目標地圖、偵測行動區與領導力的培養等。⑨

在我們的政治工作上，我們採行的是白人文化中的競爭、比較、判斷與執行，彷彿這是唯一的方法——不過其實我們需要多樣性的策略與戰術。我們各有不同的方式與風險。有鑑於此，我總是會尋找不同力量相互結合的甜蜜點，在支持行動的同時，各自能夠發揮最擅長的事情，不是強行加諸於對方。要做到這一點，我們必須學會尊重與開放包容的態度。

回首當年，我現在可以更清楚地了解占領華爾街運動的合作精神，為何能夠在文化、政治與政策上造成如此深遠的影響。在國土安全部發動的大規模警察行動下，占領行動在二〇〇一年十一月十五日結束。但是他們並未停止抗爭。之後的一年多時間裡，占領行動人士繼續集會，針對銀行、對沖基金與百萬富豪發動攻勢。我們也在占領行動一周年時組織了大型行動日，以極具創意的機動行動封鎖華爾街。我們都覺得占領華爾街的精神已深植人心，幾個星期之後，颶風珊迪來襲，占領華爾街的行動立刻轉變為占領珊迪。占領華爾街運動所建立的強大網絡、科技能力與創意組織能力，使其能夠即時回應人民對災後重建與救助的需求，其效率遠超過紅十字會與國土安全部的總合。

占領華爾街運動也將財富不均的情況搬上檯面公開討論。學貸成為一個全國性熱議的話題，最終促使當時的美國總統歐巴馬頒布了勾銷學貸的方案。擊負債（Strike Debt）組織以「你並非貸款」（You Are Not A Loan）的口號，透過其滾動千禧年基金（Rolling Jubilee Fund）籌得的資金買斷部分貸款，從而勾銷個人的債務。此舉幫助工作人民得以減免數百萬美元的債務。勞工組織尤其受惠於占領華爾街運動，而在威訊（Verizon）罷工、紹斯伯里（Southbury）罷工，以及在哈特（Hot）與庫斯地（Crusty）的罷工等行動中大獲成功。與此同時，勞工極力爭取最低時薪增至十五美元的努力，也在許多州開花結果。[10]

占領華爾街也為氣候運動帶來新能量，為基石X L輸油管（Keystone XL Pipeline, KXL）抗爭行動注入新血。二〇一六年來到立岩時，我發現有許多占領行動人士都在這兒。占領華爾街運動所建立的草根性關係，在二〇一五年與二〇一六年伯尼．桑德斯（Bernie Sanders）出馬競選時都為其提供協助——這批為桑德斯助選的人後來也在二〇一八年的國會期中選舉發揮作用，如今則是在二〇二〇總統大選年為多位候選人助陣。

在白人至上主義者與新納粹主義份子占據街頭時，許多占領行動人士又組織了安提法，以他們的身體來對抗那批激進份子。為了對抗川普的分離家庭政策，占領行動人士再度出馬，占領美國移民暨海關執法局的辦公室與移民法庭。在布雷特．卡瓦諾的任命聽證會期間，占領行動人士也沒缺席，採取行動抗議讓這名性侵犯進入最高法院。

川普與其腐敗且充滿裙帶關係的政府上台以來，許多保護環境、生育權、移民權益，以及其他種種方面的政策都遭到取消，使得許多人更加無助。不過與此同時，反抗力量也在各地湧現，數百萬新人民都加入了抗爭的行列。占領行動繼續鼓舞我們，占領華爾街的事蹟則告訴我們，我們的反抗力量能夠改變文化，創造出終身的社會正義鬥士。我們今天的努力將會創造明天的勝利，而這一切都始於堅持聯手採取行動終可扭轉大局的信念。

注釋 第八章

① 喬恩・凱斯特二〇一二年十一月因癌症去世，享年五十七歲。他離世前幾周，他的女兒才因被珊迪颶風吹倒的樹幹壓住而死。他長期以來一直在為貧民與勞工朋友奮鬥，他將長在我心。喬恩原是ACORN的領袖，後來主持紐約社區尋求改變組織，這是一個支持有色人種貧窮社區的團體。他們與另一團體全民強大經濟組織（Strong Economy for All）密切合作。後者是由工會、社區組織與非營利團體組成的聯盟，領導人麥可・金克是一位關係廣泛，而且願意採取行動的社運組織者。

② 我們是一個大家庭。我和喬哈娜都在艾比・霍夫曼的社會運動參與者基金會（Activist Foundation）工作。喬哈娜與艾比的「孩子」包括我、喬娜・貝爾康（Joanna Balcum）、艾略特・凱茲（Eliot Katz）、歐拉・馬娜（Ola Manana）、艾爾・吉奧丹納（Al Giordano）、阿德里安・曼恩（Adrian Mann）、蒙尼卡・貝漢（Monica Behan），還有親愛的菲樂芙・威爾斯（Velvet Wells），她在二〇一八年末因癌症去世。

③ 二〇〇〇年代初期，執法單位的戰術有所改變，開始使用路障、圍欄、網子與柵欄來限制遊行、集會與抗議。我們今天都已習慣這些戰術，不過在二〇〇〇年代之前就不是這樣了，警方會迫使和平的抗議民眾進入一個劃定的區域。

④ 高效能組織的美妙之處是可以在最後關頭做出改變——例如臨時改變行程來干擾會議——因為每支小組都有能力很強的組長與隨時可用的道具。

⑤ 通訊在大型行動中十分重要。我們過去多年來都是使用對講機、無線電、收音機與自行車。不過我們現在有了手機，只要使用群組、簡訊，或是音訊會議就可以召集群眾。

⑥ 隨著全球民眾站起來反對歐盟與大銀行實施緊縮政策，也帶動廣場運動的興起。

⑦ 我編寫了一本有關如何組織全市大型群眾運動的小冊子，取名《踢企業屁股》，是本書的藍本。

⑧ 占領華爾街勾起我對共同援助網絡的回憶。我們收集大量的物資與財務資源，然後免費分配給最需要的人。

⑨ 許多遊民加入我們占領華爾街的行動，我們提供他們食物、衣服與醫療護理。我們的圖書館也提供免費的教材，許多藝術家也貢獻時間與資源來幫助別人從事看板的創作。

⑨ 占領行動的參與者無所顧忌，使得直接行動與占領空間的行動更加得心應手而且趣味性十足。在行動期間有一個小組跑去占領一家銀行，在銀行大廳設立了一間起居室。

⑩ 事實上，紐約市是在二〇一九年一月開始實施十五美元的時薪制。

第九章
弗格森與解放的力量

如果你是來幫忙，你是在浪費時間。但如果你是來爭取我們的解放，那麼讓我們攜手合作。

——莉拉・華生（Lilla Watson）

當弗格森的居民在二〇一四年八月奮起抗爭時，多年壓抑的怒火完全傾洩於街頭之上，面對警方的暴力與謀殺，掀起要求正義的聲浪。麥可・布朗（Michael Brown），一位手無寸鐵的青年，在其住所附近的街上遭到射殺，在大太陽底下倒臥街頭整整四小時又二十五分鐘。抗議民眾的怒火與警方的軍事化行動相互衝撞，引發經年累月的激烈衝突，使得全國人民驚覺這個國家正被種族主義撕裂。

弗格森的抗爭源自於貧窮的黑人終於覺得自己受夠了。多達數百人日以繼夜地發動守夜、遊行，排成一列高舉雙手，口中喊著：「舉起手來，別開槍！」他們忍著痛苦，以脆弱的肉體來承受催淚瓦斯、震撼彈、橡皮子彈、子彈、警棍與逮捕等諸多攻擊行動。這些人負隅頑抗，由此也開啟了黑人解放運動的最新篇章。此一運動早在兩年前就已播下種籽，二〇一二年二月，另一位手無寸鐵的黑人青年特拉文・馬丁（Trayvon Martin）遭到喬治・齊默曼（George Zimmerman）槍殺，然而後者卻在佛羅里達州的不退讓法（Stand Your Ground）下無罪釋放。接著在二〇一四年七月，艾瑞克・嘉納（Eric Garner）因販賣香菸遭到紐約警察殺害。他們用膝蓋壓著他的脖子，儘管他叫道「我不能呼吸」，他們仍然不肯起身，一名黑人與父親於是遭到謀殺。

在麥可・布朗遭到殺害後，此一運動終於爆發。它已從盒子出來，不可能再回去了。

弗格森的意義不在大小，而在心靈。他們的抵抗是具有結構性的有機體。這是一種捨我其誰的精神，混雜著痛苦、悲傷與憤怒的自我犧牲，希望藉此讓世人了解「黑人的命也是命」。警察殺害的黑人與棕色人種，都是有血有肉的生命，必須追究責任——不只是弗格森，而是這個國家的每一個社區。

弗格森的意義在於行動。它結合了許多部門，包括青年、宗教、勞工、和平與正義團體。宗教團體中有些人原本還有些猶豫，但是在崔西・布萊克曼（Traci Blackman）牧師與歐薩蓋弗・塞庫（Osagyefo Sekou）牧師狂熱的帶領下，他們也站起來以道德星期一（Moral Monday）的精神面對警方。塞庫牧師自小在聖路易長大，是一位宗教領袖，他號召大家採取積極的非暴力直接行動，以永恆不變的深愛來對抗體制。以永恆不變的深愛來對抗體制。弗格森的居民不想依循既定的遊戲規則，因為這些規則對他們並不利。社會改革需要挑戰國家權力與具有種族主義和白人至上主義色彩的體制。身為一生的社運組織者，我常常指出在解構壓迫的體制的同時，也需要建立解構的架構。兩者缺一不可。

弗格森當地的社運組織者對外來的團體心存警惕，會要求白人盟友承認他們擁有特權。我在弗格森的經驗讓我認清要建立一個反種族歧視的世界，我還有許多要學的東西。這些改變得來不易。這些存在於體制內的壓迫思想幾世紀以來已根深柢固，不論是白人，還是多數的有色人種，一路走來都無法真正了解種族主義與資本主義對我們的傷害。要解構害我們大多數人受創、貧困與無法接受教育的體制，需要專注、資源與康復的工作。

我們必須自問：我還在等什麼？我能做出什麼貢獻？或者更合適的是思索塞庫牧師對神職人員該如何面對滿腔怒火或不滿的黑人青年時所做出的回答——告訴他們：「我很抱歉這麼久才過來。」

弗格森十月與道德星期一

八月九日，在麥可．布朗遭警官達倫．威爾森（Darren Wilson）射殺當天，社區居民圍繞在這位十八歲的青年屍體四周，他已躺在弗格森的甘菲爾得路（Canfield Drive）超過四小時。弗格森位於聖路易市郊西北部，居民都是非裔美人。當地居民焦慮不安，因為又一個黑人青年被殺了。第二天晚上當地舉行了一場和平的燭光守夜，同時也出現零星的財產破壞事件。然而警方卻大陣仗地派出一百五十名鎮暴警察，並且逮捕了三分之二的人。這樣的情況已足夠餵食全國各大媒體，然而大家透過媒體影像所看到的是打家劫舍的動亂，不是和平的抗議行動。

到了第三天晚上，鎮暴警察全副武裝，以催淚彈攻擊和平抗議群眾，並且還對人群發射震撼彈。在警方的行動中，多名記者連同抗議民眾遭到逮捕，社區發出要求究責的呼聲，然而主管當局根本不理會，反而增派警力。八月十七日，國民兵進駐，甚至在他們到來之前，水牛地雷防彈車（Mine-Resistant Ambush Protected vehicles, MRAPs）就已在街頭巡邏。這種大型坦克原用於伊拉克戰爭，防備遭到地雷與土炸彈的攻擊。警察都配備了霰彈槍與步槍，正在作戰的男女士兵看到這些電視影像，可能會覺得戰地還比國內安全。

民選官員也參與抗爭，大聲疾呼，然而他們的地位卻無法保護他們。聖路易的市議員安東尼奧．法蘭契（Antonio French）想記錄抗議實況，卻被警方拖下車來，扔到地上，以非法集會的罪名逮捕。

從八月到九月，抗議行動接二連三出現，有的零星間斷，有的持續不斷。與此同時，政治活動也開始增多，包括司法部長艾瑞克．霍爾德（Eric Holder）親自造訪弗格森、國際特赦組織（Amnesty International）派遣一支真相調查小組前來弗格森，以及總統歐巴馬發表聲明。一些新的草根性團體應運而生，既有的社運組織也加強他們對此一運動的支持。

弗格森最特別的地方之一是，儘管這場運動後來在全國掀起熱潮並且變得更加複雜，草根性團體依然在其中維持龐大的力量。聖路易的兩個長期性組織在大部分的行動中都扮演主導。黑人鬥爭組織（Organization for Black Struggle, OBS）在聖路易成立已有四十多年，擁有豐富的政治歷史與文化活動。當地另一個團體密蘇里州改革暨授權組織（Missourians Organizing for Reform and Empowerment, MORE），創立於二〇一〇年，是一個以社區為本的組織，主要是持續即時改革社區組織委員會（ACORN）的精神，聚焦於如住房與法拍屋的經濟正義。與此同時，也興起一批新的團體組織，其中許多都是由黑人青年所領導，包括舉手聯合會（Hands Up United）、千禧世代行動份子聯盟（Millennial Activists United）與一些較不知名的團體，例如失蹤的聲音（Lost Voices）、黑索爾嘉（Black Souljahs）、自由鬥士（Freedom Fighters）和X部落（Tribe X）。

當像這樣具有歷史意義的人民運動興起，總會有一個不斷受到複製的模式。你以後會經常看到一個草根性組織從無人理睬、遭人迴避，甚至被罪犯化的邊緣地帶出現，然後這些草根性組織人士開始貢獻所長，逐漸受到重視。隨著持續的發展，全國性的團體開始派人加入、發出行動警報、開始宣傳與籌募資金，同時一些已具知名度的地方團體則將他們原本反抗的本質改稱為政治改革。在此一蛻變的過程中，資金成為弗格森的大問題，因為該社區手上根本就沒有資金。雖然他們希望能在當地重新分配資源，可是卻難以建立一套運作順利的機制。

當大家都參與其中，就是真正的運動展開之時。一項發動全國性集會的九月計畫於是誕生，名為「弗格森十月」（Ferguson October），是連續四天的遊行、演說與直接行動，在十月十三日周一達到高潮。

麥可．布朗被殺當天，我正在德州奧斯丁的家中。我和許多人一樣，看到警方以軍事化行動來對付社區要求正義的呼喊，感到震驚不已。我與在聖路易的朋友傑夫．歐道爾（Jeff Ordower）聯絡，他是MORE的執行董事，他覺得現在還不是白人組織者介入的時候。我了解。

當公開要求發動弗格森十月行動的呼聲起來時，我知道我該過去了。我與友人，藝術家勞麗．阿貝特聯絡，我們決定在聖路易會合。[1]

抵達機場後，我為麥可的追悼會買了一些鮮花。我駕車來到弗格森，先到西佛羅瑞珊路（West Florissant Road）去了一趟，當地大部分的抗議行動都是在這兒舉行，我看到在八月十日被燒掉的便利商店快旅（QuikTrip）。我轉到甘菲爾德路，然後靜靜地離開。我經過一排排的小房子、公寓與綠地，然而卻是一片寂靜無聲，令人訝異。追悼會就在馬路中間，沿著雙黃線一路延伸。追悼會布置了蠟燭、鮮花、填充動物、一個籃球與一些標語牌。其中一個標語牌寫道：「正義在哪裡？」人行道上，一根燈柱的四周堆滿了填充動物，燈柱上掛了一幅麥可．布朗的高中畢業照，照片中的他戴著學士帽。他原本應在幾周後展開大學生涯。

我沒有待太久。我將鮮花放下，為麥可．布朗的生命默哀了幾分鐘，他的死改變了我們的世界。

我前往MORE在聖路易世界社區中心的辦公室，那兒是組織與規劃抗議行動的大本營，我很高興看到許多社會正義團體都有設立辦公室，包括給我十五美元（Show Me $15）、國際婦女爭取和平與自由聯盟（Women's International League for Peace and Freedom）與聖路易巴勒斯坦團結委員會（St. Louis Palestine Solidarity Committee）。這些辦公室扮演行動總部的角色，提供法律與監獄支援、物資、食物、訓練與集會空間等服務。整個地方熱鬧非常，人聲鼎沸。

弗格森十月是OBS、MORE與舉手聯合會等團體合組的聯盟。舉手聯合會是外來力量組成的新團體，為行動帶來不同的張力。莫里斯．米契爾（Maurice Mitchell）與馬文．馬卡諾（Meryn Marcano）的到來，無疑為此一運動帶來天賜的禮物，他們是兩位外來的社運組織者，為周末的行動帶來新視野，並且填補了當地與全國組織者間的差異。在舉手聯合會造成挑戰之際，又出現一個新組織，別開槍聯盟（Don't Shoot Coalition），一路擴大為由當地一百五十個以上的組織結成的聯盟，其目的是推動政治改革，包括為警方設立交戰準則。

在弗格森十月發動的三天前，我在謝絲蒂．費森（Celeste Faison）的協助下首次參加他們的會議，費森是一位來自優科（Ruckus）的年輕黑人女性。我們討論了周一的直接行動計畫，他們問我是否願意擔任行動協調員。我有些猶豫，無法確定初來乍到的一位白人女性能否掌控整體情勢。我問我能否只擔任訓練與支援行動的角色，而不要擔任協調員，大家都同意了。

當晚大家情緒高漲，在城市南邊的蕭社區，一名下班的警察又射殺了一名十八歲的黑人青年范戴瑞特．小邁爾斯（VonDerrit Myers Jr.）。大家決定每晚都舉行守夜與遊行。

我們在周六對數百人進行了有關非暴力行動的訓練。我在訓練中鼓勵白人盡可能冒著被逮捕的風險，以利用其特權來進行抗爭。周日，我們在聖路易市區內發動遊行與集會。多位演說者大聲疾呼這座毫無正義可言的城市必須恢復正義。弗格森的警方多年來不斷騷擾、逮捕與在金錢上剝削黑人。在布朗死後八個月的一份調查報告中，司法部證實了弗格森警方的惡形惡狀，《紐約時報》指出，該報告顯示有許多違反憲法的行為，並且要求該市「完全拋棄警方的操作模式」。報告指出，「該市利用警方與法院做為賺錢的工具，警察會在沒有任何正當理由的情況下隨意攔阻人們，或是將他們上銬、在種族議題怠忽職守、無故使用電擊槍，並且視任何質疑其行為的人為嫌疑犯。」

周日晚間，我們在查費茨體育館（Chaifetz Arena）舉行了一場大型集會，參加人數超過千人。然而美國全國有色人種協進會（NAACP）主席發表演說時，多次被群眾中的年輕人打斷，他們要求上台講話。群眾中有許多人喊道：「讓他們上台！」但是其他人則要他們閉口。幾分鐘後，特夫．波（Tef Poe）與艾遜麗．葉泰斯（Ashley Yates）來到台上。特夫．波是當地一位饒舌歌手，也是舉手聯合會的關鍵人物，葉泰斯則是千禧世代行動份子聯盟的創辦人之一。他們談起憤怒、痛苦，以及警察暴力對他們個人與社區造成的影響。然後他們宣布，「這不是你們父親的民權運動，我們必須自立自強。」

對我而言，這個宣示說明了弗格森抗爭的本質。這是草根性、由黑人領導、年輕人主導，而且猛烈狂熱的運動。他們不達目的，誓不罷休。

這批年輕人宣布當晚將自范戴瑞特．小邁爾斯的哀悼會發動一場遊行。到了晚上十一點，那兒已聚集了一千人左右。大家遊行到聖路易大學，占據鐘塔廣場，那是圍繞一座噴水池的圓形區域。他們由此展開了持續約一個星期的靜坐，最終贏得當局同意改善非裔美人就學計畫與增加財務補助。

第二天一大早的靜坐開啟了道德星期一行動日的序幕，此一行動乃是呼應牧師威廉．包柏二世（William Barber）博士在北卡羅萊納州所發起的運動。當天總共發起了九項行動。當天我是去支援在弗格森警局前的公民不服從行動，該行動是由塞庫牧師所領導，他與我曾在和平與正義聯合會（United for Peace and Justice）共事。他原本住在波士頓，但是弗格森的抗爭讓他覺得必須返回家鄉，幸好他這麼做了。他是一位直言不諱的人，嚴厲敦促那些無所作為的神職人員起來行動。他的內心已點燃革命之火，深知當前的體制充滿罪惡！

我來到教堂，坐在後排的長凳，塞庫在前面為即將前往警局的教會領袖打氣。他表示非暴力、尊重的正義行動具有強大的力量。他的話讓我回想起早年參加的公民不服從行動，當年是抗議美國政府在中美洲發動的骯髒戰爭，而帶頭的宗教領袖也發出同樣的呼籲，可見其精神已深植其中。我感覺又回到家中，並且慶幸能與這位強而有力的領袖共事。同樣的，塞庫也很高興我能來這兒幫忙，他喜歡稱我為絕地大師。我知道他不是隨口說說，因為我在飛抵聖路易，搭乘機場巴士時遇到約翰．塞勒（John Seller）與他的妻子潘蜜拉。他們都是塞庫的朋友。我告訴他們有關我的工作時，他們異口同聲地說道：「我們知道你是誰，你就是塞庫告訴我們的絕地大師。」不消說，我受寵若驚，又感到無上光榮。

遊行的時間到了。這是一個陰鬱的下雨天，不過天氣並沒有阻撓我們。前往警局的一路上，我們經過幾家商城、當地的店鋪與類似潛艇堡的連鎖店，他們都因為抗議而大賺一筆。有超過百名的宗教領袖走上街頭，他們身著袍子，配戴顏色鮮明的裝飾品，讓街頭增色不少。警局已用路障封鎖，包括我們打算進去的大門。我們聚集在警局前面，有一人躺下來，我們以粉筆在他四周畫下線條。我們齊聲高唱「艾拉之歌」（Ella's Song），這是受民權領袖艾拉·約瑟芬·貝克（Ella Josephine Baker）啟發，由伯妮斯·強森·雷根（Bernice Johnson Reagon）作詞，搖滾甜心（Sweet Honey in the Rock）錄製的歌曲。艾拉·約瑟芬·貝克是當代最具影響力的民權運動組織者之一。她與金恩博士在南方基督教領袖會議（Southern Christian Leadership Conference）共事，也是學生非暴力協調委員會（Student Nonviolent Coordinating Committee）的創辦人。貝克是一位女英雄，也是所有希望世界更好的人的典範。這首歌的歌詞告訴我們，我們不能鬆懈，直到所有膚色的兒童生命能和白人兒童的同等重要。

神職人員手臂相連，向警方的封鎖線前進——許多警察都穿著鎮暴裝——表示願意接受告解，並要求會見警察局長。神職人員當中有一位康乃爾·韋斯特（Cornel West），他聲稱前一晚參加市政廳會議，然而他非但沒有上台發言，反而還遭逮捕。第一批神職人員都被逮捕，但是另外一批立刻補上他們的位置。這是激動人心的一刻，因為就是這些神職人員在布朗死後初期還保守陣營，造成許多衝突。但是他們現在卻站在最前線。

我當天支援了多項行動，根據了解，在道德星期一行動日當天有六十四人被捕。弗格森的抗爭已蛻變為有組織、有效率的運動，全球都在注意。

與警察打交道的策略

我對弗格森的青年男女十分感激，他們從領袖、組織者到孩童都願意走上街頭，無所畏懼。他們盡可能占領空間、以高超的技術轉移陣地、鼓舞追隨者。他們高喊：「我們年輕、我們強壯、我們遊行一整夜。」他們說到做到。簡單說，他們面對警察或政治人物不會退縮。我看到他們跪在地上，任憑警察處置。他們不在乎媒體、不在乎傳遞訊息，也不在乎與政客或銀行家交朋友。他們擁有彼此，這樣就夠了。

當然，他們也不是單獨面對警方暴力。他們高喊的口號中有一個是：「該死的體制罪大惡極！」他們起來對抗從學校到監獄的通道（school-to-prison pipeline）與罪犯化和監禁的體制。他們呼籲廢除造成社區無法擺脫貧窮的法律與政策。他們要求結束警方的濫權與種族歸納。他們敦促當局為警方暴力負起責任，並且制定社區監禁的替代方案。

這些年輕人是在為他們的生命奮鬥。根據二〇一七年的一份報告指出，在二〇一六年，黑人男性青年遭到警方射殺的機率是一般美國人民的九倍。非裔美人遭遇警方時，受到暴力對待的可能性是一般美國人的四倍，而且每三名男性非裔美人就有一人可能會被關進監獄。罪犯化的過程自他們小時就已展開。美國許多大型學區，包括紐約與芝加哥，平均每所學校的警察人數都超過輔導員，而且學生會因對老師頂嘴之類的行為與「失序行為」被逮捕，真的被逮捕啊！

我擁有幾十年與警方互動的經驗，能夠深切體會人們對執法人員的恐懼，然而我卻無法想像光只因為是黑人就被警察盯上，並且知道警徽就是殺人執照的感覺。

儘管我擁有身為白人的特權，但是我在國家恐怖與暴力下依然感到脆弱無力，我擔心會被媒體貼上恐怖份子的標籤，也擔心成為警方、FBI與國土安全局的目標，有時我也會害怕丟掉小命。我在卡崔娜颶風幾個月後的紐奧良曾遭遇這種可怕的情況。當時我們一群人在參加梅格・佩利的追悼會後收拾現場，梅格是共同援助網絡的一名年輕志工，在一場巴士的交通意外事故中喪生。我們舉辦了一場美麗的追悼會，與梅格的家人在她心愛與辛苦經營的花園內栽下一些樹木。隨後我開車載別人回家，卻接到一通電話告知警察闖進花園。

我趕回去看到大家都將手高舉放在警車上。我緩步向前，畢恭畢敬地詢問是誰在負責。然而我得到的回答是——「閉嘴，把手舉起來！」一名警察吼道，並且拿槍對著我。

我應他的要求慢慢走向他的車子，他把我推到車邊，拿槍抵著我的腦袋。我盡可能地呼吸。我看到十一歲的喬許額頭上有一個紅點，這是槍枝的雷射瞄準器。又來了幾輛警車，我面前的警察退後一步，當他們靠近時我喊道：「你們之間有講理的警察嗎？請過來和我談一下！」最後終於有一位警察走過來。我問他是否記得最近那次巴士交通意外事故，我們是為那名在意外中喪生的女子舉辦追悼會。另一名警察辯稱他以為我們是搶匪。也許有人會犯下這樣的錯誤，但是他只需問我們在幹什麼就行了，何必舉槍對著我們。由此你可以看出人們是多麼容易被警察射殺。

學習如何應付警察可不是開玩笑或兒戲，而是可能救你一命的事情。抗議警方暴力與監禁的社會運動正不斷增加，但是除非整個體制改變，警察仍可以為所欲為。他們會先運用警察間的沉默法則，之後再擔心遭到反彈或是起訴。

我應付過粗暴狠毒的警察，也遇過值得尊敬的，以及其他各式各樣的警察。我的應對方式不是「去你媽的警察」，而是請求他們放下槍來，加入群眾。因為在那一刻，不論他們多麼正直，他們都是一夥的。

面對警察已是抗議與各項抗爭行動無可避免的事情。事先計劃是必要的，但是你同時也必須為不可預測的事情預做準備。如果你從一開始就計劃對警方採取不合作的態度，難免會發生不可預測的事情。不合作的行動需要勇氣與膽識，我在弗格森沒有一天沒看到這種氣質的體現。

工具箱：對付警察的要領

在抗議、集會與抗爭的行動中，我們經常要面對警察與國民兵。對付執法單位有許多種方法，不過我比較著重於減輕傷害的方式。

▼當警察出現時，注意他們的身體語言與動作。學會研判他們的動向。他們是站著不動呢，還是鼓動不定，準備發動攻擊？他們有騎馬嗎？或是牽了狗？

▼注意他們的裝備。他們有警棍或手銬嗎？有馬與警犬嗎？他們是否還有其他的武器與車輛？

▼你可能需要準備自身的防備裝備——護目鏡、面罩與耳塞。

▼確保你有派遣偵察員察看不在我們視線內的警察是在什麼地方。

▼了解你在該區域的出口，查看四周是否有可以掩護你的地方，或是可供暫時躲避的商店。

▼事先安排人員攝影以記錄行動經過，也可以組織法律觀察員在現場進行觀察。

▼要記住，警察的行動都是採取命令與控制的策略。他們預期人們會聽從他們的命令，如果我們拒絕聽從，他們就會變得激動，行動也會升級。

▼警察通常是聽從上級指示，因此學會看懂他的制服與階級，嚴密觀察上級對其下屬發出的指令。

▼一些抗爭行動中你可能會授權某人擔任警方聯絡員。此人是要確保與警方的溝通管道暢通，並且為我們爭取時間。我在擔任這項職務時，會使用以下的策略：

▽我會表現得具有權威性與自信。以這樣的態度來對付警官，聽來有些違反常理，但是他們已習慣聽從指令與明確的指示。此外，我能成功使用此策略有部分原因在於我是白人女性。

▽我很少單獨與警方會面，最好是有一個小組，在我們對話時，旁邊有人在場。

▽我會尊重他們，同時會主張我們的權利。要一直強調我們的權利。

▽如果他們說你違反規定，要他們拿出法規條文給你看。

▽每種情況都不一樣，如果警官表現得十分鎮定，你可能根本不必與他對話。如果他們看來緊張，有要發動攻擊的跡象，我會嘗試與他們對話，降低緊張氣氛。

▽如果警官開始激動起來，我會試圖與他們對話，指出他們只會使得情況更不安全。安全是關鍵所在。如果有一名警察激動起來，我的經驗是請他的長官將他調離。

▽我有時會向警官說明我們採取行動的原因，並問他們是否認識受此議題影響的人，由此評估他們是否同情我們的行動。

▽要記住，警方會期待你聽從他們的指示，儘管他的作為可能已超出其權限範圍。許多城市現在都會為重大政治活動購買保險，此舉顯示他們打算違反人民的權利，並且確保在事後有錢打官司。

不予起訴

布朗被殺後的初期，街頭抗爭都是來自民眾未經組織的行動。但是到了十一月二十五日法院宣判不予起訴時，民眾都已組織化，力量強大，抗爭運動也遍及全國，在全國發動近百起行動。

十一月初我已返回奧斯丁，但是心中仍惦記著弗格森的行動。我與好友麥可・麥克費爾森（Michael McPhearson）聯絡，他是和平退伍軍人組織（Veterans for Peace）的執行董事。[2]我們曾在和平與正義聯合會共事。他也是別開槍聯盟的創辦人之一。我對他表示我還想回來聖路易提供更多的訓練與支援。他將我的要求交給別開槍聯盟，該組織決定邀請我過去。

我安排在十一月六日抵達，並且立刻與何思琳（Julia Ho）聯絡，她是MORE的社運組織者，正在訓練與培養來自X部落、自由鬥士與黑索爾嘉的年輕組織者。這些組織都是當地年輕人在弗格森爆發抗爭後成立的。

這些年輕人大部分同住在一棟公寓內，所能得到的資源有限。我們過去探視他們，受到熱誠的接待。我們在那兒待了一陣子，我問他們過得怎麼樣。我可以感覺到他們的悲痛。這些孩子自出生以來就是在權利遭到剝奪與憤怒的環境下長大，如今整個局勢改變了。他們儘管筋疲力竭，但是仍充滿熱情。我告訴他們，我是多麼欣賞他們的街頭戰術。在弗格森十月行動期間，他們主導了多次遊行與抗議行動，包括在聖路易大學的集體靜坐。

第二天我提前抵達訓練場地。一大批人開始湧入，我發現參加的人實在太多，我根本無法如預期展開訓練。不過我寧願有這樣的問題。麥可與OBS的蒙特谷．西蒙斯（Montague Simmons）先是做了開場白，然後我開始講述直接行動的歷史與力量。我們以問答的方式來談論有關警察、健康、傷痛與如何維護安全等議題。我也談到自我組織與成立工作小組的重要性。我們開始根據特定地點進行行動的組織與規劃。我們強調對各種可能情況預做準備的重要性，包括警察暴力與遭到逮捕。我們也建議要準備一個工具包，裡面裝有飲水、頭巾、地圖、能量棒、護目鏡、手機充電器等。在結束之前，我們要大家與朋友一起圍成圓圈，組成親和小組。

這次集會頗受觀迎。麥可、蒙特谷與我商量計劃進行一連串的集體會議、集體訓練，以及設立專門為大陪審團判決準備的行動會議。我們的目的是準備一個能讓未經組織的個人與新組織也可共聚一堂的場所。在這些集會下，有逾千人接受我們的訓練，由此也為尚未走上街頭的人提供了一個開放的場所。我們為集體行動建立了一套共通的架構，其原則性、積極性與實用性可以幫助走上街頭的團體能夠發展自己的行動。此一計畫的目的是對當地包括政治人物與警方在內的掌權者發出一個強而有力的訊息，我們的抗爭運動在積極組織下日益強大。

這一組織模式與我在一九八〇年代中美洲反戰運動中所學到的類似，並在後來運用於反核運動、全球正義行動、占領華爾街以及其他社運上。這些模式擁抱直接民主的原則、自我組織、分享權利與互助合作。這套模式在美國原本主要是由白人在使用——不過其核心原則可以追溯至全世界都在使用的原住民方式。我們也知道新成立的行動委員會必須是一個由有色人種參與、明確傳達反種族主義訊息的場所。

我們一旦開始，就發現大家都期待能夠組織起來。我們因此能夠成立多個親和小組，並且教導年輕領袖如何舉行共識會議。有兩位年輕黑人女性凱拉．瑞德（Kayla Reed）與布莉安娜．理查森（Brianna Richardson）成為非常優秀的協調員。她們都是社運的菜鳥，都是受到弗格森抗爭運動的感召而加入其中——凱拉是一位藥劑師，布莉安娜則是在美國企業工作。那些夜晚在街頭的行動改變了她們的生命。凱拉組織了她的首次大型集會行動，我很高興有新成立的十六個親和小組，數百人的參與。我們將此一新興的模式稱為弗格森行動會議，後來的版本稱為聖路易行動，迄今仍在使用。

在不予起訴的判決出來前最令人難忘的行動之一是在蒂沃利劇院（Tivoli Theatre）前的裝死（躺下）抗議，該劇院位於華盛頓大學附近繁華的德爾瑪大道（Delmar Boulevard）上。此計畫是讓我們角色扮演，上演一齣警察開槍、民眾遭到射殺、在屍體四周以粉筆畫線與送上鮮花致哀的戲碼。我們分成兩支遊行隊伍，每支都有一整套舉行喪禮儀式的道具。

這是一個溼冷小雪的日子。我們扛著棺材前進，棺材上鋪滿了色彩鮮豔的花朵。我的團隊必須走在人行道上，因為旁邊有一座建築工地。我隊上的一位成員，一個叫做HJ的大個子，從工地拔起一根木樁，拿

行動委員會
· 街頭行動團體需要參與
· 每個團體有一代表
· 協調小組引導議程
· 與會者同意合作重點
青年組織
線上直播團體
醫護隊
盟友
工會
入監支援
信仰團體
抗議藝術家
自我組織行動團體
社區組織
法律觀察員
ACTION COUNCIL
COORDINATION TEAM
smaller group for action council
planning, logistics and facilitation
行動委員會是提供各團體在行動中相互協調與支援的場所。行動委員會可以用來規劃某一重大行動，或是在某一運動或運動之間長期扮演協調的角色。它最大的特色之一是能夠在正式組織與相對鬆散的團體之間建立關係與進行協調。
圖表由艾蜜莉・西蒙斯（Emily Simons）提供

著它遊行。他把木樁當做寶劍，配合他與其他人所攜帶的大型木製盾牌，以防衛警方的警棍。我的反應是：糟了！一名黑人大漢拿著木樁，一定會成為警方的目標。我悄悄走到他身旁說道：「你想怎麼做就怎麼做，不過你得知道你可能會被盯上。」他根本不在乎。

兩支隊伍在距離劇院幾個街口的地方集合。我們抵達劇院後派出交通管制員攔住交通，然後就一擁而上，有些人扮演警察，大聲叱罵與威脅，其他人則是高舉雙手。我們「射殺」他們，他們倒在地上。雪花輕柔飄下，落在四周，街上有幾十個行人佇足觀看。多魯巴拿著擴音器，向路人傾訴他身為黑人的感受、悲哀、憤怒與痛苦。我看到ＨＪ站在那兒，盾牌與木樁在兩邊，一滴眼淚滑落面頰。他看著我們在街上的表演，說道：「我不知道會這麼美麗。」我深有同感，淚水在眼眶中打轉。

二〇一四年十一月，我們在蒂沃利劇院外發動裝死抗議，該劇院位於聖路易的德爾瑪大道。

這就是直接行動的力量。在我們創造出美麗的反抗行動的同時，內心也產生改變。我們知道自己能夠創造美麗的世界，而且可以透過自覺的選擇，每天向這個目標邁進。這樣的感覺既甜美又痛心。

甜美的時刻被警方的吼聲打破，「這是非法示威，你們必須立刻離開，否則就會逮捕！」

我們決定完成預定的行動，大家高喊：「站起來，坐下來，我們是為了麥可·布朗！」如同原先設想，在這些口號下，躺在地上的人站起來加入呼喊的行列。我們形成一支大型的遊行隊伍向警方走去，在他們的警車之間穿梭。我們知道要應付恐懼與潛在的危險，最好的方法就是以愛與光直接面對。我們就是這麼做的，警方對我們束手無策。

——

我們不知道判決何時宣布，但是隨著進入十一月，可以感覺到法院即將宣判。外界已有風雨欲來之勢，商家為店面釘上木板、學校準備關閉、克萊頓的公義中心與市政廳前都已設置路障。市井謠傳幫派可能會趁機作亂。民眾在弗格森警局前日以繼夜地發動抗議，直升機在民眾頭頂盤旋，以強光直射我們。我們設計了一份線上地圖，標示出五十個可能的行動目標，包括警察局、政治辦公室與企業。這份地圖同時也標示出安全避難場所與醫院。我個人的計畫是在弗格森警察局等候宣判。

最終，我們從布朗家人那兒得知第二天晚上，也就是十一月二十五日，將會宣判。我抵達警察局時，已有數百人與幾十家媒體在此守候，有的搭起帳篷，新聞採訪卡車則是停在路邊。當晚既黑且冷，氣氛緊張，濃密得甚至可以用刀子劃開。群眾躁動不安，來回走動。當宣判出爐時，我正站在凱特嬤嬤（Mama Cat）身旁，她是當地婦女，自八月以來就在街頭為群眾煮飯與供應食物。她接聽手機，重複手機中傳來的訊息：不予起訴，達倫．威爾森將被釋放。

群眾怒吼：「不、不、不！」

布朗的母親萊茲蕾．麥斯派登（Lezley McSpadden）站在一輛卡車的後面，崩潰了。麥克．布朗的父親扶著她，兩人痛哭失聲。群眾從震驚中慢慢甦醒，轉為暴怒，各種物品自群眾中飛出——瓶子、標語牌——投向鎮暴警察的防線。在那麼超現實的一刻，我瞥了一眼高掛路旁、閃著紅光的招牌，上面寫著佳節快樂，下面則是一排鎮暴警察。這絕對不是假日季節。

群眾四散開來，蔓延街頭。一批類似軍方坦克的大型車輛自南佛羅瑞珊路（South Florissant）向北駛來，朝著群眾前進。催淚瓦斯滿天飛，槍聲大作，然而卻無從知道來自何方。群眾高喊尖叫。不一會兒，街頭冒出火光，一輛警車被點燃了。

我與MORE的何思琳和戴瑞克．蘭尼（Derrick Laney）在一起。戴瑞克需要搭便車到他的車子那兒。

我們坐上我的車向戴瑞克停車處駛去，但是一轉過街口，就看到一批高舉步槍的警察，我連忙倒車。待這批警察離開到另一條街後，戴瑞克找到他的車子，現在我得送我的朋友何思琳到她停車的地方，然而卻徒勞無功。我們穿過一條巷子，前面有一排警察舉槍對著我們。我的儀表板上出現狙擊手雷射瞄準器的紅色光點。我該怎麼辦？只好和何思琳說明天再來拿你的車。我們匆忙離開那兒，設法來到一座教堂，這是當初安排的安全避難所之一。我們休息了一會兒，然後走西佛羅瑞珊路回去。現場一片狼藉，喇叭聲大鳴大放，空中瀰漫濃煙與催淚瓦斯。我們朝另一個方向前進，但是在我們打算轉進的街口槍聲大作。我們在車內低著頭穿過街口，終於安全離開那個地區。

我們來到莫卡貝咖啡店（Mokabe's），這是我們在蕭社區經常逗留的地方。現場一片混亂。警察向店內發射催淚瓦斯，四周人們都用白色乳狀的美樂事胃藥（Maalox）塗在臉上——一半美樂事，一半水混合，是治療催淚瓦斯與皮膚上胡椒噴霧的良方。

大家都為激昂的情緒與持續不斷的行動累壞了。我知道弗格森整晚都會在火焰之中，不過我也知道我們計劃在明天一大早封閉克萊頓的街口。我將何思琳送回家後，返回下榻的地方，將鬧鐘設在清晨五點，然後就倒在床上。

直接面對種族主義的力量

麥可．布朗死後一周年時，一個在弗格森成立的團體，永恆之愛計畫（Deep Abiding Love Project），製作了一本小冊子叫做《來到弗格森》（*Coming to Ferguson*），分發給來到聖路易的社運人士。其目的是要告訴大家，弗格森的抗爭不是一次性的運動，不是自我感覺良好，然後就帶著一身榮耀凱旋回家，這是一個需要長期努力來打倒種族主義與白人至上主義的運動。該手冊鼓勵新進者「站出來與閉上嘴」：

站出來與閉上嘴：首先要了解你在弗格森的角色與你在自己社區的角色有所不同。在這裡，你唯一的資歷就是你站出來多少次。你做為一個外來者的角色就是出來參加與聆聽。要有彈性與學習接受這場運動的領導新型態。學習如何聆聽新的聲音，避免成為當地組織者的負擔，妄加議論，或是給予建議。

弗格森的社運人士對白人至上主義的優越感尤其敏感——擔心種族、性別與階級意識會滲透進入他們的草根性團體。具有白人或白人男性特權的聲音與意識形態十分狡猾，難以分辨，這就是為什麼自我揭露這些特權如此重要。就我個人而言，我發現我在緊急與工作要求上會展現出白人優越感的一面，當我堅決要做某件事情或認為這是唯一正確的方式時，我會表現得高人一等，或是覺得自己就是救世主。

如果沒有經歷辛苦的學習過程，大部分白人都不知道他們的行為會不經意地顯露出內在的優越感，並且會否認自己有優越感。這種拒絕承認的態度會導致他們隱藏一些出自內在優越感的行為，包括疏離、脆弱與自大傲慢。

這種身為白人、男性、坦率、身體強健與基督徒的優越感，自美國建國以來就深植其文化與體制之中。美國第一屆國會在一七九〇年所制定的歸化法（Tht Naturalization Act）就將美國公民定義為「自由的白人」，使得美利堅合眾國成為地球上唯一把「白人」的概念寫入法律的國家。幾世紀以來，白人男性以其法律賦予他們，也只有他們才有特權擁有土地與財產，同時男性也占據社會的主導地位，擁有控制女性的權力。

在特權之下，白人與男性大量投資於維持其高人一等地位的行為——然而同時也製造出對「其他人」

的非理性恐懼，並將他們暴力與迫害的行為合理化。這些來自內在種族優越感的行為榨取社會資源、製造傷痛、否定別人與他們自己的人性。優越感帶來競爭、控制、個人主義，以及使用與接受暴力的行為。

根據人民生存學院所教導的，這種內在優越感的反面就是有色人種的內在自卑感，為其世世代代帶來精神創傷。優越感與自卑感使得大家都病了，只是那些白人、男性與有錢人病得很舒服。

「解放」一詞不是我經常會與白人相連的東西，不過打倒種族主義與白人優越感就意味解放所有人類。說來好笑，由白人編製的字典所定義的解放，也帶有白人優越感的味道。舉例來說，解放是「釋放某人自由，讓其離開監禁、奴役與遭到迫害的行為」。我們講釋放某人自由，好像這人無法自我解放。我們將解放視為擺脫一些外在控制的力量——但是真正的解放來自內在，因為我們的思想和我們的身體一樣，都已受到制約。

心靈治療師瑞斯瑪·曼阿金（Resmaa Menakem）在其著作《我祖母的雙手》（*My Grandmother's Hands*）一書中，寫到白人優越感的文化是如何長存於我們的環境中，導致我們時時受到傷痛。這本書打開了我的新視野。曼阿金指出，美國白人由於目睹或親身參與種族暴力以致受到次級創傷。這種創傷可以追溯至歐洲白人目睹或參與迫害其他白人的時代。這些殖民者來到這塊大陸，同時也帶來暴力，他們將原住民種族滅絕，接著又獵捕與奴役黑人、棕色人種，以及白人，不過後者在奴役契約期滿後可以獲得自由。曼阿金的重點是，我們文化中的種族緊張關係已深植體內，為我們帶來長期揮之不去的恐懼與過度防衛的心理。

種族主義已入侵社會的每一層面，而反種族主義的工作必須在社運、我們自身、我們的家庭與社區內確實執行。打擊種族主義與各種型態的優越感是終身的工作，儘管十分艱難，也是要創造我們心目中的世界不可或缺的一環。民權領袖貝亞德·魯斯汀曾經寫道：

> 如果我們希望有一個和平的社會，就不能以暴力來達到這個目的。如果我們要建立一個沒有種族歧視的社會，在建立的過程中就不應歧視任何人。如果我們要擁有一個民主社會，民主不僅是我們的目標，也是我們的手段。

要去除這些迫害與暴力的信仰體系，需要自覺與策略，而不是議題式的工作，同時需要每天注意與改正自己的思想和行為。

在一九八〇年代，我是位於華府的華盛頓和平中心的共同協調員，該組織的成員自六〇年代成立以來就一直是白人。一九八八年來了一位新的共同協調員馬克．安德森（Mark Anderson），是一位聰明幹練的組織者。他要我們走出不自覺的白人優越感，並且直接面對華府的種族關係。我們參加了人民生存學院的打倒種族主義訓練課程。此一訓練改變了我的一生，同時也開啟了我們個人與組織內部重視種族主義的過程，從而造成許多改變，包括董事會的領導、我們的計畫與我們所提供的服務。有一段時間我們同時有六位有色人種加入董事會，不像其他組織的董事會只接納一位有色人種，這樣的做法無以為繼也毫無意義。

後來在二〇〇二年秋天，我參與籌劃成立一個新的反戰團體，最初的名稱是和平聯合會（United for Peace）。美國老式的和平運動所主張的和平概念往往缺乏對種族的分析，同時也對美國戰爭中的種族主義視而不見。我和其他人後來主張將該組織改名為和平與正義聯合會（United for Peace and Justice）——如果沒有正義，哪有和平可言。相信我，組織內一度出現阻力，不過我們堅持立場。

我們在和平與正義聯合會內部展開反種族主義的改革，在分析美國戰爭的工作中加上種族主義的議題，揭示軍隊中有色人種不成比例的占大多數，主要因為這是他們藉以脫離貧窮的方式，而且大部分的戰爭都歧視棕色人種。我們也強化有色人種在組織內的聲音與領導。我們的指導委員會成員大部分是女性與有色人種，並有百分之十五到百分之二十的年輕人與酷兒。我們對於數目絕不含糊，因為這對我們的工作有很大幫助。我們的指導委員會有對等的代表比例，來自當地的集團與全國性集團的代表人數各占一半。如果要打擊種族主義，就必須維持領導階層的多樣化。

治癒種族分歧

富有同情心與客觀看待自己是邁向解放的重要一步。一九九五年，當我還在華府從事維護工友正義運動時，內部拉美裔與非裔美人間的緊張關係浮上檯面，削弱了我們在街頭的凝聚力。我們召集大家討論這個問題。一位非裔工友葛蘭達（Glenda）自述她是由單親母親撫養長大。她們住在阿納科斯底亞（Anacostia），這是位於華府的一個貧窮黑人區。她回憶那時桌上的食物總是不夠、沒有遊戲的地方，以及警察總是會騷擾他們。她在發言時，一位拉美裔的婦女瑪麗亞不禁哭了起來。她說起她小時候在薩爾瓦多首都聖薩爾瓦多成長的故事。她也是單親母親撫養成人，因她的父親遭到暗殺隊逮捕，從此失蹤。他們總是缺少食物，小孩也都不敢出門。聽到這些，葛蘭達也是淚流滿面。她們相擁而泣。她們之間的聯繫與關懷感動每一個人。種族間的緊張關係就此結束。

我們的一位共同主席喬治·弗萊岱（George Friday）主持反種族主義的集會。她向我介紹了策略性應用特權的概念，強調改革的重擔絕不能讓受到不公平待遇最嚴重的人與社區來承擔。因此，如果有恐同症的人在場，直人就應談到LGBTQ（女同志、男同志、雙性戀、跨性別與酷兒）人權的重要性；如果有年輕人在場，年長者就應退讓，讓年輕人有發聲的機會；如果出現性別歧視，男性必須站出來對抗；如果種族主義死灰復燃，白人就應站出來干預，並且要求始作俑者負責。我學會了擁有最多權勢與特權的人，在對抗不公正的行動上應承擔最大的責任。喬治也教導我們，在對抗種族主義與父權主義的工作上，社區工作與建立關係是不可或缺的要件，這些都需要努力、時間與誠心正意。強而有力的關係能夠容許我們直接面對房間內的大象——壓迫。

———

打倒白人至上主義是一項令人望而生畏的艱鉅工作，而且沒有特定的目標與範圍。所有的壓迫都是這樣，存在於個人、機制與文化的層面之中，然而其所展現的不公不義卻實實在在地在我們的生活之中，我們社區的成員因為一些微不足道的罪行就被關進監獄、被驅離家園，或是遭ICE骨肉分離。這類威脅近來在移民社區、穆斯林與猶太人間正急劇升高，為了因應此一情勢，許多人開始在邊境牆提供支援、在機場發動抗議，以及組成人肉圍牆來保護相關的場所與活動。各社區也組成快速反應網絡，以阻撓與減輕川普政府行政命令造成的傷害。

無論當權者是誰，我們都需要制定一套攻擊性的政治策略，創造一個保護網來約束警方與ICE等機構對社區的日常騷擾。我們也需要一套策略來保護我們、我們的鄰居與我們的社區不致受到日益增多的白人至上主義份子的行動攻擊。以下是保護我們與社區的一些做法：

▼認識壓迫性的體制與嘗試了解你的社區所發生的事情。什麼是種族歷史？當地警察的運作模式是什麼？

哪些社區是他們的目標？有誰在組織與種族正義相關的團體或行動？

▼與你對房間內的大象（系統性壓迫）有不同認識的人，建立可信賴的關係或展開實質性的對話。

▼注意你的言語。使用以人為中心的言語，例如不要說奴隸，而是被奴役的人，或是以無證件移民來取代非法移民。

▼呼籲你的親朋好友、同事捐錢贊助人民生存學院的打倒種族主義訓練計畫。

▼參加在地的活動（組織），抗議警察暴力、迫害性的野蠻行為、槍枝暴力，以及對移民或是邊緣化社區的不人道待遇。

▼支持提供法律支援的在地組織。為遭到迫害最嚴重的社區籌募資金。設立社區保釋基金。將有色人種自監獄保釋出來。

▼看到或聽到種族偏見的行為要挺身而出，與你的朋友或是在社交媒體上分享你的做法、投書給當地報紙編輯。

▼與你的親朋好友、鄰居分享你的價值觀與信念。對於持續不斷攻擊有色人種與左翼人士的右翼宣傳活動，要勇於對抗。

▼號召親朋好友加入社區的快速反應網絡，呼應有色人種團體發起的行動。

▼建立安全屋。

▼組織行動阻擾官員的日常作業，要求當局對暴力行為、仇恨言論與不公不義的法令負起責任。

▼為參與行動或組織的有色人種提供食物、照顧兒童與交通運輸等支援。

弗格森的抗爭已成為以社區為基礎的行動創造實質改變的範本，掀起社區行動熱潮。這個在二〇一四年打下的基礎帶動行動力量與相關架構的興起，包括使用社交媒體平台的戰術。我記得二〇〇六年移民人權運動還在使用無線電來組織該年無移民日（Day Without Immigrants）行動的日子。黑人的命也是命（Black Lives Matter）是最早使用推特做為組織工具的運動之一，它不但能讓民眾了解該運動，同時也可告訴大家在哪兒抗議與實況轉播整個行動的經過。與此同時，德雷·麥克森（DeRay Mckesson）與姜尼塔·內塔·艾爾齊（Johnetta "Netta" Elzie）也為此一運動建立了廣大的推特追隨群。社交媒體並不能取代實際的關係，但是策略性地運用這些科技可以快速擴張基礎與傳遞訊息。這就是甜蜜點所在，社交媒體與地面組織相結合會使得兩者的力量更為強大。

弗格森抗爭帶動黑人共同體（blackOUT Collective）的創建，這是一個由黑人領導的直接行動訓練網絡，負責人是謝絲蒂·費森（Celeste Faison）與欽亞瑞·圖塔夏達（Chinyere Tutashiada）。與此同時，在地的組織者會推選思想進步的黑人官員來代表他們的權益。多媒體藝術家與組織者戴蒙·戴維斯（Damon Davis）與莎巴·弗萊揚（Sabaah Folayan）則是製作了一部得獎的紀錄片《誰的街道》（*Whose Streets*）。泰勒·佩恩（Taylor Payne）成立紗線任務（Yarn Mission），為正義編織。[3]弗格森的抗爭也促成藝術行動者（The Artivists）的誕生，這是由我朋友伊莉莎白·維嘉（Elizabeth Vega）所創立的團體，她自目睹直接行動的力量之後就為此著迷。[4]

弗格森的抗爭也促成BLM真正成為腳踏實地的運動，在二〇一三年時該運動仍只是在線上發展。帕翠斯·庫勒斯（Patrisse Cullors）是創立BLM的三位酷兒女性之一，她在二〇一四年勞動日發動六百人的團體前來弗格森。在此之後，BLM的分支機構就如雨後春筍般在全國各社區冒出。這些年來，BLM已成長為一個力量強大的網絡，持續為轉型正義努力。二〇一五年，BLM成為政治勢力，為全國社區推動改革的行動成立政策平台。該平台獲得為種族正義站出來（Showing up for Racial Justice, SURJ）的支持，這是一個由白人組成的團體，在麥可．布朗被射殺後快速興起。

弗格森的抗爭也使得封鎖的訴求行動更加具體化。他們的口號：「如果我們得不到，我們就封鎖它！」在全國數百座城市一再重複。我們所使用的封鎖戰術包括封鎖高速公路、街道與街口，甚至警局。人民已經厭倦現況，不願再容忍下去，決心採取行動，以身體與心靈來阻擾日常作業的運作，而且每次都不斷默唸阿莎塔．夏酷爾（Assata Shakur）那句強而有力的名言：「我們肩負爭取自由的使命，我們必須贏得勝利。我們必須互相愛護與支持。除了枷鎖，我們毫無所失。」我們絕不能低估這些行動的力量。當我們放下恐懼，追隨我們的心展開行動，真的沒有什麼能夠阻止我們。

弗格森的抗爭是慈愛與猛烈共存。年輕人的勇氣結合年長者的智慧，已為我們開闢一條新道路。我們還沒有打倒種族主義，但是麥可．布朗之死已引起全國性的熱議。執法當局的集體監禁開始受到挑戰，警察暴力也面臨挑戰。我們終於看到警察因為謀殺而被定罪。愈來愈多的人認清白人至上主義，並且加入反抗它的行列。我們尚未抵達應許之地，但是新世代已教導我們必須站起來，我們必須加以封鎖，我們必須迎上前去，一起抗爭與療傷止痛。

注釋　第九章

①　勞麗帶來一千件T恤，上面印有「手無寸鐵的老百姓」字樣。她一直與千禧一代行動份子聯盟的領袖保持聯絡，包括艾遜莉．葉泰斯、布萊特妮．費瑞爾（Brittany Ferrell）與艾利西斯．坦伯頓（Alexis Templeton）。

②　我是在莎拉．柯菲（Sarah Coffey）的敦促下與麥可聯絡的。莎拉一直在弗格森從事法律協助的工作，多年來都是午夜特別法律聯合會（Midnight Special Law Collective）的成員。她大力敦促我回來。她表示這兒有許多年輕人都很優秀，需要有人教他們如何組織群眾行動。

③　在這些行動中有一個不幸的結果，十九歲的喬許華．威廉斯（Joshua Williams）遭到逮捕。他是一位聰穎的街頭戰士，我有幸與他共事。他因破壞便利商店快旅的財物遭到逮捕，判刑八年。警方顯然是以他來殺雞儆猴，在我寫這本書時他仍在獄中。

④　抗爭期間，藝術行動者製作了許多美麗的盾牌與條幅來對抗警方的攻勢。他們後來又將這些盾牌帶到立岩的抗爭中。總部在聖路易的藝術行動者至今仍在從事創意性的直接行動。

第十章
立岩與敘事和精神的力量

二〇一六年在立岩的那段時光讓我學到許多知識，都是我迄今仍在教導與珍惜的東西。蘇族大國（The Great Sioux Nation）以「水是生命之源」（Water Is Life）之名再度崛起，決心阻止黑蛇，也就是達科塔輸油管（Dakota Access Pipeline, DAPL）的興建，該項計畫威脅到下游一千八百萬人的水源，並且橫跨在一八五一年所簽訂的和約土地。立岩起義乃是在歷史遺緒與現實暴力、世代創傷糾葛不清下的希望之光，與祈求美麗新世界的祝願。

北達科塔的大會師是關懷與痛苦，也是希望與沮喪的混合體。這是一個以精神來對抗野蠻與充滿恨意的白人至上主義國家的故事。在暴力面前，來自生活各層面的一般平民勇敢迎上前去，毫不退卻。孩童、祖母、治療師、牧馬人、說書人、勞工、老兵、信徒、母親、父親、廚師、船民、組織者與社運人士無不提供資源與關懷，將我們凝聚在一起。此一策略是多方面的，從祈禱到政治工作，從直接行動與故事的敘述到資源的收集，以及來自明星的支持，無所不在。這場運動成為原住民多年來首次大會師，應驗了古老的預言：老鷹與禿鷹必將重聚，來自南、北半球的民眾也必將會合。①

我一生中從來沒有經歷如此強大克服萬難的精神力量。在有如雲霄飛車的勝利與挫敗之中，我們相互扶持、祈禱、想像與尋求未來新世界，然而與此同時，政治人物與警方卻花了納稅人數百萬美元的經費來製造傷害。大家勇敢面對各種威脅，包括推土機、槍枝、水砲、圍牆、監視飛機、狙擊手、震撼彈、催淚瓦斯、橡膠子彈、電擊槍、檢查哨站、反無人機飛機，還有逮捕、挨餓，以及殺害水牛。我們不分寒暑，不畏北達科塔的暴風雪，堅定不移。

反DAPL的抗爭萬分艱難，幾個世代以來的定居者殖民主義已是無孔不入。我們這些白人帶著毫不自覺的特權與自以為是的態度，從不曾感覺需要別人的同意，而不斷重複七百年前的壓迫行為。我在這兒目睹人們圍繞權利、土地、策略、戰術、勇士文化與長者所扮演角色的鬥爭，其中心理與生理的壓力之大，有時會使得有些人背叛對方，侵蝕社區內的信任。

儘管有這些挑戰，立岩的人們並不僅僅只是幻想有一個新世界，而是積極地尋求建立新世界。社會改革往往只是著重拆除壓迫的結構——總是在抗爭、抗爭、抗爭——反而輕於建立一個更好的世界。我們在立岩是同住帳篷、一起用餐、歡笑、舞蹈、哭泣與在泥漿、冰雪中同行。每人都有醫療照護、睡覺的地方與維持社區運作的工作——煮飯、伐木、防火與清理垃圾。最後雖然沒有成功阻止DAPL黑蛇的興建，但是我們齊心協力建立了新社區，啟發與鼓舞年輕一代不再只是夢想要走不同的路，而是真正開始舉步向前。

抵達歐契特沙克溫

二〇一六年的夏天，我和許多人一樣，都在關注立岩的活動。當地的抗爭始於二〇一六年的四月左右，也就是名列美國財星五百大企業的能源傳輸夥伴公司（Energy Transfer Partners）的DAPL興建計畫獲得批准的時候。最初是當地原住民年輕人率先發出反對的聲音，組織了一項社交媒體活動，徒步跑了二千英哩至華府遞交抗議書，並在立岩蘇族長老艾唐娜·勇牛·阿拉德（LaDonna Brave Bull Allard）的土地上建立營地，即是後來的聖石營（Sacred Stone Camp）。聖石營位於嘉農布爾（Cannonball）與密蘇里河（Missouri Rivers）的交會處，俯瞰DAPL計畫中鑽孔將輸油管埋入河流底下的地方。二〇一六年夏天，抗爭擴大，在山下密蘇里河同側沿著一八〇六號高速公路又建立了羅斯布德營（Rosebud Camp），該營地就是後來的國際原住民青年委員會（International Indigenous Youth Council）的前身。

在羅斯布德營以北，河對岸的地方是八月建立的歐契特沙克溫營（Oceti Sakowin Camp）。歐契特沙克溫意指「七火炬」，代表組成蘇族大國的政治結構。蘇族大國是由拉科塔族（Lakota）、達科塔族（Dakota）與拿科塔族（Nakota）組成的同盟，他們自古居住於現在被稱為北達科塔、南達科塔、蒙大拿、內布拉斯加與懷俄明的地方。該營地位於和約土地上，該土地依法屬於蘇族所有，然而蘇族認為美國陸軍工兵部隊控制這片土地，並且擁有批准DAPL興建的權力。

十月份，我接到朋友安．懷特上校的電話，她正參加立岩的和平退伍軍人組織活動，她問我是否有意前來。來自奧格拉拉．拉科塔（Oglala Lakota，拉科塔族的部落之一）的年輕詩人馬克．提森（Mark Tilsen）最近才發出呼籲，希望具有直接行動經驗的人前來，因此我很高興地接受了邀請。抵達的第一晚，我們住在北達科塔的貝斯麥（Bismarck）的旅館內，第二天一早駕車前往貝斯麥西邊的曼丹市（Mandan）。

我們開上一八〇六號高速公路，當天風和日麗。我很少到過美國的這一部分，而眼前的景色真是美麗。這是天空開闊的一片土地，平原一望無際。我們出城不久就碰到軍事檢查站在攔下行進的車子。我們解釋是要去看坐牛紀念碑（Sitting Bull Monument），他們放行了。據我們所知，一八〇六號高速公路正是保護水源的抗議群眾與警方爆發衝突的地方。

DAPL之役不只是在土地上的抗爭，也是法院中的攻防，其中有不少周折。立岩蘇族尋求各種可行的法律途徑來阻止能源傳輸夥伴公司持續侵犯他們的和約土地——更別提損壞該族文物與墓地——包括二〇一六年七月控告美國陸軍工兵部隊違反淨水法（Clean Water Act）與歷史保存法（Historical Preservation Act）。八月時，該族又聲請臨時禁制令以阻止輸油管的興建。這項訴願在九月初遭到駁回，該族提出上訴，最終司法部要求在上訴期間輸油管興建工程在奧阿希湖（Lake Oahe）以東與以西二十英哩的地方暫停，但是能源傳輸夥伴公司違抗司法部的命令，繼續動工。到了十一月，總統歐巴馬介入，表示他與美國陸軍研究延後批准興建輸油管的工程計畫，直到軍方調查是否違反國家環境政策法（National Enviromental Policy Action）。

興訟期間，能源傳輸夥伴公司聘僱私人保全業者如G4S與虎燕（Tiger Swan）來監視、騷擾與恐嚇族人。這些傭兵還獲得曼丹與貝斯麥警方，以及北達科塔州長傑克・達林普（Jack Dalrymple）的協助。達林普在九月曾宣布進入緊急狀態，允許動用國民兵。這些保全人員很快就在曼丹市南邊的一八〇六號高速公路上設立檢查站。這就是我們那天早上所遇到的情況，實在沒想到我們這麼快就加入這場抗爭。

我們離開檢查站沒多久就接到我朋友卡洛琳娜的電話，表示有一支行動車隊正朝我們的方向過來。安和我都是行動一族，於是開始專注尋找這支隊伍。老天有眼，我們稍後得知需要改走西一三六號縣道。我們穿梭於平原間多石的小山丘，時間已過中午。我們很快就看到在空中盤旋的直升機——這一向意味下面發生事情了。我們開上一段上坡路，看到數十輛車子停靠在路邊。我們也停下車來，加入聚集在一塊草地上的群眾。這個地方是四條道路的交匯處。我們在群眾中找到我們的朋友卡洛琳娜、勞麗與珍，我們的四周是五彩繽紛的條幅，上面寫著「水是生命之源」。

我看到路口有一小批原住民，他們拿著條幅、鼠尾草與皮鼓，在攔住他們的警察面前舉行祈禱儀式。沒過多久警察撤走，我們會合，在一片寬廣寂靜的土地上前行。走了幾英哩之後，又遇到警察組成的封鎖線，原住民再度舉行祈禱儀式。但是這一回警察沒有後撤。我們在原地停留一段時間，有人開始發表談話，更多的祈禱，大家都在等下一步該怎麼做。我們稍後得知有一小批抗議民眾在警方身後的山坡封鎖了一些工程設備，而這些人都被捕了。我們決定結束這兒的行動，該是離開的時候了。

在返回我們車子的漫漫路途中，來了幾輛支援車，車上載著飲水。同時，先載走一批人到他們停車的地方，然後再將車子開過來載送其他人返回出發地或是營地。不一會兒，就有一支車隊過來載運大家——先是老年人，接著是小孩與母親，以及其他走不動的人。我們全都坐上卡車與其他的車輛，我可以感受到深植立岩內部的凝聚力，是我首次體會到的社區經驗。這是多麼美好的事物。

我們回到車上，安和我還順便載了一位原住民青年，然後朝南駛上一八〇六號高速公路。他一路指點：輸油管，然後是直接設在輸油管路線上的偵察營。不久之後我們抵達了一座插滿旗幟的山丘，這是歐契特沙克溫營地的入口。映入眼簾的景象令我大開眼界。

營地座落於三面環水的低地，草地上有許多帳篷，大帳篷、小帳篷、蒙古包，以及一些木造建築，炊煙處處。蘇族大國是馬上民族，營地四周有許多馬匹遊蕩與奔跑。歐契特沙克溫是這座營地的總稱，內部還有許多小營地，包括奧格拉拉、雙靈（Two Spirit）、戴恩（Dine，又稱納瓦荷，Navajo）、易洛魁六國聯盟（Haudenosaunee Six Nations）、加利福尼亞（California）與紅勇士（Red Warrior）。那個時候，立岩保留地委員會（Standing Rock Reservation Council）與其主席大衛．阿契安博特二世（David Archambault II）都未批准歐契特沙克溫營地的設立，不過隨著營地規模的日益擴大，已超過任何人與任何機構所能想像與治理。

立岩的歐契特沙克溫營地。照片由德西里．肯恩（Desiree Kane）提供。

工具箱：定居者殖民主義

立岩有一個團體叫做團結小組（Solidariteam），製作了一份有關定居者殖民主義的資訊。他們對定居者殖民主義的定義是：

> 定居者殖民主義是一種「摧毀以遷移」的行動。殖民勢力會輸出資源與人口、侵占與掠奪土地、殘暴控制原本居住在土地上的人民。他們會以征服、疾病、竊占土地與文化滅絕來摧毀原住民的治理、土地管理與文化，並且以定居者的模式取代。定居者殖民主義並不是我們可以束之高閣的歷史，而是其殘暴本質迄今仍然影響我們生活每一層面的現在進行式。定居者殖民主義迄今仍在。

了解定居者殖民主義是一項終身的工作，因為其遺緒與殖民化的日常行為已是根深柢固，然而我們卻毫無所覺。以下是我的做法：

▼我們必須從自身開始，學習寬恕我們過去的所做所為與教導。

▼我們可以透過書本學習認識原住民，例如羅克珊・鄧巴—奧蒂茲（Roxanne Dunbar-Ortiz）所著的《美國原住民歷史》（*An Indigenous Peoples' History of the United States*）與尼克・埃斯特斯（Nick Estes）的《我們的歷史就是未來》（*Our History Is the Future*）。居住在這片大陸上的原住民擁有先進的社會，數千年來一直在看顧這塊土地，直到歐洲人前來，自此之後就不斷在抵抗殖民統治。

▼我們必須承認我們是住在竊占的土地上，有數百萬人遭到屠殺，才成就了我們所謂的美國。

▼我們可以學習原住民與他們被我們占據的國家歷史。原住民有被迫遷移嗎？他們與美國簽署了什麼條約，又有哪些條約遭到破壞？他們現在在哪裡？如何才能歸還他們的土地、保護土地與行使主權，以及得到聯邦政府的認可？

▼我們需要了解今天許多有關反種族歧視的教導都已將定居者殖民主義排除在外。事實是，歐洲人將白種男人、基督教與資本主義帶至這塊土地。

▼我們可以學習成為原住民的盟友。更好的是，響應他們的號召，例如來自原住民行動媒體（Indigenous Action Media）的呼籲，而真正投身於他們的抗爭之中。

▼我們可以學習以善意的態度與正確的關係參與他們的活動。這表示我們多聽少說、尊重長老、謙沖為懷，以及了解每個人都是神聖的生命，值得獲得人道待遇。

▼如果我們與原住民共事，必須予以尊重，接受他們的祈禱與儀式，觀察與遵從他們的領導。

▼我們可以學習讓自己的生活過得更簡單，在尋求快樂的道路上拋棄對消費主義與物質主義的迷思。我們應該保存與保護自然資源，體認到貪得無厭的慾望與貪婪會毀了我們。我們是住在一個資源豐富，而不是稀缺的世界上，必須聰明運用這些資源，並且予以尊重。

▼我們可以教導別人有關原住民抗爭的故事、為他們籌募資金，或是歸還土地，例如耶穌會（Jesuits）將五百二十五英畝的土地歸還給玫瑰花蕾蘇族（Rosebud Sioux Tribe）。我們可以要求大學與文化機構歸還存放在博物館與其他場所的原住民藝術品及文物，並且承認與尊重他們的墓地。

▼我們可以集體採取直接行動阻止企業傷害地球與她的人民，不論是建造水壩、埋設輸油管，或是文化挪用原住民的智慧、藝術與行為。

▼我們必須了解還有許多事物需要學習。我們這些歐洲人後裔其實對自己都所知甚少。我們可以學習自己的歷史與文化，祈求祖先給予支持與指引。

▼我們需要聯繫大自然，靜止不動、靜坐、聆聽風聲、讓皮膚感受水的滋潤、觀察火焰、感受心中的熱情。我們可以依循拉科塔的價值觀，幫助我們重拾人性：祈禱、尊重、同情、誠實、寬宏、人道與智慧。

我們抵達入口的車道，「阿基塔」（Akicita）把我們攔下來，詢問我們的來意。阿基塔意指勇士，負責營地內的安全。他們要確保進入營地的人都受到歡迎，並且尊重與遵從設立的公約。拉抖塔的長老為社區設立了一套價值與協議──他們並不是要控制營地，而是要結合大家建立正確的關係與行為。費思．斯波蒂德．伊格爾（Faith Spotted Eagle）是揚克頓（Yunkton）蘇族的酋長，是一位長老，也是反對KXL輸油管行動的領導人。她在二〇一六年成為第一位當選美國選舉人團選舉人的美國原住民。費思．斯波蒂德．伊格爾經常表示，當你到別人家，進去之前會先詢問對方是否可以進去。就是這麼簡單。營地的規定包括不得有毒品、酒精與武器。每個人都會被要求提供勞務，包括做飯、砍柴、照顧病患、清理垃圾，或是參加祈禱與行動。這不是度假，而是在阻止黑蛇與保護水源的同時，學習如何循規蹈矩的地方。我深深體會立岩所提供的拉科塔價值：祈福、尊重、慷慨、誠實、同情心、謙遜與智慧。

我們在大門口解釋，要前往醫療區找我們的朋友卡洛琳娜，她是一位助產士。大門守衛指點我們方向，我們進入營地。我們謙卑而安靜。我們知道已進入聖地。

直接行動收納箱：行動群的出現

我在立岩的兩個月期間，遊走於三間住所。其中一間草原騎士賭場（Prairie Knights Casino），是方圓六十英哩內唯一的旅館，幾乎已成為營地的專屬品。隨著營地人數漸增，要找一間房間已是十分困難，更別提具備熱水、一張床與地板的房間了。在我住進旅館的第一個晚上，大廳裡到處都是人——或是看電腦，或是坐在椅子與地板上——他們來自全國與世界各地。當人民的運動達到如此規模，你可以確定已在推動改革的甜蜜點。

我在歐契特沙克溫的第一間住所是助產士的蒙古包，主人是卡洛琳娜·瑞耶斯（Carolina Reyes）與易洛魁六國聯盟的梅莉莎·羅斯（Melissa Rose）。不過當助產士蒙古包客滿之後，我很感激瑞米（Remy）邀請我住到他在山丘上的蒙古包。瑞米來自亞歷桑那州的布萊克台地（Black Mesa），與我在許多抗爭行動中都保持聯繫。他是亞歷桑那州納瓦荷保留區的原住民社運人士與藝術家，也是受過特種軍隊訓練的救援潛水員。在過去的抗爭行動中他都在製作條幅、海報或抗爭道具，不過他在這裡所扮演的角色更為重要。

瑞米組織了一個從事策略性非暴力行動的親和團體，他熱烈歡迎我，將我介紹給大家，並且為我提供我能發揮所長的空間。他稱我為人民軍的將軍，令我受寵若驚。我欽佩他的聰明才智，我們在行動中成為親密戰友與好友。

立岩的生活充滿儀式。每天清晨日出時我都會在長老以麥克風呼喊的聲音中醒來，他們喊著：「黑蛇不會睡著，快醒來！」天色仍暗之際，我們在聖火前集合，展開每天的水祈禱，躍動的火焰帶來亮光與溫暖。原住民婦女穿著傳統裙，圍成圓圈順時鐘旋轉，停每一個人面前，都以鼠尾草洗滌我們帶來的不潔。儀式要一直進行到河邊才結束，在這兒有一個自許為水源保護者的團體，以水、菸草與祈禱來完成最後的儀式。晚上則是在長老感謝上蒼的祈禱聲中入睡。

我們每天早上在位於山坡上的一座綠色陸軍帳篷舉行晨會，主持人是強尼．亞瑟隆（Johnnie Aseron），一位易洛魁／拉科塔的藝術家與故事人，他在立岩擔任福祉與信仰協調員的工作。然而隨著來到營地的人愈來愈多，一些白人在參加晨會時會提出有關自己需要的問題，例如如何搭車前往小鎮、哪些地方可以用餐、哪些地方可以提供柴火等等。這些問題不但煩人，同時也帶有定居者殖民主義特權的侮辱色彩，耽誤了營地組織行動的重要工作。奧羅拉．萊文斯．莫拉萊斯（Aurora Levins Morales）是一位加勒比海原住民婦女，她在立岩觀察到這樣的情況，於是聯合馬克．提森（來自南達科塔州的奧格拉拉．拉科塔的原住民）、蘇珊．瑞弗〔Susan Raffo，白人與安旭阿比（Anishinaabe）混血〕、貝卡．提森（Becka Tilsen）與來自支持布萊克台地原住民團體（Black Mesa Indigenous Support）的柏克利．卡耐（Berkley Carnine）成立團結聯盟（Solidariteam Collective），與強尼合作，要求新來者在參加晨會之前先接受培訓。該組織估計總共有近九千人參加了培訓。

我在立岩的初期專注於觀察與聆聽，尤其是在如何行動與訓練方面。初到營地時，他們有一項行動是一大清早駕著卡車在營地遊走，用擴音器號召大家駕車在南門集合，組織車隊，展開行動。他們的行動包括很多祈禱儀式與阻止工地作業，他們會到工地，以肉身擋在推土機前面。有一天，這些水源保護者遭到工地保全的惡犬瘋狂的攻擊。此情景被艾米．古德曼（Amy Goodman）的「民主現在!」（*Democracy Now!*）節目錄影播放，鏡頭下的慘狀激發更多人支持這場抗爭。他們也進行其他的封鎖行動，會分成小組偷偷潛入工地，以鎖箱將自己與機械綁在一起。這些行動儘管有效但是也高度危險。不過他們願意承擔這樣的風險，有些人甚至是抱著犧牲生命的熱誠來到立岩。

我後來逐漸了解，其實對某些原住民領袖與團體，非暴力直接行動並非他們文化的一部分——儘管有一些原住民領導的團體如IEN（Indigenous Environment Network，原住民環境網絡）與長期非營利組織IP3（Indigenous People Power Project，原住民力量計畫）支持這類行動。我開始了解在白人社區口中的非暴力抗議，在原住民這兒卻可能是祈求上蒼保佑或祭拜儀式。我也了解到在場以鼠尾草展開與結束的行動，包括祈福在內，部落長老的精神領導扮演要角，但是其中也有難處，因為往往不知道誰是長老。另一挑戰是這兒沒有集體決策的過程，有些行動是在沒有經過大家同意的情況下付諸實施。缺少集體決策是這座營地所面臨的最大挑戰之一。

十一月一日，團結聯盟的人邀請我參加在嘉農布爾體育館舉行的一項信仰集會。這是一場相當熱烈的聚會，有數百人同聲譴責發見學說（Doctrine of Discovery）。這個建立於一五〇〇年代，由教會支持的學說，宣稱任何沒有基督徒居住的土地都可以任意占據，而由此為竊取美洲大陸原住民大量土地的做法提供正當性。在將原住民土地殖民化的過程中，有一億三千萬名原住民因為屠殺、被迫遷移與天花而死亡。與此同時，這些歐洲人的後裔還宣稱他們擁有這片大地。試想一下，原住民遭到的暴力相待與傷痛，情況之慘，實在難以想像。

我們一批人在會後擬定了一項直接行動計畫，先是由營地遊行到回水大橋，並且一路舉行祈福儀式，之後再去拜訪州長。這項行動如計畫進行，成功封鎖州政府，並且在州長豪宅之前進行抗議，有幾名長老跪在豪宅前面的草地上祈禱時遭到警方逮捕。

這次行動的成功鼓勵我們商討如何為行動的規劃與營地內的協調作業建立一個收納箱。我發現要讓營地的人團結一致參與直接行動是一件相當困難的事情，令我十分沮喪。IP3每天早上都會在營地進行行動訓練，但是都沒有後續的跟進動作，同時也沒有組織行動小隊與針對新進者在行動前、行動中與行動後的支援系統。大家都很少能預先知道行動的細節。②有些人建議IP3組織行動小隊，他們同意在每日訓練後可以成立親和小組。但是這項承諾並沒有實現，我們決定改變策略。

我和原住民環境網絡的一位組織者達拉斯．高德屠斯（Dallas Goldtooth）商量，考慮每天舉行行動大會，讓更多人能夠參與。高德屠斯非常支持這個計畫，他表示會騎自行車跑遍營地來傳達此訊息。

我們很高興在第一次集會時就有數百人前來。我們在會議前先燃燒鼠尾草，然後由一位原住民長老進行祈禱來揭開會議序幕。我們自我介紹是行動群（Action Gaggle），是由一批黑人、棕色人種與白人所組成的多種族與多元性別的團體。我們宣布每天早晨七點會舉行行動委員會會議，由各營地與團體的代表來商討行動計畫，而在這項會議之後，也就是每天上午八時會有一個行動大會，開放全員參與。在大會之後，我們就會展開行動。

此會議帶來不少了不起的成就，行動群也組織規劃了相當多的行動。不過在談到這些成就之前，我想先探討行動群是如何運作的，尤其是許多來自不同文化背景的人齊聚一堂，攜手合作，互相學習。

自覺、轉型與反壓迫的組織規劃

行動群中的許多人都有多年草根性組織經驗，包括建立水平式網絡。近年來由於非營利組織模式的興起，要讓大家了解小型自我組織團體是抗爭運動結構的一部分備感困難——然而此一模式正是近些年來最成功的人民抗爭行動不可或缺的一環，包括氣候正義運動、占領運動與黑人的命也是命。我們在立岩所用的行動群模式，也是我們在麥可·布朗謀殺案宣判不起訴前於弗格森所用的模式。這是結合集會、全員大會與集體訓練的一種模式，可以將大家集合起來，組成親和小組，分享相同的語言、分析與組織策略。

身為白人參與抗爭運動，有助於我思考自覺與轉型這類的組織模式。我認為自覺性組織指的是每天有意識地建立一個能夠重拾人性的文化。我們的抗爭並不只是在於爭取政治成果。即使我們無法成功阻止黑蛇的興建（抗爭的實際目的），此一運動仍十分重要，因為我們已依據心中所期盼的世界進行自我組織。

要有所自覺，必須了解我們所生活的帝國對我們施加的壓迫。我們一直被殖民化、顏色化、資本化與性別化，這些力量迄今依然存在於所有的團體與組織之中，包括我們這些追求社會正義的團體。自覺性組織必須針對這些現實情況有所作為，包括去除殖民化、打擊白人至上主義與父權思想、治癒傷痛與資源重分配。這些作為能夠發展出一套社會關係與生活環境更為健康的模式。

自覺性組織強調的是我們身為人類在團體中最基本的需求。我們期盼有被需要、被接受與被照顧的感覺，包括關懷與知道自己歸屬何處的安全感。當我們有了這些，就會有充分的歸屬感、好奇心與參與感。相互間的聯繫與關懷會帶給我們勇氣來承擔風險。我們全都是生長於一個文化充滿暴力與仇恨的國家，這個國家重視槍枝甚於人民，擁有全球最高的監禁率，同時經常發動侵略、狂轟爛炸、散播戰爭、死亡與毀滅。自覺性組織即是對抗這些邪惡、推動這些壓迫的力量與傷痛，轉型成為餵養生命的能量。

要達成目標，必須了解我們相互之間存在歧異，這些歧異能夠帶來力量。我們並不是來自同一個地方，不可能承擔相同的風險。我們需要把能量優先轉移到領導、願景與所受影響最深的群體身上，確保他們是在至高無上的地位。我們也必須了解，在這些差異之外，我們都是一樣的——我們都是人類。

所謂轉型是讓大家體驗他們內在的力量。一旦他們掌握這份力量，就能輕易想像另一個現實。我們先是想像，然後自我轉型與推動世界的轉型，向夢想邁進。

這些有關自覺與轉型的概念其實並不抽象，它們是我做為水平式直接行動組織者所使用的策略，幫助我了解如何接納別人加入我們的行動。組織的重心在於關係，就是建立關係與信任。自覺性組織允許人們體驗和表達他們的憤怒、痛苦與恐懼，以及關懷、熱情與勇氣，從而創造新的模式與作風。我們的恐懼是來自疏離感所造成的判斷。恐懼是我們必須克服的重大阻礙。組織始於單純的交談、聆聽與詢問，進而鼓勵或引導人們做下承諾與行動。當我們跨越歧異，不論是種族、性別、性傾向、階級、年齡或能力，都能創造無比的力量。這就是我們弭平歧異與分裂的方法。

人民生存學院的共同創辦人朗．錢森（Ron Chisom）指出，組織者就是單純能將兩人以上的人基於相同的目的結合在一起的人。一位反種族歧視的組織者知道重點不在於集結了多少人，而是集結的方式——在行動的同時，消除內部之間的不公不義。

白人並沒有接受如何殖民化或是種族歧視的教導，也不知該如何消除這些惡質的情況。學校從來沒有教過這些東西。我們能夠弭平這些歧異，而這一切始於學習我們的歷史，發展及分享心得與共通的語言。錢森表示「議題即紙巾」，意指擁有特權的人可以隨意選擇議題，但是身處第一線的社區根本沒有選擇議題的餘地，因為對他們而言，所謂議題都是生死交關的事情。不論哪種情況，如果我們沒有以人道的方式來創造力量與社區，以取代恐懼與依賴，我們可能就會錯失良機。

自覺與轉型都需要勇氣，因為它們所對抗的是長久以來的陋習。對一位白人組織者而言，這代表了解我們不勞而獲的權力與特權、灌輸給我們高人一等的信念——定居者殖民主義的遺緒，從而教導我們可以隨意奪取原住民的土地。對於有色人種而言，這代表的是轉變世代以來的傷痛使大家認為自己就低人一等的思維。所謂自覺是促使這種已將迫害內化的力量透明化，從而治癒傷痛，以關愛的方式來面對。

大部分的人都把承擔責任看做是負面的事情，好像你做錯了什麼。我則是將其視為自錯誤中分享學習，造福群體的方法與天賜良機。

在我們現今以權力支配為主的社會中，人們相信民主的運作是透過代表為之。我們會認為由於別人擁有權力，因此我們的問題就應是別人的責任。如果出了問題，我們會覺得自己無力解決，總是等待別人來解決問題，從而引發怨恨、退卻、冷漠與憤怒。組織即是啟發人們進行反思，找尋他們起而行動與決定自己命運的力量。推動自覺與轉型的方法包括：

▼引導人們從漠不關心、無力感、憤怒與受害者的心理轉向認清問題所在與尋找解答。
▼詢問人們並且仔細聆聽。這樣往往會促成人們獲得他們所需要的資訊。
▼引導人們認清自己對未來的期許，然後擬訂可以透過簡單與可行的步驟來達成目標的集體計畫。
▼牢記組織並不在於幫助人們，而是制定挑戰與抉擇。它是協力合作，不是幫助。
▼組織者可以創造一些情況，例如參加直接行動，讓人們體驗他們的力量與儘管害怕仍會採取行動的勇氣。憤怒是推動改變的關鍵，因為它來自我們所關切、所愛與傷害我們的事物。無意識的恐懼只會阻礙行動。
▼民權行動人士瓦拉里．考爾（Valarie Kaur）在其所謂革命愛情的言論中指出，喜樂是愛的禮物，悲痛是愛的代價，憤怒則是來自保護愛的力量。

就我的經驗，自覺組織只在具有信賴關係的社區結構中產生。誓言反抗運動教導我建立關係在組織上的重要性，而我在其間所經歷的每一件事，都讓我更加深信在網絡中唯一能與關係相媲美的力量就是組織。這也就是親和團體的意義所在——一小批人相互承諾給予感情上的支持，並且合力探索希望與目標、制定策略、擬訂計畫與集體決策。這些都需要意向性與通力合作，才能推動這個帝國轉型的共同信念。

如何組織轉型

未經組織的人可能會感覺…	組織者能夠…	經過組織的人感覺…
困惑	解釋	了解
麻木	激勵	主動
害怕	挑戰	自信
疏離	團結	團結
被動	計畫	目標明確

我向來喜歡美國農場工人聯合會（United Farm Workers，美國農場工人工會）簡單明白的架構，該團體關於組織原則的首字母縮寫是AHUY！我經常會想這四個字母，因為它們全部掌握了自覺組織的精神：

【ANGER（憤怒）】對不公不義之事義憤填膺，起而行動。

【HOPE（希望）】相信會有另一個世界，我們可以聯手讓世界變得更好。

【URGENCY（急迫）】儘管不公不義已存在數百年，但是我們必須立即持續行動，減輕傷害與創造取而代之的選擇。

【YOU（你）】你可以帶來改變。不是在明天，也不是在你更加勇敢的時候，就是今天。你已具備所有你需要的一切！你擁有這樣的天賦，你就是天賜恩典！

組織是從由上而下的行事模式中產生的一種處理方式。我們互動愈多，也就愈具有推動改變的潛能。組織者成立社區、迎接新血、聯繫別人、尋找與招募願意積極參與的人。組織者必須具有包容性、熱情與目標明確。組織就像是黏膠，將我們由個體黏結成一起行動的群體，成為推動改變的力量。這就是所謂的人民力量，這是神聖的工作。

DAPL備料場行動

十一月初，瑞米邀請我加入一個旨在制定策略性行動的組織委員會，成員包括美國印地安人運動（American Indian Movement）、黑人的命也是命、布朗貝雷帽（Brown Berets）、PICO網絡與印地安人問題（Indian Problem）。結果顯示該委員會發起的行動極為成功。

我們希望阻止鑽頭進入DAPL的工地，但是卻找不到鑽頭所在。我們猜想鑽頭應是存放在DAPL的備料場，可是我仔細觀察過曼丹的備料場，卻一無所獲。不過儘管如此，備料場仍是一個值得封鎖的重要地點。工人每天早晨都在這兒集合再出發到工地，而且備料場還有許多裝設輸油管的重型機具。我回來後向委員會報告，我認為備料場是可以發動封鎖的地方。

我加入該委員會，將我所知所有關於自覺、轉型與反種族主義的東西都謹記在心。我希望表現得關懷與誠意，因為我知道我在這塊原住民土地上只是一名過客，而且我是該集團中唯一的白人。我們聯手擬定了一項受到所有營地與團體歡迎的行動，同時也符合長老對行動的要求——保持其神聖的本質。

有數以百計的人前來參加我們的行前會議，擠得會場水泄不通。來自黑人的命也是命的克里斯與我主持會議，我們說明直接行動的原則與如何配合長老的要求、防線應該如何組成，以及在警察暴力下如何保護自己。我們的法律與醫療團隊將會提供相關的資訊，並且詢問有誰願意承擔被捕的風險，要求他們填寫相關法律文件。我們在雷·金費許（Ray Kingfisher）領導的祈福儀式下結束會議，他是來自太平洋西北地區的北夏安族（Northen Cheyenne）長老，他大力支持我們的行動。

我們的目標是以藥輪（medicine wheel）在備料場舉行祈禱儀式。藥輪是代表原住民對於生命循環的信仰，包括相信人類的健康與地球的健康息息相關。我們以硬紙板製作藥輪，根據傳統塗上顏色——紅色是北方、黃色是東方、白色是南方、黑色是西方。這些顏色代表的是不同的種族。

與我們的大部分行動一樣，我們並沒有宣布會去哪裡，因為我們知道群眾中可能藏有奸細。我們事先決定在祈禱儀式進行時，由白人組成人牆來阻止備料場的員工與警察干擾儀式的進行。我們也知道需要一輛車子先到六號高速公路與曼丹主幹道的交流道等候，確保我們的車隊全部通過。幸好有四位年輕人自告奮勇表示願意擔任這項工作。

有逾一百五十輛車子參與車隊。和每次行動一樣，我們在出發前先圍成圓圈禱告，並以鼠尾草為每個人祈福。一隻老鷹在上空盤旋，這是一個強而有力的徵兆。

我們離開營地，向南駛上一八〇六號高速公路，馬匹在柵欄內奔馳歡迎我們。我全身放鬆，感受到馬上之國給我的祝福。我們向北轉至六號高速公路，看到直升機在頭頂盤旋。直升機低飛掠過我們的車隊，大家感到不安。我們看到DAPL工地前已停滿警車，一三五號公路交流道也是警察，一三六號公路也是一樣。我們來到曼丹的主要交流道，那四名年輕人一如先前的計畫已在那兒等候。警察過去逮捕其中一位，不過他們仍勇敢堅持直到我們的車隊全部通過。

DAPL備料場的藥輪行動。照片由德西里．肯恩提供。

車隊抵達備料場後，我們有一個小組指引大家把車子開進來，然後調頭面向道路，頭尾相接停下來。這樣規劃是為了在必要時可以很快離開。我們帶著藥輪出來，在四周點燃鼠尾草。我們將白人同伴分成三組——一組圍著祈福儀式，一組擋住備料場的入口，還有一組是安排在數百英呎外的道路上，確保沒有其他車子能夠過來。

祈禱儀式開始後，我可以聽到外面的道路傳來一陣騷動的聲音，接著就是槍聲大作。我趕忙跑到我們的第一道封鎖線，發現大家顯得驚慌失措。一位在備料場工作的承包商想駕車直接闖過我們的人肉封鎖線進入場內，但是我們當中有一些老人走避不及，其中一位的腿部遭到車子壓過。這名駕駛並且掏出手槍指著我們，一位年輕女子衝上前去阻止他。他用槍柄擊打她的手，敲斷了她的手指，接著他拿槍指著她的腦袋。說時遲，那時快，我的朋友卡洛琳娜一個俯衝，將那名女子撲倒。那人急踩油門，向祈禱儀式所在衝過去。好在他轉頭開向旁邊的泥土路，對空開了幾槍後，便揚長而去。

大家都嚇壞了，不過都再度集結重建封鎖線。祈禱儀式一直沒有停下來，我們的防線堅強有力。不一會兒我們就在備料場內看到大批警力。我看到反恐特警組（SWAT）、武裝車輛、音波炮與槍枝。他們是從後門進來的。我們加強防線，表明態度，他們必須闖過這批白人組成的防線才能破壞祈禱儀式。

警察沒有移動，一直等到祈禱結束。我們開始返回車上，但是有些年輕的原住民不願離開。一位老人拄著枴杖與他們站在一起面對警方。我勸說這些年輕人離開，就在這時，那名老人開始走向警方。我們鴉雀無聲，呆若木雞。他逐漸靠近警方，幾名警察走上前來。老人伸手要與他們握手，他們都接受了。接著老人點燃一些鼠尾草，進行祈禱。祈禱結束後，他返回我們這邊，與大家一起走回我們停車的地方。

這是我們首次沒有受到警方攔阻的行動，顯示我們運用白人來攔阻警方的策略奏效。當天我們總共有六百人左右。

在DAPL行動中保護祈禱儀式的人牆。照片由德西里・肯恩提供。

我們安全返回營地，被召集到聖火前面。我們起初有些不安，不知道是否會因為我們的行動而遭到責備，後來才知道是為了褒揚我們。一位立岩的女族長吟唱一首表示感謝的歌曲，接著是榮耀環的活動，從我們開始，一個個轉向排在旁邊的人，眼神交會，手連手，心連心。所有人都跟著我們一個個這麼做，形成環環相扣的圓圈。這個活動直到大家都相互握手之後才告一段落。

俾斯麥購物中心的警察暴力

在DAPL備料場行動之後，我們繼續組織與規劃行動。我們的行動委員會與行動大會分別於每天早上七與八時召開，而且還會就個別行動舉行訓練。這些大會成為我們幫助人們了解、聯繫與預做準備的工具。我們會以口語相傳，或是在路邊、餐館，甚至行動廁所內張貼海報的方式來進行宣傳。

隨著發起一項項行動與時日過去，參與的人也愈來愈多，有些人擔任宣傳的工作，有些人則加入車隊，也有人從事藝術方面的工作與製作道具。我們的工作包括發動公民不服從、關閉州政府、聯邦大樓、北達科塔銀行與曼丹警察局等行動。我們抗議警察在十一月二十日晚間的暴力攻擊行為，結果遭到曼丹警局逮捕十數人。警方在那天晚上的攻擊行動導致數百人受傷，包括凡妮莎失去一隻眼睛、蘇菲亞失去部分手臂。[3]我們也在國民兵前面舉行祈福，並在國家廣播公司與富國銀行辦公大樓前發動遊行，抗議他們謊話連篇與不道德的投資行為。我們也組織了回水大橋的婦女行動，並且再度在備料場發動抗議，也在龜島（Turtle Island）發動多起行動。

行動群的行動創造了允許更多人參與的機會，同時也培育了在行動中願意承擔責任的領導人才。這也是此一模式的主要部分——為人們創造以更負責的態度使用自身力量的機會。其中包括同時運用多支團隊，例如飛行小隊。這樣的合作方式在多元文化的團體中尤其重要，因為此模式可以結合不同背景的個人與群體。全員大會已成為促進討論，並且提供如費思．斯波蒂德．伊格爾等長老發表談話與檢討工作的場所。

我一度因為行動群沒有配合蘇族長老的要求而焦慮不安。有一天在我們的行動委員會會議結束後，我帶著菸草拜訪一位長老，詢問能否與他交談。我向他解釋我們有些行動並未得到他們的認可，但是我們已盡力符合長老們的要求。我尋求他指點迷津。他看著我說道：「你們都做得很好，我們希望能夠繼續如此。」我鬆了口氣，焦慮一掃而空。我學會當我感到不確定的時候，就該以人道關懷的精神與神聖的方式來從事各項工作。

行動群最後一項大型行動是在感恩節後的第一天。我們的計畫是大家在上午十一時準時於俾斯麥的柯克伍德購物中心（Kirkwood Mall）集合，然後在目標百貨（Target）前舉行祈禱儀式。這是我們第一次事先宣布時間與地點的行動，因為我們需要人們以我所謂平民的方式進入購物中心——即個人或小型群體在事先規劃的時間點到預定地點集合。到了接近十一點的時候，我進入購物中心，看到許多來自我們團體的人，但是也發現有許多警察。很顯然有人告密了。

十一點整，我們大約三、四十人圍成圓圈，但是警察馬上就過來了。他們把購物中心經理也帶來，由他宣布我們必須馬上離開。相隔不到一、兩分鐘，警察就抓住兩個人。我們開始集體向出口移動，一面輕柔地吟唱，但是當我們接近門口時，警察就撲過來，將我們扔到地上。

他們將諾亞撲倒在地，諾亞是行動委員會的成員，是一位殘障人士，需要使用枴杖。至少有四名警察將他撲倒。警察將我重重摔在地上，他們用束線帶手銬扣住我的雙腕。他們的動作充滿報復性與憤怒。我的手銬非常緊，我知道我有麻煩了。一名遭到警方逮捕的年輕女子倚在牆邊抽泣。購物中心內的旁觀者大都顯露出驚恐的表情。

我總算說服一名警察用剪子鬆開我的手銬，但是手銬實在太緊，他的剪子根本沒法伸到手銬下面。好在他們終於把手銬解開來，然而再度銬上時仍是很緊，不過至少我的血液能夠流通。

工具箱：全體大會

全球的社會運動現在都以全體大會做為自我管理與直接民主的模式。我們在立岩每天都會舉行行動大會。我們在占領華爾街行動將之稱為全員大會，其他人則稱之為人民大會。不論這些大會的形式為何，現今大家都已逐漸了解經過選舉的官員其實並不能對影響人民最重要的政策負責。全體大會是政治場所，允許各種聲音提供意見，進而集體創造行動。最基本的是，人們想要能夠自己決定生活的權力，大會就是一個能讓人們感受到權力的地方。

召開全員大會不是一門有如製造火箭的高深學問，但是也需要規劃與主旨。以下是其基本要件：

▼找一個寬敞的大型空間。

▼邀請人們參加。
▼形成一個圓圈，讓大家填滿空間。
▼準備一套良好的音效系統或是使用人民麥克風。
▼以人們表達問題、關切與擔心來開場。
▼共同討論與分析為什麼會有這些問題發生。
▼徵詢意見。
▼整合意見。
▼公開討論我們能夠做什麼與將會做什麼來達到我們的目的。
▼針對一些關鍵性的行動進行集體決策。
▼必要時成立特案工作小組。
▼以鼓掌、歌唱、歡呼或祈禱來結束會議。
▼定期在固定場所召開後續的全體大會，以修正、檢討與規劃新行動。

這種大家一起工作的模式可以創造力量與希望。我們與擁有相同理念的人建立關係。全體大會會讓我們有同舟共濟的感覺。我們在此行使權力與直接民主，從而激勵我們尋求改變。

他們把我們移至購物中心外面，開始沒收我們的隨身物品，我們看到他們偷手機與錢財。我們被送上卡車，我慶幸看到我們的法律觀察員也在現場，記錄事情經過與了解情況。我們被送到曼丹監獄，關在鐵鍊相連的圍欄內。過了一會兒，我們才得知會被送到有四小時車程的法戈（Fargo）。等了好幾個小時之後，他們將我們送上巴士，由一名女警官、一名警員與兩位國民兵看守。

這是一趟極為難受的行程。我們全身瘀傷，又累又餓，有些婦女不斷哭泣。還好那名女警官讓她們坐在我旁邊，讓我來幫忙安撫她們。警官知道車上情況很糟，在離開俾斯麥大約兩小時後，他們將巴士停在一間警察局前面放下兩名婦女。我們在午夜前抵達法戈，大家已筋疲力盡。有一位女子其實是與男友相偕到購物中心血拚，卻莫名其妙地被警方逮捕。她十分著急，因為他們將兩隻狗留在車內。我們一起行動，用警察給我們的電話卡聯絡她的朋友與警察局，最終得知狗狗都安然無恙。

我們很快就得知會被保釋，法戈的一個家庭網絡將會接我們出來。這就是社區支援直接行動的神奇力量！整個網絡因為我們而全面啟動。我們自凌晨二時開始陸續獲釋。我們被帶至一個家庭，他們提供了食物、床、熱水澡、擁抱與關懷。這一切事情都令人難以理解，但是我知道儘管我們遭到逮捕，但我們的特權讓我們免於受到更大的傷害。我們受到虐待，但是我們撐過來了，而且還有一整個社區歡迎我們回家。

以敘事來建立一個更好的世界

水源保護者最終決定以一句話來概括他們所要說的故事——水是生命之源。我身為社運組織者，多年來一直在思考以敘事來建立一個對抗主導文化的反敘述的重要性。像水是生命之源這種簡潔有力的訊息，可以點燃運動之火，觸動社會人心。這些訊息可以將敘事的來源由壓迫的聲音轉變為解放的聲音。

但是在立岩的經驗提醒我，敘事不僅僅是簡潔有力的訊息。在今天非營利與勞工組織隨著社會變動的世界中，有一個龐大的訊息產業靠著製造經過過濾的敘事來牟利。他們通常自焦點小組開始，好像它是一門精密的科學一樣。這些主流的溝通者會避免對立性的語言，但是也忽略了激情四射、扣人心弦的敘事有多麼重要。然而激情正是我們的火種。我們需要圍繞問題、說明真相、打動人心、尋求解答與激發人性的敘事。我們在敘事中以帝國這樣的字眼來說美國政府，也許就是一種對立。但是它也是事實，同時也揭露問題的本質，並且予人一種擁有至高無上權力的龐大機制的形象。

敘事是集體來自於生活中的現實體驗，不是焦點小組。敘事能夠發出邊際力量。敘事和時間一樣古老，允許我們在過去、現在與未來的世界中穿梭旅行。它們告訴我們是何許人、我們的信念是什麼、我們看重的是什麼，以及我們該如何行動。如果我們願意，它們也能讓我們展現自我。要在一個強勢主導的文化中製造真正的危機，我們需要不斷敘述我們的故事，一遍又一遍，在我們的家庭、朋友、社區與機構之間。

精神治療師與社會正義促進者阿德里恩．馬里．布朗在其著作《創發性策略》中談到有關社會現實的共同敘事可能會對某些人造成嚴重危險，我們自身的力量可以如何改變這些敘事：

我們身處一場想像的戰鬥中。特拉文．馬丁（Trayvon Martin）、麥可．布朗與雷妮莎．麥克布萊德（Renisha McBride），還有其他許多人的喪命，是因為在某些白人的想像中，他們都很危險。這樣的想像是如此逼真，以致根據這樣想像的殺人者對黑人充滿種族化的恐懼，然而卻很少為其承擔責任。想像使得人們相信可以由一文不名變成百萬富翁，這也是美國夢的一部分。但是想像也使得棕色轟炸機變成恐怖份子，白色轟炸機成為精神病受害者。想像使得我們有了界限、優越感，以及以種族做為能力的指標。我常常感覺自己被困在別人的想像之中，我必須堅持自己的想像才能突破枷鎖。

我熱愛像立岩這樣的群眾運動，號召人們齊聚一堂，強調親身參與、看見、感覺與聆聽新的敘事。這些敘事以圖畫、影像、音樂、行動、藝術與儀式等方式娓娓道來，同時帶有濃厚的感情：痛苦、悲傷、憤怒、關愛、仁慈、勇氣與寬容。群眾匯集本身就能夠創造新的敘事，隨著時間一點一滴的過去，不斷出現新的敘事傳頌，創造新的歷史。

敘事創造典範。我們不斷地複述，代代相傳。我們在立岩有許多不同的敘事，有一些是許多白人不曾知道的，例如發見學說；達科塔三十八（Dakota 38）、傷膝河（Wounded Knee）與沙山（Sand Hill）這類的大屠殺；鬼舞與戰士瘋馬（Crazy Horse）這類的反抗儀式與反抗者，還有如油草原戰役（Battle of the Greasy Grass）的勝利。該戰役就是知名的小大角之役（Battle of Little Big Horn）。

立岩為我們的國家與我們的運動上了寶貴的一課，教導我們與這個星球的生存之道。原住民向來是大地的僕人，也是我們可能即將來臨的毀滅的先知。他們一直是站在定居者殖民主義、種族主義與毀滅的最前線，以原住民的智慧帶來希望。這樣的智慧為我們重新定位——不是抗議者，而是保護者，這是我迄今念茲在茲的信念。

然而目睹這些水源保護者所受的粗暴對待，實在難以樂觀。我自營地返家，心力交瘁，仍無法全然理解我在立岩的經歷。不過他們的關懷、社區的精神，以及為追求更好的世界而採取行動的勇者，我都銘記在心。我們不會回頭。

注釋　第十章

① 古代預言是將人類分成兩個世界——北方與南方。北方掌管的是精神、技術與陽性的能量，南方則是禿鷹的土地，掌管直覺、愛以及與大自然的連結。當這兩個世界合而為一，就是一個新時代的誕生。

② 這是為了防備可能的內間。此外，許多來營地的人都只是暫時的，只打算停留一、兩天而已。

③ 在封鎖州政府的行動中，我被警方鎖定而遭到逮捕。我被捕後情緒低落，直到與紅鹿（Red Fawn）關在同一間牢房。她的智慧、能量與心靈之美讓我受益良多。當我告訴她，我們無法等她重返自由，她回答：「我已自由。」我終於能夠報答她的恩情：關於行動與營地的故事。我從沒如此慶幸遭到逮捕。

後記

川普當選後的日子與療癒的力量

當我們讓自己發光發亮，我們也不自覺地給予他人同樣的希望。當我們掙脫恐懼，我們的存在也自動解放別人。

——瑪麗安娜．威廉森（Marianne Williamson）

在川普當上總統後，我感覺到全國出現一種集體傷痛。我可以從人們的臉上看出來，也可以從自己的身體感覺出來。主流文化管道不斷重複川普的發言，儘管他滿口胡言，使得這樣的傷痛日以繼夜，直到今日仍不停歇。這類攻擊造成嚴重傷害，使人感到無力、困惑、沮喪與混亂，反而更加鼓動川普政府站在百分之一的富人那一邊，持續發動毀滅性的攻擊。隨著時間過去，有些人的因應方法是乾脆把頭埋在沙堆裡，不聞不問。也有人銷聲匿跡，苟且偷生。還有些人反應激烈，對總統仇恨性的言語與不人道的行動憤恨難消。也有一些人決定起而抗爭。

隨著社會關切的焦點轉移到二〇二〇年的總統大選，大家對後川普的世界又燃起希望，但是我們必須提醒自己，追求社會正義是一輩子的工作。當川普離開白宮，他並不會帶走我們的壓迫文化與機制。重創我們國家的分裂——導致川普當選總統的分裂——並不會就此消失。

我的年歲現在已到了能夠看清選舉周期的套路。當要選舉時，資金與人員就會湧進與選舉相關的活動，透過各項運動汲取所需的資源。如果是共和黨獲勝，我們就會組織與發動抗議。如果是民主黨當選，我們的行動就會暫擱，鬆弛而謹慎。不過這樣的做法也有一個問題，就是政治人物，不論是民主黨還是共和黨，都無法解決我們的問題，當民主黨執政，往往是有權無責，我們都會放他們一馬，例如柯林頓強行通過福利改革法案與NAFTA，或是歐巴馬監禁移民孩童，拒絕關閉關塔那摩（Guantanamo）監獄，以及繼續對銀行紓困。

但是選舉只是推動改變的一部分而已。我之所以選擇在立法機構內外都實行直接行動，是因為我知道人民行動的力量本身就擁有推動改變的權力。現在有太多的非營利組織、工會、政治團體與社區，都以選舉、爭取立法與公共教育做為主要的策略。然而歷史顯示，只是這樣並不夠。日常生活的經驗就已很明白地告訴我們，我們無法期待當選官員能做出正確的事情。這是一個再明顯不過的事實，但是人們仍將他們的信任、他們學校與社區的期待託付在當選官員的身上。

民主並非只是一個理念，或是一年一度的競選活動。它與任何立法行動無關，它是社區內的日常性操作，對會影響我們生活的事務進行決策。民主（Democracy）一詞來自古希臘，Demos意指人民，Kratia意指權力，人民的權力就是民主的核心價值，也是直接行動的精神所在。當人民的力量崛起，他們不會等待許可，他們會為所應為。

民主也不是與我們個人生活分離的政治操作。每個人都是政治體，我們所做的每一項決定都是在行使權力。

這就是我們療傷止痛與治癒世界無法分割的原因。我花了很長一段時間才知道，為自己療傷止痛是我工作中最重要也最艱難的事情。為了療癒，我們必須願意放下自認了解的思維，並且願意改變為我們還能成就什麼的想法。

內省：回到在奧斯丁的家

從立岩回到奧斯丁，我心力交瘁，遍體鱗傷，寒氣澈骨。我熱烈迎接奧斯丁的太陽與暖風，坐在後院盡情享受。我住在席爾科公園地區（Zilker Park）一棟可愛的房子裡，附近地區變化快速，許多小房子都被拆除，讓位給較大、較新與較摩登的房子。但是我們的仍在那兒！後院是我的避難所，我在這兒與我的老友們會面——小鳥、松鼠與蜥蜴。葛雷西，我的貓，為我回家感到高興，時時坐在我身邊，享受我們的撫愛與暖陽。

阿麗亞（Aaliyah）與瑞芬（Raven）是我隔壁的鄰居，也是我的朋友，經常會過來探望我。瑞芬只有六歲，個子嬌小，剛好能擠過後院的圍欄。她個性溫和，總是關心別人。她的姐姐阿麗亞天生就是領袖與鬥士。我看著她們出生與長大，她們的母親奈格（Negar）出生於伊朗，密切關注壓迫的行為，我們聯手教導她看到不公不義的事情就應採取行動。這兩位女孩就像所有的孩童一樣，是我的良藥，帶給我愉悅與歡樂。我們一起奔跑、玩耍，在後院探索池塘與栽種的植物。將手指伸入後院的土壤，向來是我的生存策略。

我很高興在立岩與總統大選後能夠回家療傷止痛。我又重新學習太極，每周二、周三與周四的清晨都會到淺灘溪（Shoal Creek）散步。那是一個風景怡人的地方，有一片開闊的綠地，附近有一條小溪，四周都是橡樹。我經常早去晚歸，有時就坐在溪邊，看著潺潺流水。

療傷止痛向來是我生命中的主調。我很慶幸有一副健康的身體，同時也感激多年來持續幫助我的創傷治療師。我大部分的治療來自像是骨折與扭傷的創傷。我母親曾告訴我，我在兩歲時摔斷鎖骨。我在四年級時因玩躲避球把手腕摔斷，五年級時從講台跳下來扭傷了腳，六年級時玩觸身式橄欖球把另一隻手腕摔斷，七年級時由於二壘滑壘扭傷了我的右腳，八年級時在街頭玩耍被棒球砸到臉部——當時我的眼睛與臉部腫得可大了！醫生勸告我不要從事運動了，可是我沒聽進去。二〇〇八年我在三月扭傷了手腕，然後在四月又扭了腳。

之後的療癒則是來自我所參與的抗議行動，在這些抗議中警察選擇以武器、化學攻擊與噪音來傷害我們，或是一些反抗議份子決定對我們暴力相向。在八〇年代中期，一名尼加拉瓜的康特拉右翼份子奪下我手中的旗幟，使我無名指最上端的關節脫臼。這根手指直到今天都無法伸直。我曾挨過塑膠子彈，受過催淚瓦斯與胡椒噴霧的攻擊，有一次一發塑膠子彈直接擊中我的臉部。二〇〇九年，我在賓夕法尼亞州賓沙林（Bensalem）的快捷藥方公司（Express Scripts）勞工抗爭中拉傷大腿後側肌肉。多年之後，我的身子都是彎曲變形。由於情況實在嚴重，我在二〇一二年被迫休假養傷，然而我在二〇一七年再度受傷，這一回是因為在後院摔倒而造成小腿與膝蓋血腫。

身、心、靈緊密相連，是為一體，現在已是普通常識。隨著精神科學日趨發達，我們也知道我們的身體有一套複雜且相互連動的神經網絡，當失去平衡或遭到打擊時就會產生病痛。如果不予以治療，傷病就會縈繞不去，影響到身體的其他部分，並在未來造成問題。療癒，就和所有的運動一樣，是一生的工作。它是一個不斷演進的過程，而心靈在其中扮演不可或缺的角色。

除了上述身體上的傷痛之外，我花了一輩子的時間來治癒小時候父母不和為我帶來的傷痛。父親在我四歲時離家出走，對我造成的忽視感與失落感，以及他在經過一年的自殺低潮之後於二〇一五年離開人世的悲痛。我也在治癒來自政府過去的所做所為與迄今仍我行我素帶來的傷痛，還要應付各種情緒上的攻擊，例如恐嚇信、死亡威脅，以及被媒體與國土安全部貼上恐怖份子的標籤。隨著年歲的增長，我了解到我所需要最深沉的療癒，應是白人至上主義與其對我們所有人造成的影響。

療癒是讓我們接受我們無法控制所有的生活環境——但是同時也了解我們具有在支離破碎之後重整旗

鼓的能力。

二〇一七年秋天，我一段長達十六年的關係破碎。我並不想結束這段關係，卻無能為力。我陷入痛苦、沮喪與感到被拋棄的深淵之中。我必須克服這些傷痛，重新站起來，拯救我的生活。我學習如何使日常生活在這段嚴重失調的時候維持規律。在這段時間，太極課使我重新站起來。

有一天我來到溪邊，感覺受到附近兩棵枝幹相連的巨大橡樹召喚。我坐在樹下沉思，背靠著樹幹，陽光灑在我的臉上。一波波情緒湧上心頭，我發現自己在啜泣，釋出我的悲痛，舊的與新的。我失去我的伴侶、我的家、我的貓、我與阿麗亞、瑞芬的日常生活，還有小鳥與松鼠。我有一大堆傷心事。

我發現在樹下感到十分平靜，這是我的慰藉所。我將它們稱為歐奈伊與歐奈茲，這是根據貼在樹幹上的小金屬牌而來，牌子上分別標明一九八八與一九八七。下課後我會來這兒，有時會緊緊抱住它們。它們給予我力量，提醒我不論發生什麼事情，都要堅強、有彈性。近來有許多關於樹木療癒力的資訊，二〇一五年就有一項研究指出，住在樹木附近對健康有許多好處。

對我而言，擁有健康的生活意謂著維持整體的心靈空間，能夠同時容納歡樂與痛苦。整體性指的是各部分相互連結、與宇宙相結合，並且擁有對自己與他人的愛。這代表拒絕在社交生活中的否定、罪惡、羞辱與隱瞞。立岩有一位婦女名叫巴克，她分享她的老師的教誨：「我們是人類（human beings），human是身體，being則是心靈。」我很喜歡這樣的說法。我們的身體、大腦與心靈具有強大的力量，然而也可能受到難以復原的傷害。不過讓我感到慶幸的是，這些創傷是能治癒的。真是太神奇了！

我在二〇一三年參與德州人民站起來的行動期間，設立了創傷工作站，由國際心理健康與人權中心（International Center for Mental Health and Human Rights）主持，該中心主要是在全球幫助暴力受害者，尤其是西藏地區。我對神經學與生理學的了解日益加深，從中知道創傷並非引發來源，而是我們的神經系統在受到刺激期間與之後的狀態。現今很多人談到喚起的最佳窗口，或是所謂的容納之窗（Windows of Tolerance），這是由加利福尼亞大學洛杉磯分校（UCLA）心理學教授丹尼爾．席格博士提出的概念。

容納之窗指的是我們最能體驗感知、接收情緒與選擇如何因應而非直接反應的心靈空間。在這個空間裡，我們理智、清醒而鎮定。容納之窗與我們在過高激發狀態（焦慮、衝動）或過低激發狀態（沮喪、呆滯）時的情況完全不同。我發現這三種狀態與我們在第六章所討論的權力型態——支配、群體、內部與壓迫的權力——極為相似。我根據國際心理健康與人權中心提供的架構，將這些理論應用在我的訓練上：

過高激發狀態

【關連性】憤怒——支配的權力——優越感

【相關反應】焦慮、緊張、衝動、狂躁、亢奮、憤怒、說話速度加快、打斷別人談話、失焦、拒絕聆聽、沒有邏輯、失神、暴怒與報復心理重。

容納之窗

【關連性】居於中心——群體的力量——內部的力量

【相關反應】堅定、開放、理智、充滿活力、彈性、不卑不亢、舉止明快、思路清晰、充滿希望、對各種可能性抱持開放的態度、鎮定、放鬆、寬容、自信、能幹、強而有力、耐性、慈愛、愉悅與友善。

過低激發狀態

【關連性】害怕——壓迫的權力——自卑

【相關反應】疲累、呆滯、沮喪、麻木、低落、疏離、昏沉、擔心、退縮、昏昏欲睡、偏執、消極、挫敗、防衛心重。

創傷始於我們的邊緣系統，這是大腦最老的部分，能夠讓我們對威脅做出反應、處理我們的本能與情緒。邊緣系統指揮我們的社會情懷——我們對社區歸屬感的深沉需求，這其實可能是造成生與死的區別。當我們受到威脅時，邊緣系統就會啟動。當威脅過去，邊緣系統就應回復常態，但是對許多活在創傷中的人，卻並非如此。

心理學家彼得．萊文（Peter Levine）是研究身體療癒方法的人之一，這樣的方法著重於身體在心理層面的創傷表現。在其劃時代的著作《喚醒老虎：治癒創傷》（*Waking the Tiger: Healing Trauma*）中，萊文指出，野生動物都能夠擺脫邊緣系統對威脅做出反應後的殘餘能量，使牠們的身體回復到平衡的狀態。人類的問題是，我們並不擅長這樣的做法。當創傷出現，我們的警報系統會卡住，使我們持續在警戒與害怕之中，無法恢復鎮定。

從而引發的狀態叫做創傷後壓力症候群（Post-traumatic stress disorder, PTSD）。現今有許多技術可以幫助治療PTSD，例如眼動身心重建法（Eye Movement Desensitization and Reprocessing, EMDR）、敲擊、瑜伽與搖擺身體。問題是我們身處的環境難有支持與發展治癒創傷的條件。千年以來，我們的生存都依附在團體之中——聚落、群體、家族與部落。儘管我們今天所遭受的威脅相異於以往，但我們的連繫仍是一樣的。從出生開始，我們就學會依賴，然後是相互依存。培養所謂安全依戀的能力，是我們所有關係與我們對內／對外發展動態的核心。我們也許並不自覺，但是在某種程度上一直在評估／詢問：我屬於這裡嗎？我會被接受嗎？我被愛嗎？即使是在社運，了解這些狀態也是組織會議與行動的關鍵。我們希望每一個人都能感受到被需要的感覺與歸屬感。

當人們缺少這類社交情況或其他資源來發展安全依戀，或是回復到平衡狀態，他們會學習以外界的事物來舒緩痛苦。最普遍的選擇是酒精、藥物（合法與非法的）、尼古丁、咖啡因，或是瘋狂購物、暴飲暴食、電視成癮、工作狂等任何讓我們逃避痛苦的過度行為。甚至是閱讀或運動等活動若是過度，也可能成癮，而使我們斷絕與外界的關係。這些成癮的行為會形成惡性循環。當我們以這些成癮的行為來逃避痛苦，就愈難以用理智、成熟與同情的態度來面對問題，或是在處理人際關係上具有安全感，結果是造成更多的不安全感與痛苦。

療癒創傷的第一步是要先有所自覺。在我們的文化中有許多過高激發狀態的現象反而是受到獎勵，甚至稱頌的，例如過度工作。反之，一些過低激發狀態的現象（沮喪與昏沉）則被認為是可恥的，因而人們會試圖隱藏。事實上，我們所有人都在某一程度上經歷過創傷，在一個建立於殖民主義、白人至上主義、父權思想與資本主義的國家中，這是難以避免的。幾個世代以來，人們都生活在暴力與環境破壞下，而將他們遭受的創傷傳給下一代。現今的主導文化，不論是環境毒素、製藥業，或是水、空氣與土地的汙染，隨時都會導致我們生病。這樣的威脅對有色人種尤其嚴重，他們根本每天都在面臨生死存亡的挑戰。

在一個全面稱頌暴力的文化下，我們會自覺或不自覺地擔心失去什麼或是被拿走什麼。返回中心的策略包括：

▼求助
▼吃好睡好
▼以呼吸運動培養自我意識，識別情緒與感覺，多花時間來審視及關注自己的身體與感覺

▼學習冥想
▼散步（可以重新調整你的身體）
▼體能活動，尤其是瑜伽與跳舞
▼聯絡讓你感到安全與愛意的人
▼別對自己太嚴苛，不時要放縱一下
▼與別人眼神交會，凝視你周遭的人，欣賞他們的美麗與光亮
▼做一些使你感到快樂的事情，如逗弄嬰兒、肢體親密行為與接觸大自然
▼在別人許可下，主動擁抱對方、碰觸肩膀與牽手
▼學習療癒技能
▼注重自己的儀表與個人衛生
▼聯繫朋友與社區，尋找導師與心理治療師——他們無所不在

另一項我認為有助於治癒創傷的方法是馬歇爾．盧森堡（Marshall Rosenberg）所發明的非暴力溝通（Nonviolent Communication, NVC）。壓迫與創傷會切斷我們的感覺、需求與願望，進而造成不健康的溝通。NVC是為我們的情緒與需要注入坦誠和素養。如果你對某人的感覺不好，可以依循這樣的交談過程：(1)說：「我注意到……」(2)問：「你覺得怎麼樣？」（「我覺得……」）(3)問「你需要什麼？」（「我需要……」）(4)提出要求：「你能不能……」這些簡單優雅的對話過程可以去除你先入為主的看法與怒氣，讓你真心感受到你的感覺，以及幫助你治癒孤絕的狀態。

我知道還有許多其他的方式能促進健康與抵抗疾病，我們同時也不能低估保持運動、吃健康的食物、

喝乾淨的水、呼吸新鮮的空氣與清理土壤的重要性。我並不是過度簡化人們在健康上所面臨的挑戰，而是提出建議，幫助大家的生活過得更健康與有收獲。療癒有許多種方法，最重要的是找到適合你的。

在寫這本書的過程中，我學到真愛的意義與接受自己，了解我就是我。有時這也代表我知道我的感受、需要與希望，並且對自己要溫柔一些。我也學會了保持樂觀的態度。複雜性科學再一次地提醒我，我們是神奇而複雜的生物，是由許多時時在互動與變化的系統所組成。這些變化可能會導致我們毀滅與死亡，但是也會引領我們進入一個不斷演進、促進整體性與健康的過程。我們的演進永無終止，因為我們處於一個時時在變化的環境中，事實上每天都是一個新的自我。

行動在地化，思考在地化：奧斯丁的反對川普行動

組織工作是我療癒的一部分，讓我能夠有規劃性與意識性地從事工作。我也因此逐漸看到自我治癒、自我憐愛與直接行動力量間的關係。從事直接行動是行使我們的權力，需要做出理性的選擇，由此也能更加珍惜我們所有的與我們所能創造的。

在自己深愛的社區工作是一種頗療癒的方法，在二〇一六年大選之後，許多人反而因此透過相互聯繫找到慰藉與力量。自川普當選之後，許多人都感到害怕，然而同時也獲得解放。數以百萬計的人重拾他們的權力，透過社區行動釋放悲痛的眼淚。許多人都甘願承擔他們過去根本無法想像的風險。儘管我們無法贏得每一場戰役，但是我們也有所收獲——在相互間建立起我們能夠促進世界更美好的信念。

在立岩之後，我對重返社會運動有所遲疑。但是我知道我必須與我的社區重建連繫，並且盡我所能。我原本計畫去華府參加一月二十日的總統就職抗議，但是在奧斯丁也有許多事要做。

一月時我接到一位朋友的電話，問我能否幫助一個叫做德州奧斯丁穆斯林團結會（Muslim Solidarity ATX）的組織進行防範衝突升級的訓練。該組織要與奧斯丁庇護網絡（Austin Sanctuary Network）聯合參加在首府大廈舉行的德州穆斯林首府日（Texas Mislim Capital Day）大會。這場活動主要是由美國伊斯蘭關係委員會（Council on American-Islamic Relations, CAIR）舉辦。他們尋求社區的幫助，因為兩年前白人至上主義份子曾經破壞他們的大會，現在鑑於針對他們社區的攻擊行動增多，他們更擔心大會會遭到破壞。川普已針對伊朗、伊拉克、利比亞、索馬利亞、蘇丹、敘利亞與葉門等穆斯林國家宣布穆斯林禁令，而奧斯丁的穆斯林社區則是強力反對川普政府及其後續的動作。

周二，一月三十日，我一早就騎著自行車來到首府大廈，由於這天是工作日，我對大會可能出現的情況有些無法確定。太陽升起，我分組召集大家簡短地說明我們的計畫、任務與策略。隨著過來的人愈來愈多，我站上台階，從台階上可以看到有大批群眾前來支援他們的穆斯林兄弟姐妹。就和以前實施多次的保護行動一樣，我們在參加穆斯林大會的人周圍建立保護圈，將他們圍在中間。我們肩並肩，手連手，形成一個堅固的圓圈，並且對外面的白人至上主義份子高喊：「不行，你們不能通過！」

開始行動之前，我對這些願意站在最前線的人表達感激之情。

這個周二的上午，有逾兩千名群眾走上街頭與數百位穆斯林站在一起，這些穆斯林有許多都是橫跨全國來參加這場大會。有一名瘋狂的白人至上主義份子在我們保護圈後面附近高舉標語，但是對大會並沒有造成任何影響。我們堅守防線，我們的巡邏小組則是將這人阻隔在防線之外。大會結束後，許多人都自願留下來擔任護衛的工作，保護每個人的安全，或是必須單獨回家的人。我們是一個團結的社區。

本書大部分內容是談我所參與的大型國際或美國全國性抗爭運動，但這並不代表我們要參與社運就必須離開家園。如我在第一章所言，我們的運動結合在地網絡與其他網絡形成更為緊密、深具彈性與力量的新網絡之後，才是最為有力的。我大部分的工作都是來自我所居住的社區。我的工作始於高中與大學時代的紐約上州，然後是波士頓、華府、洛杉磯，最近則是德州的奧斯丁。

我在奧斯丁的工作大部分都是日常依循直接行動原則而自然而然出現的。例如二〇一三年十月，奧斯丁的洋蔥溪（Onion Creek）水位大幅升高，突破警戒線，造成致命的水災。溪水暴漲淹沒數十個鄰里、有六人喪生、逾千棟住屋毀損、馬匹與數千雞隻慘遭滅頂。我知道我在太極課新交的朋友羅絲就住在遭到洪水肆虐的鄰里之一，於是進入淹水區，來到她的住家。

不久之後，羅絲的住家與前面的死巷子就成為奧斯丁共同救災（Austin Common Ground Relief）網絡的組織中心，促成救災者的合作，以援助成為水鄉澤國的鄰里。我們動員志願者清理住屋、運送垃圾、提供熱食，與分發民生物資給當地居民。我們還舉辦節慶派對，例如感恩節晚餐與耶誕派對，贈送自行車給所有孩童。我也幫居民成立一個鄰里委員會和一個非營利組織叫做特拉維斯奧斯丁復原團體（Travis Austin Recovery Group），後者是一合法組織，可以讓居民籌募迫切需要的資金。我們的工作是在政府要買斷居民房舍的情況下，確保他們得到公平的待遇。

還有一項在奧斯丁的行動令我頗感驕傲，就是打倒奧斯丁種族歧視（Undoing Racism Austin）的行動。二〇一三年我的朋友貝．樂夫（Bay Love）給我看了一張幻燈片，使我大感震撼。他當時是在喬伊斯．詹姆斯（Joyce James）領導的不成比例與差距消除中心（Center of Elimination of Disproportionality and Disparities）擔任實習生。該中心聘請人民生存學院來為從事兒童保護服務的社會工作者進行打倒種族歧視的訓練。此一在五個郡實施的先導計畫顯示，打倒種族歧視的訓練改變了社會工作者如何看待他們的工作與黑人孩童的遭遇——事實上是所有的孩童——幫助他們在親屬關係以及醫療照護上獲得改善。

我們行動中的歡樂與療癒

我很喜歡卡拉·伯格曼（Carla Bergman）與尼克·蒙哥馬利（Nick Montgomery）所著的《歡樂抗爭》（*Joyful Militancy*）一書。他們在書中分析抗爭運動中的毒素，探索我們如何在行動中加入歡樂與連繫等元素。他們指出「自由」一詞在印歐語系中等同於「友誼」：「我自由因為我與他人有連繫。」我們都有自由意志，而我們相互間的連繫與關係讓我們感覺到自由。這就是我喜愛創意性直接行動的原因。創意性直接行動需要自主性的選擇與自我責任，同時也需要社區做為後盾。它能支持我們勇敢面對我們最害怕的事情。如果我們以適當的方式展開行動，直接行動也會為我們帶來回報——是我們創造新世界的同時，與眾人分享的豐富回報。

今天的抗爭運動愈來愈注重療癒的工作，讓我們降低接受其中毒素的意願。我們必須創造珍惜同情的空間。我們可以建立信賴關係而允許相互信任。我們也可以在團體中建立共識，擁抱靜默與冥想的時刻來相互連繫。我們也可以在團體中實施身體體驗療法。我們以關懷面對痛苦，探尋事情為何會如此發展，以及我們希望如何改變。在相互信任下，我們會更加坦誠，因為知道我們必將循正道而行——因為如此，我們對自己與相互之間也會感覺良好。當我們造成傷害時，這是無可避免的，我們能夠予以彌補，並且學習改變對我們自己或他人造成傷害的行為。

不久之後，我們就成立了打倒奧斯丁種族歧視團體，其目的是訓練社區，接著是該市的領導層與人民生存學院打倒種族歧視訓練的職員。我們希望將奧斯丁打造成推動種族平等的領袖。我們知道有不少富有的白人自由派，我們認為可以舉辦別墅派對來募資。在我們的第一場別墅派對中，有一名女士填寫了一張八千美元的支票。太棒了，我們上路了！我們在二〇一四年共舉辦了五場訓練，其中一次包括兩位市議會議員與市長。此外，我們也與奧斯丁獨立學區合作訓練。我們也在塞頓家庭健康護理醫院（Seton Family Health）提供相關教學。我們也有對一些犯罪正義團體進行訓練。

以前談論有關種族歧視的話題是一大忌諱，不過現在已是交談的一般話題，並且成為大家公認是該市的一大問題。在二〇一六年的一次訓練中，受訓學員包括警察局長、消防隊長、兩位副局長與副隊長，以及兩位市府助理。其中一位副局長後來表示：「在接受訓練之後，我覺得處處都有種族歧視的情況。我已無法將它收回去了。」是的，我們已在去除種族歧視的武裝，為未來打倒種族歧視鋪路。

在打倒奧斯丁種族歧視運動漸入佳境的同時，也出現許多由黑人領導的新團體，尋求該市重視因體制性種族歧視所製造的各項問題，將其列為優先議題。這些組織包括奧斯丁正義聯盟（Austin Justice Coalition）、奧斯丁黑人的命也是命、黑人主權國（Black Sovereign Nation）、對抗平衡（Counter Balance），以及一個由有色人種婦女領導的聯盟，叫做有色人種社區聯合會（Communities of Color United, CCU），該組織曾發動一項成果輝煌的行動，贏得市府設立平權辦公室與相關預算。過了一段時間，打倒奧斯丁種族歧視團體的白人核心委員會決定將該組織改名為打倒奧斯丁白人至上（Undoing White supremacy Austin）團體，並與多個有色人種團體建立直接關係。二〇一六年，由黑人領導的奧斯丁正義聯盟開始推出更多的打倒種族歧視訓練。

川普當上總統後，奧斯丁社區所面臨的仇恨犯罪、警方突擊與驅逐出境都告增加。我們其實無需發動反種族歧視的行動，因為早已有了。奧斯丁曾是墨西哥的一部分，因此該市有許多拉丁裔人民，而且相關的移民社區最近也顯著增加。當地早有移民強悍抗爭的歷史，而在川普上任後，抗爭的力量更是強大。例如在二〇一七年與二〇一八年，一個由拉丁裔人民組成的聯盟——東部新月居住權（Eastern Crescent Right to Stay）——發動抗爭，擊敗一項重大的土地再開發計畫規範遠景（CodeNEXT），該計畫若是獲得通過，將掀起新一波的城市升級熱潮，奧斯丁的黑人與棕色人種將因此會有一大批人遭到驅趕。

當白人至上主義份子拿著槍與劍出現在街頭時，我們團結勇敢面對。三K黨、驕傲男孩（Proud Boys）、反伊斯蘭教法大行軍（March Against Sharia）、愛國者陣線（Patriot Front）與歐洲身分（Identity Evropa）等極端派團體都曾在奧斯丁發動抗議。他們在夏洛特維爾（Charlottesville）遊行的那個周末，也在奧斯丁發動遊行。

二〇一七年，奧斯丁一個由有色人種團體組成的聯盟，聯手要求市府正在談判的新警務合約必須包含對警務的監督與問責制度。二〇一七年十二月，逾三百人參與的公聽會經過九小時的辯論後，我們贏了：市議會否決了新的警務合約。奧斯丁正義聯盟的黑人領導層在第二年繼續施加壓力，於二〇一八年十一月爭取通過一項新的警務合約，社區所要求的條件都獲得優先列入。

這是一次重大勝利。現在我們擁有數百萬美元的資金來支援公共安全等非警務服務，我們也爭取到成立真正具有實權與獨立的警務監督辦公室。在平權辦公室的凱莉·柯曼（Kellee Coleman）與布里翁·歐克斯（Brion Oaks）領導下，奧斯丁開始成立打倒種族歧視工作站，有數百名市政府的員工都在此接受訓練，甚至連奧斯丁警察局都開始自費接受訓練。二〇一九年二月，市議會通過一筆預算，支持在未來五年期間每年進行十一次打倒種族歧視訓練課程。我們的初衷、我們的期望都已獲得實現。不過我們也知道必須隨時保持警惕，努力不懈。

在我寫下這些話的同時，多場重大戰役正進行得如火如荼——這些都是必須持續奮戰，直到正義得以伸張為止的抗爭。二〇一八年，反對川普家庭分離政策的抗爭多點開花——法庭、媒體與街頭。六月時，女性大遊行（Women's March）帶領一千名婦女遊行到司法部抗議，然後占領哈特參議院辦公大樓（Hart Senate Office Building）。我們鳴鐘指示樓上的條幅垂墜下來，然後舉起雙手；我們的右手掌寫著「我們」，左手掌寫著「關切」。我們在地上展開一幅巨大的黑色布條，上面寫著「家人自由在一起」。當警察過來時，我們席地而坐，身上披著警方拘留孩童時所發的太空毯。我們成了一片閃閃發光的抗議之海。我們是一群以姐妹之情緊緊相連的女性，我們高唱「女性如潮水升起，吞沒拘留，我聽到曾孫女的呼喚，即刻釋放所有的家庭」。[1]

當天六百三十位婦女遭到逮捕，這是哈特參議院辦公大樓有史以來規模最大的一次公民不服從行動。此一事件也助長了接下來在周六舉行的大遊行士氣，當天全國各地共有逾六百場示威抗議活動。

二〇一八年十一月，在參院對卡瓦諾的提名案進行表決當天，麗莎在華府為民眾說明直接行動。照片由基夏．巴瑞提供。

工具箱：白人優越感的表現形態

白人優越感的表現形態可能十分細微，然而卻影響深遠。不過它們是可以改變的。以下的概念是來自或是受到行動導師提瑪．歐肯（Tema Okun）與肯尼斯．瓊斯（Kenneth Jones）的啟發。這些都是我們受到我所謂死亡主導文化社會化影響的結果，這些表現形式可以讓我們一窺白人優越感是如何引人厭惡與傷害不是白人的其他人種。我們每天生活都與這些行為為伍，相信我，它們是自然而然地表現出來的。

【強調客觀性】相較於感情，更看重客觀性，儘管我們是有感情的人類，不是機器。我們的文化長期以來就一直在貶抑主觀性與我們的生活經驗。

【完美主義】完美主義會造成冷漠與麻痺。這樣的意識形態會防止我們有所作為，因為我們會擔心自己不夠好。它會導致我們缺乏對別人的欣賞之心與自尊心低落，因為我們相信一旦犯罪，就萬劫不復。

【急迫感】這種無處不在的感覺使我們根本不在意破壞民主的行動，或是為一己之私而犧牲群體利益的行為。我們貪得無厭。我們重量不重質，強調能夠量化或計算的成果，而不是發揮創意與合作精神的過程。

【防衛心】防衛心阻止我們對別人敞開胸懷，也使我們難以成長與接受新事物。我們會以不是這個就是那個的二分法做為判斷的依據，由此分別好與壞、對與錯，以及我們與他們，並且拒絕接受兩者皆有的概念。我們可能會不敢坦誠對人。當我們有所隱瞞或說謊時，羞恥之心與品德的缺乏也阻礙了我們與他人的成長。

【父權主義】父權主義的意識形態使我們自認有資格為別人做下決定，相信我們擁有這樣的權力、知識與責任。我們自認比別人優秀，從而變得驕傲自大。

【崇拜書面文字】這樣的意識形態使我們重視資料與文件，輕忽生活經驗，從而相信只有一種對的方式。我們優待那些會書寫與使用主導語言的人，限制我們接受現實存在的不同觀點與面向。

【權力的積聚與獨占】這是基於物以稀為貴與貪婪的心態。這是我們文化中具有強大毀滅性的特徵，引燃競爭、權力鬥爭、指責與害怕公開的衝突。影響所及，我們以約束取代擴張，造成孤絕與疏離。

【舒適權】我認為是為了維護自己的舒適權促使白人看到有色人種出現在附近時決定報警（因為把有色人種的出現視為威脅）。這樣的意識形態也會導致他們感到脆弱與無助，而且會因為別人的搗亂或惹事生非而大發脾氣。我們不喜歡別人提出議題或問題，因為我們一向自認能夠，也必須處理所有的事情。這樣的心態毀滅了我們合作的能力，並且引發證明自己才是更好的競爭。

【**個人主義**】這樣的心態使他們難以和別人合作，反而希望受到注意、認可與讚美。我們會變得不受信任，並且遠離能夠幫助與維持我們誠信的人。我們是社交動物，相互需要以發揮潛能。個人主義使得我們與歸屬感絕緣，然而這是人類的基本需求。

【**所謂進步是愈大愈多愈好**】這樣的心態使得我們貪得無厭，地球慘遭破壞。它也助長消費者主義與物質主義，使我們一生中充滿永不滿足的慾望。這種希望愈多愈好的慾望足以解釋為何儲存空間是當今最貴的房地產。成長與進化是人生的一部分，但改變並不表示就是「更多」。我常常提醒自己，我們已擁有我們所需的所有東西。

幾個月之後，也就是九月的時候，這批婦女中有許多人再度走上街頭，反對政府提名布雷特．卡瓦諾進入最高法院與之後國會的認可。我們占領參院大廳好幾個星期，在大廳走道上遊行、占領議員的辦公室、阻斷街道與中斷聽證會。在國會認可當天，我們搶先警察占領國會大廈的台階。我們擠滿國會的裡裡外外，自參院旁聽席干擾議員的表決，以我們最大的肺活量要求正義。當天旁聽席有多名婦女被捕，我是其中一人，我以此自豪。

二〇一八年底，我參與一項策略性行動，旨在揭發政府想要隱瞞的事情。在德州的托尼洛（Tornillo），有逾二千五百名孩童仍遭到拘禁。我們發動了名叫托尼洛耶誕節（Christmas in Tornillo）的紮營行動。這場長達一周的占領行動旨在確保這些被拘留的孩童知道自己並不孤單，並沒有被外界忘記與拋棄。這個構想來自一批前來探視的拉丁裔婦女，包括我在弗格森的朋友伊莉莎白．維嘉。她們發現一批白人與一個叫做托尼洛見證人（Wittness Tornillo）的團體竟與國土安全部的人稱兄道弟，有時甚至還會感謝他們。她們氣壞了，知道光是見證托尼洛所發生的事情並不夠。

托尼洛耶誕節成為一個以藝術性行動來進行抵抗的營地，幫助那些被國土安全部在耶誕夜丟在厄爾帕索（El Paso）車站的庇護尋求者。[2]他們大部分是來自南方的鄉親，沒有外套、鞋子、食物、飲水，身無分文。我們設立了緊急避難所、為他們準備食物，還有一批護理人員自動貢獻時間提供服務。同時，我們也自社區籌募了數千美元來收容這些人，或是將他們送至贊助者的家中。

而在拘留中心的前面，我們持續以高蹺、大型人偶進行抗議，還將足球扔進牆內，上面都有用西班牙文寫的訊息。除夕當天，我們以灑水器與偽造的催淚瓦斯罐製造了一棵耶誕樹。我們在耶誕樹頂端懸掛天使的地方放了一張賈桂林·瑪昆（Jakelin Maquin）的照片，這名來自瓜地馬拉的小女孩，在國土安全部的拘禁下因脫水與敗血性休克而死。我們後來用一些灑水器阻隔拘留中心的入口，成功阻擋五輛巴士載著員工在除夕夜進入。參加托尼洛行動的成員包括原住民、拉丁裔民眾、黑人與穆斯林，其中有老人、孩童與可愛的嬰兒。

在耶誕節行動後不久，川普政府就宣布關閉托尼洛拘留中心。這是一場小勝利，我們前面還有一段漫漫長路。儘管有不少孩童被送至贊助者的家中，但是還有許多送至佛羅里達的一所兒童拘留中心。來自這所新監獄的消息並不好，而且托尼洛的成人拘留中心仍在繼續使用當中。二〇一九年一月，政府透露被迫與家人分離的移民兒童較先前公布的數字多出好幾千人。

我不知道未來會是如何，但是我知道我們必須繼續抗爭。甚至在我寫下這些文字的同時，還有人以社交媒體發揮愛心，籌募資金來幫助我們的拉丁裔鄉親。這些資金將投入難民與移民教育與法律服務中心（Refugee and Immigrant Center for Education and Legal Services, RAICES）。該中心旨在為移民家庭與孩童提供免費或費用低廉的法律服務。在二〇一九年情人節後，這批人又重返托尼洛，並有多位原住民領袖沿著德州邊境建立營地，用以抗議川普的白人至上主義紀念碑——邊境牆。

——

不公不義早在川普之前就已存在。他就和我們所有人一樣，是病態文化下的產物。他悲慘的人生與惡毒，提醒我們建立一個新文化取而代之的重要性，此一文化是植基於社區與關懷。如果你從本書中學到什麼，我希望是了解抵抗並不只是反對不公不義，而是為了爭取正義。這是一個打掉不再能為我們創造幸福的機制，並且建立更好新機制的進程，而這需要每天的關注。

不論是誰當權，不論生活有多艱苦，我們都可以選擇欣賞大自然與世上每日所呈現的美好事物。我們可以敞開胸懷，用心學習。如果我們專注，大自然會是我們最好的導師。鳥群、獅群、馬群與魚群教導我們集體行動、形成團體的力量。牠們教導我們，天下不是只有一位領袖，而是有許多位。我們可以從一朵鮮花的綻放想到一粒小小的種子也能發芽生根，我們也可以從自水泥牆縫間探出頭的小草了解再堅固的障礙也能突破。大樹盤根錯節，提醒我們都是相互連接的，就像真菌捎來遍地生機的訊息。兒童的歡笑總能為我們帶來喜樂，讓我們了解在輕鬆的時刻或是面對挑戰時不忘玩樂的重要性。

我們應為活在世上感到高興。我們在這個星球是為了進一步的發展、發揮我們的潛能，愛我們自己也愛別人，為了創造更好的世界做出貢獻。還有什麼比這個更好的？我很感激您花時間來讀這本書。我也要感謝所有幫助我催生這本書的人，我希望您在其中能找到為您自己與他人創造一個更美好生活與世界所需的東西。我衷心期盼！

注釋

① 這首歌是我們二〇一四年八月在「淹沒華爾街行動」（Flood Wall Street Action）中所唱的修訂版，當時有逾三千人坐在華爾街上，封鎖整個區域。

② 此一行動是由弗格森的藝術行動者組織創辦人伊莉莎白．維嘉與在厄爾帕索、達拉斯的原住民社運人士共同發起的。凱特嬤嬤特地從弗格森趕過來為我們準備了一頓美味的假日大餐。在此同時，維嘉則是努力安撫一些感到害怕的白人，讓他們了解在倒刺鐵絲網柵欄上方的大型人偶並不具有暴力威脅性。

附錄

其他的工具箱

以下是來自其他工具箱的內容，也是我經常教導與訓練的教材。我不認為這些是原始創見，而且我曾和許多抵抗強勢文化的人共事。我們並不知道這些知識的出處，但是我們都根據自身經驗的心得予以發展與演進。

我尊重前輩，希望我所提供的知識能夠有助於我們在未來的工作上精益求精。

反壓迫的實踐

這些操作都是根據我在DAN-LA（直接行動網絡——洛杉磯，Direct Action Network, Los Angels）工作的實踐，與在人民生存學院所學習的原則，加以修正與改良所得。我們都曾受到壓迫，我們都有傷痛需要治癒。我們尋求的改變會因個人的不同而互有差異，但以下方法有助於你踏出推動改變的第一步。這些知識能夠應用在種族歧視、性別歧視、階級歧視、年齡歧視、殘障歧視等多方面。

▼教導自己與他人有關壓迫的歷史、概念與體制。認識它們在個人、體制與文化層面上的體現形式。
▼認識在團體中造成邊緣化、排斥、剝削與去人性化等毀滅性操作的權力與特權。權力與特權可以用來行善，但是我們首先必須對其進行透徹的分析，並且要具有自覺意識。

▼經過內化的種族壓迫體現在兩方面：優越感與自卑感。我們應有所自覺與認識白人至上主義、父權主義、階級主義、異性戀主義與所有其他的壓迫性體制是如何對我們造成影響，如何讓一些人不勞而獲地取得特權，並且殘酷對待別人。

▼這些壓迫性的體制並不是我們創造的，但是既然知道它們的存在，我們就應擔負起從內外兩面消除它們的責任，否則我們就是同謀共犯。

▼反壓迫的實踐是終身工作，需要終身的承諾。學習改變我們的行為是沒有捷徑的。

▼鼓勵自己誠實、開放與勇敢面對種族歧視、性別歧視、恐同症與跨性別恐懼症。

▼注意身體語言。如果你接觸與你不同類的人時會躲避直視對方，學習眼神接觸、微笑、打招呼，讓對方感覺受到尊重。

▼當你目睹或經歷權力的濫用或壓迫時，應當場阻止或指責這樣的行為，或是在稍後以一對一的方式，或是連同幾位同伴，以感同身受的態度來指正壓迫行為，勸說他們改正。

▼挑戰壓迫的行為，而不是個人。要謹慎敏感，鼓勵開放式對話。談你對仇恨性與壓迫性語言的感受。

▼不要一竿子打翻一條船，不要把感覺、思想與行為擴及整個團體。

▼認識圍繞壓迫性行為的建設性批評是禮物。盡量不要過度防衛，挑戰別人或是無視對方的經驗。對人們寧可信任，不要懷疑，不要隨便假設。

▼寧願失去朋友，也不要拋棄犯錯的人。設定清晰明顯的界線固然重要，然而更應遠離壓迫。幫助他們了解你對他們所做所為的感受，要求他們對自己的行為負起修正與彌補的責任。

▼挑戰你本身、你的朋友與行動主義內的男子氣概、強硬個人主義、救世者主義與父權思想。

▼當你面對你所受壓迫時會感到不適與痛苦，但是也要了解這是你解放與成長必經的過程。我們必須相

互支持，並在實踐過程中保持溫和的態度。

▼感覺羞恥與罪惡感無濟於事，反之，應該覺得責無旁貸。本身是問題的一部分，並不代表不能成為解答的一部分。

▼尊重不同的領導風格與溝通。要記住，方法不是只有一種，也沒有完全正確的方法。營造友善的空間，將時間優先留給受到壓迫最嚴重的人。

▼保留時間給相互學習，分享食物與我們人生的故事、我們的歷史、我們的文化與我們的經驗。

▼多了解傷痛，它是我們文化中暴力的成因與結果。就你能力所及全面進行治癒的工作。

▼放鬆、實踐、傾聽、學習、遊戲、互相關愛。

複雜性科學

複雜性科學是研究複雜性系統及其如何透過互動與修正來進行有機性的演進，促進自我組織的新系統興起。對複雜性科學的了解愈深入，可以發現有許多可以轉化成社會科學與組織原則。我並非這方面的專家，但以下是我認為複雜性科學與組織間的關係。

【了解你的歷史】以史為鑑，過去的事可能會影響未來，它是如何發生的、何時發生的。

【維持環境開放】自然世界是存在於一個開放的環境下，然而人類卻傾向創造封閉的環境。開放的環境允許資訊的自由流入，封閉的環境卻限制進來的事物，不論是人、創意還是文化。

【關係很重要】所有的個人與團體都是形成規模更為宏大的群體的一部分媒介。每一個媒介都是自我組織體，不斷成長與變化。

【網絡用處大】媒介是相互依存的，而我們效能的最大化是在於我們相互連接形成一個溫和緊密的去集權化網絡。

【回饋是關鍵】我們在網絡內的互重是植基於回饋，不論是正面還是負面的回饋。

【要開放、包容與熱情友好】正面的回饋——合作、欣賞與感激——會帶動改變。反之，負面的回饋，如競爭、批判與評斷，則會導致破裂或解散。

【多元化是我們的力量】它提供觀點、資訊，以及可以促成劇變的創意。

【多重策略】複雜性科學顯示輸入的訊息愈多元，促成改變的機會也愈大。道路不是只有一條，而是條條通羅馬。我們的策略愈多，造成的影響就愈大。

【計畫要有可行性】我們不能奢求完美。我們必須選擇與相信自己能夠完成。想像力能夠激發我們的火焰。

【由小到大】網絡是依據分形或重複不斷的模式運作。當我們複製我們的戰術時，可以將其迅速擴大，建立能夠促成快速改變的引爆點。改變的引發，都是在於一些較小且單一的事件，影響逐步擴大所致。

【改變不是線性的】改變是周而復始的。在第一次行動沒有達到我們的目的後，我們往往必須從頭再來，加入新的資訊與經驗。

【升級至混沌的邊緣】混沌的邊緣是改變最大化的所在。它是甜蜜點，是必須改變或轉型的所在。我們也許無法控制結果，但是如果我們全心全意的向目標前進，就會擁有推動局勢向我們所要方向發展的力量。

【創發】在複雜性科學裡，創發是系統內以新秩序來進行自我組織的狀態。這是一套轉型的進程。改變無法強加於人，而是靠著內部的力量來達成。

複雜性科學與權力動態

支配力量體制的特色	群體力量體制的特色
穩定	活力
封閉	開放
等級制	水平式
直線	非線性
機械化	有機體
資訊管制	資訊釋出
可以預測	難以預測
井然有序	混沌的邊緣
剝削利用	探索
腐朽	促成自我組織的興起

表格是複雜性科學在權力動態上的應用。

團體工作

與別人共事是一件可怕的事情，不過同時也是具有療癒作用，而且有趣的事情。我們通常都不會主動投入，因為我們往往會擔心失敗或遭到批評。然而要充分發揮價值，就應尋求身心的穩定。如果我們覺得焦慮、不安全感或是害怕，可以問：我現在真的不安全嗎？這些感覺往往來自於覺得自己沒有價值、不受尊重或是人微言輕。我們往往會認為自己不夠好。但是我們確實很棒！我們都會有這樣的感覺，因為我們是人類。我們不比別人差，只是不同而已。在分享自我、我們的力量與我們的夢想時，我們之間的差異可以帶來豐富的資源與潛力。我們的創造力、想像力，以及彼此間的互動可以推動新局的出現。

我們團體工作，是因為我們在對抗壓迫與不公不義時需要相互扶持才能發揮潛力。在團體中培養共同的價值與原則，可以幫助我們避免發生衝突。以下是團體工作的一些基本要件。

▼找一個自在舒適的地方集合。
▼分享食物與表達感激之情。
▼抽空問候別人——你還好吧？
▼做一些基本功：深呼吸、連繫地球、伸展、歌唱、吟唱、眼神接觸、體驗你體內的感受。
▼審查團體的合約與協議。
▼互相認識對方，分享文化與個人歷史。
▼清楚說明你們為什麼要齊聚一堂與目的何在，將你大部分的時間都用於此一工作。
▼如果做成決定，要有討論你的感覺與想法的空間。
▼如果提出行動的要求，要有時間事先收集資訊與預想可能的結果，是正面還是負面，你們應該繼續嗎？
▼討論擬議中的行動是否為大家帶來相互串連與成長的機會。
▼提醒大家有關團體的價值與原則。
▼確保權力的行使與權利的享有透明化。團體的運作必須確保權力分享與機會均等。這並不表示大家要一起從事所有的事情，而是要確保大家都已了解，擁有發言與提出建議的機會，讓大家感受到團體友好的氣氛與相互間的關懷。
▼相互表達欣賞與感謝之情。
▼安吉利絲．阿瑞安（Angeles Arrien）所著的《勇士的四重道路》（*Four-Fold Ways of the Warrior*）是我在團體運作的指導原則：出席、專注、表達自我與不計結果。

協調

協調的優劣是會議成功與否的關鍵。協調員必須有自信、可靠與熱誠的態度。他們需要了解團體的能量所在、團體的需要，並且留意肢體語言所帶來的訊息。他們需要建立實體空間與討論的空間。他們必須知道如何策略性的利用時間。協調員需要了解力量的動態與壓迫以排除障礙。他們必須隨時保持彈性，願意在必要時做出改變或放下議題。

協調員的角色

▼建立一個可以接納多元參與的容納空間。
▼從基本做起，例如讓團體圍成圓圈坐下或是座位的安排，以及有關燈光、食物、飲料與休息時間的安排。
▼技巧且優雅地使用中斷議程的權力。
▼示範使用或是建立動態力量的模型。
▼承擔讓團體運作順利的責任：你不必做決定，但是你要確保決定的產生。
▼策劃他們所要建立或是所要的文化。
▼工作要有活力：節奏分明、充滿活力、精準、沉默、伸展與音樂。
▼建立強而有力的文件：紀錄、圖表等等。

優良運作

- ▼文化開場：歌曲、詩詞與音樂。
- ▼徵求團體同意設立協調人的角色。
- ▼在權力的行使與觀點的表達上保持中立與透明，與結果保持距離。
- ▼議程準備：針對團體的需求、要進行的決策與空間排定優先次序。
- ▼安排主持人，確保所有的參與者都能拿到他們所需的訊息。
- ▼安排各項職位：指派記錄員、計時員、抄寫員、會場觀察員、招待人員與簽到人員等等。
- ▼設定有關我們如何合作與相互要求的指導原則與協議（例如會議時關閉手機）。
- ▼以介紹、炒熱會場氣氛與身體工具來讓大家感受到友好歡迎的氛圍。
- ▼團體運作工具：小組討論、腦力激盪、走訪、兩人一組行動、積極傾聽、民意測驗投票、分析利弊得失、堆疊名單等等。
- ▼使用掛圖：人們學習的方法有很多種，視覺工具頗有幫助，也可以使用不同顏色的標記。
- ▼營造團體樂於合作及參與感的氛圍。
- ▼在團體間營造友善、鼓舞、創意與趣味的調性。

共識

決策的形成是我們透過自己的選擇來行使我們的權利。決策的形成進程可以是自由開放的，也可能是強制性的。如果能夠先行建立共識，就是一個支持自由開放的決策形成進程，因為團體內所有的聲音都已表達，而且是由所有成員來決定。共識的重點並不在於達成一致的意見，而是贊同。這並不是如投票表決那樣要分出贏家與輸家的方式，而是在了解不可能所有人每次都會同意所有事情的情況下，建立最大化的支持力量。

要建立共識，團體首先需要明確設立共同的價值與原則，以及如何串連、引導與傳遞我們互動的協議。若是沒有這些，我們就可能很容易出現內部矛盾或是受到外力的破壞。要確保每一個人都能了解共識決策的形成過程，最好是有一位具備豐富經驗的協調員。每次討論只針對一項議題與提議。在建立共識的過程中，經常會使用民意測驗投票或是要求舉手表示贊同與否，或是還有其他意見，這些方式可以讓你立即知道團體的意向。每一次修正都需要團體的認可才可以成為提案。

▼所有的決策進程都始於確認問題或需求的所在、預設解決方案，然後發展出行動提案。

▼提案本身應是經由團體提出。

▼團體首先必須向所有成員闡明議題。你是否了解我們現在提出的議題？在完全闡明之後才可以進入下一個階段。

▼詢問是否有任何擔心的地方，列下大家關切的重點清單，進行討論。根據這些關切的重點修改提案。提案一經修改，必須確保每個人都了解。

決策的形成可以根據以下的順序進行，這樣能夠容許各團體在同意之前還擁有最後確認的空間：

【有任何需要關切與保留的地方嗎？】到了此一階段，應該不會有重大問題出現，若是有，就必須進行修正。

【有任何人決定不參與嗎？】這是人們選擇退出的時候。他們也許並沒有關切之處，也並非反對，只是選擇不參與。如果選擇不參與的人很多，就需要重新評估團體的方向。

【有任何阻礙嗎？】這是指當一個團體或個人感覺提案有違團體的信念與原則，團體的和諧與合作可能因此受到傷害。他們可能會阻止整個團體的繼續運作。就我的看法，如果在前面需要關切與保留的階段處理得好，就應該照顧到所有潛在的阻礙。如果有人或團體之前沒有提出關切，現在卻出現阻礙，我認為這並非合法阻礙，而是濫用權利，有心阻礙團體工作。

【我們達成共識了嗎？】如果沒有阻礙，就是達成共識了。一般而言，是用晃動手指（美國手語中的鼓掌）、豎起大拇指、鼓掌，或是簡單地說「是的」等方式。

【決策做成之後】你們開始進入討論如何實施的階段，由誰來做、做什麼與何時做。

策略方案

所謂方案可以視做收集行動計畫的大型收納箱。方案可以允許我們在經過一段時間後將行動升級。我們使用的策略愈多，愈快促成改變的可能性也就愈高。方案的各階段與步驟可以根據外在的情勢與政治機會而改變。廣泛來說，主要分四個階段：

階段一：準備

【調查並研究你的敵人與盟友】盡量收集有關他們是誰、在哪裡，以及他們關切什麼等資訊。他們的金錢來源是什麼？誰會影響他們？擬定要求、製作地圖、日曆與計畫。

【談判】給予對手做出改變、解決問題與採行你提出的解決方案的機會。透過信函、代表團、會議與電話來進行溝通。

階段二：發動

【教育】利用討論會、傳單、社交媒體、公共活動等方式來教育你的盟友與社會大眾，以爭取支持，同時壓迫你的對手。

【動員】招收成員。

【再度談判】他們是否已準備做出改變？如果沒有，就進入階段三。

階段三：戰鬥

【示威】組織抗議、代表團行動、遊行、集會、街頭劇場等等。

【直接行動】利用代表團、糾察隊、罷工與公民不服從等方式，來占領空間或是阻擾日常業務。

【持續抗爭】預先設定後續的行動，要有策略方案引導行動升級，將情勢帶至混沌的邊緣。

階段四：爭取雙贏

【壓縮】讓你的對手覺得除了和解、結束營業或丟掉工作外別無他途。

【和解】是否有第三者或中立團體能夠調解雙方進行談判？談判桌上的人是否最具有影響力？

【平行組織】擬定計畫，設立替代人選。

【慶祝與跟進】確認所有的解決方案都獲得執行。

行動規劃

行動的核心價值完全在於能否發揮作用。不論你在哪裡、跟誰在一起、你的目標是什麼、所使用的材料是什麼？以下是我在策劃行動時一定會自問的問題：

▼此一行動是象徵性的，還是直接的？
▼此一行動是公開的，還是祕密的？
▼此一行動有開始、中間與結尾嗎？
▼此一行動的背景是什麼、之後會發生什麼情況？
▼我們應如何使行動多彩多姿、激勵人心、具有趣味性與戲劇性？
▼我們應該使用什麼視覺效果來訴說我們的故事？
▼我們如何滿足參與者的基本需求——飲水、食物、廁所與運輸工具？
▼我們的行動應如何與參與者、群眾在情感、生理、心理與精神上互動？
▼要注意視覺效果與細節。

我同時也發現事先規劃目標、對象、訊息、動員，以及行動的情境或框架也很有用。

【目標】目標必須具體、明確，且實際上的確有爭取得到的可能性。如何才算是贏得勝利／改變？
【對象】我們希望影響的人是誰？誰才有決定權？
【訊息／要求】問題是什麼，解決方案是什麼？在我們的對象之外是否還有觀眾，我們希望告訴他們什麼與做什麼？

【動員】我們需要多少人，有多少人會參與行動？我們如何召集他們／通知他們，爭取他們的承諾與參與？需要哪些後勤上的工作來支援他們的參與？

【情境／行動框架】會發生什麼事情？在哪裡發生？何時發生？我們是否已預先偵測地點？預定地點是什麼樣子？人們如何加入？行動是否具有創意、影響力與視覺效果？行動本身是否吸引人們注意？

大部分的行動，尤其是大型動員群眾的行動，還有一些周邊元素，需要預先規劃與擬定策略。

【宣傳】社交媒體、宣傳方案、傳單、廣告、公共服務公告（PSAs）、電子郵件、郵件、日曆等等。

【計畫】這些宣傳是否能明確傳達訊息？是否要增添文化元素——歌曲、口頭語言、音樂？

【進度表】從頭到尾的行動規劃，何時會發生什麼事情，由誰發動。

【後勤】從運輸到水瓶的所有必需事務。

【道具】我們需要用來講述故事、與人互動與製作影像鼓動人心的所有工具。

【安全與交通計畫】需要什麼？誰會進行協調，火車與徵募？

【協調／預先準備】訓練與準備會議、溝通、藝術，以及最終的行動前會議，確保每個人都了解行動計畫與自己應扮演的角色。

公民不服從

如果做下要承擔入監風險的決策，需要比一般行動更多的考量與支援。這些支援讓我們有信心來承擔風險。如果你決定採取公民不服從的行動，以下是你需要事先規劃的事項：

【偵察與地圖】針對你要發動公民不服從的地點，要確保事先偵察與繪製地圖。

【訓練】組織訓練課程，包括非暴力直接行動的訓練、法律訓練與街頭醫護訓練。

【組織模式】選擇你組織的模式，是否使用親和團體、行動小隊、兩人同行或是群體。

【輪輻會議或戰略領導】設立在行動前與行動中如何做成決策的制度，例如街頭輪輻會議。

【戰術性聯絡】這可能包括自行車、無線電、簡訊、旗幟與跑步傳信人員，或是約定時間、行動、以某種聲音來號令展開行動。

【公民不服從道具】告示、標語、條幅，以及海報與貼紙，上面印有關於被捕者衣著的訊息。

【法律計畫與策略】你是否有律師與司法觀察員？是否有法律熱線電話號碼？是否了解相關法律與後果？檢察官的政治傾向為何？

【警方策略與相關安排】你是否有事先通知警方，得到允許，或者計畫發動奇襲？你是否有制定交戰規則以保護民眾與社區？

【入監策略】是否有組織外界的支援——接送、食物與關懷？還有內部的支持，包括監內團結計畫？獄友是否願意合作？

【媒體】擬定計畫讓行動獲得錄影、拍照與登上社交媒體。

【街頭醫護】你是否有街頭救護？參與者是否有急救知識，是否了解警方的戰術與用來控制群眾的武器？知道附近的醫院在哪裡嗎？

【創傷與療癒】如果有人受傷，你治療傷痛的計畫是什麼？

【行動後的法律跟進計畫】你是否有安排與被捕人會面及後續保持聯繫的計畫？追蹤法院作業與可能的司法選項——移監、社區服務或訴訟。

【慶祝與感謝】對入監與支持他們的人表達感謝之情。

交叉口

交叉口並不只是實體的空間，同時也具有象徵意義，在古神話中代表權力與能量做出重大抉擇之處。單就字面的意義引申，我們有許多交叉口，這是道路、汽車、火車、巴士、人們、商店、公園、住宅與田野交會與集合之處。有些交叉口相對重要，因此在行動前最好先行偵察。環顧四周，停下來仔細觀察，尤其是在你計畫行動的時間。要注意的問題包括：

▼道路是幾線道？單線、雙線還是多線道？
▼有多少車輛會經過？交通流量是什麼情況？
▼街道四周是什麼情況？是空地或停車場？還是受到商店、建築物與圍欄的壓縮？
▼有建築工地嗎？有公車站、火車站與地鐵入口嗎？有停止進入的標示與交通號誌嗎？
▼逃走路線是什麼？

當你要占領某個空間時，這些事情都很重要。要占領單線道的街口可能只需要一小批人，但如果是多線道，人數就必須增加。占領街道交叉口，有些事情必須考慮：

▼你的目標是什麼？你阻斷交通是為了傳達訊息嗎？你只是暫時阻斷嗎，或者是想封鎖交通？你願意被捕嗎？如果你沒有被捕的打算，最好是站著，這樣可以快速離開。如果你準備被捕，就坐在地上，表達堅決的意志。

▼確保你的人阻斷交通是從路邊到另一路邊。有些駕駛人一看到有空隙，可能就會想駕車穿過去。

▼長形條幅與標語不但可以幫你占據空間，也可以傳達訊息。

▼安排幾個人向駕駛人解釋。準備一些傳單說明行動的主旨，並且要求：「如果你感到氣憤，請將此議題告訴你的民意代表。」

▼在大型交叉口，安排人手站在每條線道的車輛前面，最好是穿上安全背心。這樣可以讓車輛改道，尤其是你坐在道路上的時候。

▼在大型交叉口，安排小組人員站在每個街角等候，在交通號誌變成綠燈之前走上街道，其他人快速跟進。

▼阻斷交通的關鍵是先阻擋過來的車輛，而放行在路中間的車輛，再進行封鎖。

▼剛開始阻斷交通時一定會造成混亂——所有的活動都變成慢動作，你必須有所準備——不過待你占領空間，一切就會穩定下來。

▼一旦阻斷交叉路口的交通，必須留意有些瘋狂的駕駛可能決定硬闖過去。我已學會若是有這樣的情況發生，乾脆就讓他們過去，然後再恢復阻斷。

▼如果要採取阻斷街口交通的行動，最好是在上班或午餐時間，避免在大家下班回家時採取這樣的行動。

儘管這些聽來又嚇人又複雜，不過其實真的還蠻容易的。最重要的是大家的安全，而一套明確的計畫真的可以讓情勢改觀。

團結合作：樣本協議

我們分屬不同的團體。我們並不需要立即成為盟友或是相互敵視。我們或許有許多意見不同的地方，但是在抗議時會一起走上街頭。我們知道警方與媒體會試圖分化我們，各個擊破我們的行動。我們的多元化唯有靠團結才能發揮力量；建立我們的行動，互相保護我們的身體、權利與生命。

我們相信我們有共同之處。我們相信基本人權與人性尊嚴。我們相信我們必須保護這個星球——我們的空氣、水資源、土地與糧食——否則我們就將覆滅。我們相信全球的企業與政治體系都是為富人的利益服務。我們一致同意已到了基礎改革的時機。

讓我們攜手合作，走上街頭。以下是促成團結的一些建議：

個人

▼以建設性的方式與尊重的態度來挑戰及批評對方團體和個人。
▼傾聽對方，不要有防衛心。敞開心胸，不要固執己見。
▼不要以對方外表或所屬團體做出假設。

▼不要以戰術做為某人或團體是積極還是偏激的唯一評斷標準。
▼避免個人攻擊，儘管你強烈反對對方的觀點（專注於你的感覺，而不是他們的所做所為）。
▼要了解儘管我們有歧見，我們的政治觀點、策略與選擇的戰術，也是經過我們對議題、情勢與經驗的深思熟慮。

街頭

▼不要將風險強加於不願承擔的人身上。
▼別背叛盟友，將其交給警方。
▼別讓我們團體的成員去干涉其他團體的事務。
▼尊重醫護人員、法律觀察員與獨立媒體人的工作。
▼分享食物、飲水、醫療用品與其他補給品。
▼照顧受傷、遭到催淚瓦斯攻擊、槍擊與被痛毆的所有人。
▼尊重其他團體在某一時間與地點進行某種形式抗議的權利。如果你選擇參與，跟從他們的戰略。如果你不同意，就不要參與，或是在同一時間與地點發動另一場抗議。
▼要了解我們的行動與策略所造成的影響可能會超越我們與團體。有些行動可能會侵犯到其他團體的空間。
▼如果你選擇與警方談判，千萬不要代表你不屬於的團體。

媒體

▼不要詆毀其他抗議人。
▼談你的策略，不談別人的。
▼尊重其他團體的存在與在推動改革中所扮演的角色。
▼承認我們有時在策略與戰術上有不同的意見。
▼避免使用「暴力」這個字眼。
▼譴責警方的壓迫與野蠻。
▼與其他團體分享媒體管道，不要獨占媒體的焦點。

監獄

▼堅持釋放所有人，否則不會有人接受釋放。

REO0021

我們為什麼要上街頭？
SHUT IT DOWN

作　者—麗莎．費安 Lisa Fithian
譯　者—王曉伯
資深主編—謝鑫佑
校　對—謝鑫佑　吳如惠
行銷企劃—藍秋惠
美術設計—蔡南昇　金彥良

總 編 輯—胡金倫
董 事 長—趙政岷
出 版 者—時報文化出版企業股份有限公司
一〇八〇一九台北市和平西路三段二四〇號四樓
發行專線（〇二）二三〇六六八四二
讀者服務專線—〇八〇〇二三一七〇五
（〇二）二三〇四七一〇三
讀者服務傳真—（〇二）二三〇四六八五八
郵撥—一九三四四七二四時報文化出版公司
信箱—一〇八九九台北華江橋郵局第九九信箱

時報悅讀網—http://www.readingtimes.com.tw
文化線粉專—https://www.facebook.com/culturalcastle/
法律顧問—理律法律事務所　陳長文律師、李念祖律師
印　刷—勁達印刷有限公司
初版一刷—二〇二一年一月十五日
定　價—新台幣五〇〇元
（缺頁或破損的書，請寄回更換）

時報文化出版公司成立於一九七五年，
一九九九年股票上櫃公開發行，二〇〇八年脫離中時集團非屬旺中，
以「尊重智慧與創意的文化事業」為信念。

我們為什麼要上街頭？/麗莎．費安(Lisa Fithian)著；王曉伯譯.-
初版.-臺北市:時報文化,2021.01
352面；14.8x21公分
ISBN 978-957-13-8517-4(平裝)

1.社會運動

541.45　　109020933

ISBN 978-957-13-8517-4
Printed in Taiwan